双百优秀裁判文书的

—— 裁判思路与说理技巧 ——

行政、国家赔偿、执行卷

最高人民法院审判管理办公室　编

人民法院出版社

图书在版编目（CIP）数据

双百优秀裁判文书的形与神：裁判思路与说理技巧.行政、国家赔偿、执行卷／最高人民法院审判管理办公室编． — 北京：人民法院出版社，2022.4
ISBN 978–7–5109–3479–7

Ⅰ.①双… Ⅱ.①最… Ⅲ.①行政诉讼–审判–法律文书–研究–中国②行政赔偿–审判–法律文书–研究–中国③执行（法律）–法律文书–研究–中国 Ⅳ.①D926.134

中国版本图书馆 CIP 数据核字（2022）第 046799 号

双百优秀裁判文书的形与神
——裁判思路与说理技巧（行政、国家赔偿、执行卷）
最高人民法院审判管理办公室　编

策划编辑	李安尼
责任编辑	李安尼
执行编辑	沈洁雯
出版发行	人民法院出版社
地　　址	北京市东城区东交民巷 27 号（100745）
电　　话	（010）67550667（责任编辑）　67550558（发行部查询）
	65223677（读者服务部）
客服QQ	2092078039
网　　址	http：//www.courtbook.com.cn
E–mail	courtpress@sohu.com
印　　刷	河北鑫兆源印刷有限公司
经　　销	新华书店

开　　本	787 毫米×1092 毫米　1/16
字　　数	246 千字
印　　张	17.5
版　　次	2022 年 4 月第 1 版　2022 年 4 月第 1 次印刷
书　　号	ISBN 978–7–5109–3479–7
定　　价	60.00 元

版权所有　侵权必究

前　言

裁判文书是人民法院代表国家依法行使审判权、适用法律解决纠纷的载体，是明确当事人法律权利义务的重要形式，直接体现国家强制力，具有高度的严肃性和权威性，其质量集中反映了人民法院的司法能力和司法水平。法官制作裁判文书必须严格依据事实和法律，时刻保持高度的责任心，严谨规范、精益求精。优秀裁判文书能以案释法，既体现法律尺度，又展现司法温度；既反映法官的法律专业功底，又展示法官论证说理的能力以及语言组织能力，在解决争议、化解矛盾纠纷的同时，明确法律规则和价值导向，增强社会对司法裁判的认同感和对公平正义的获得感，形成与社会道德建设、社会主义核心价值观的有效共振。

最高人民法院始终高度重视裁判文书质量，自2018年以来持续开展全国法院"百篇优秀裁判文书"评选活动，通过层层选拔，甄选出了一批政治效果、法律效果和社会效果相统一的优秀裁判文书。获奖裁判文书来自全国各级法院，覆盖刑事、民事、行政、赔偿、执行等各种类型。为充分展现人民法院裁判文书制作水平，全方位发挥精品文书的引领示范作用，本书特选取了第一届、第二届、第三届获奖的裁判文书，集中展示优秀获奖文书、裁判要旨、撰写心得、专家评析等，展现人民法官的裁判思路，分析说理技巧，帮助读者剖析优秀裁判文书的"形"与"神"，以供全国法律从业者学习参鉴。

编者

2022年4月

目　录

第一编　行政类

第一章　行政处罚

1. 阮某某和中国证监会安徽监管局、中国证监会行政处罚及行政复议案 …… 1
　　【关键词】　虚假申报　操纵市场认定标准　违法所得计算
　　一、简要案情 ……………………………………………………… 1
　　二、撰写心得 ……………………………………………………… 3
　　　　（一）主观故意 …………………………………………… 4
　　　　（二）客观行为 …………………………………………… 6
　　　　（三）行为后果 …………………………………………… 7
　　三、专家评析 ……………………………………………………… 7

2. 成都清洋宝柏包装有限公司和成都市郫都区环境保护局、成都市环境保护局环保行政处罚及行政复议案 …………………………………… 10
　　【关键词】　私设暗管　水污染物　污水
　　一、简要案情 ……………………………………………………… 10
　　二、撰写心得 ……………………………………………………… 11
　　　　（一）裁判文书体现审判程序与审判结果的流程闭环 …… 12
　　　　（二）裁判文书体现全面审查与被告举证的特色亮点 …… 12
　　　　（三）裁判文书体现以证据认证为基础的案件事实 ……… 12
　　　　（四）裁判文书体现对于基本事实与适用法律的分析处理 …… 13

（五）裁判文书体现严密逻辑推论，突出争议焦点的论述……………13
（六）裁判文书体现法律效果和社会效果的良好融合……………………13
三、专家评析……………………………………………………………………14

3. **浙江嵊泗美丽海岛三观文化旅游度假开发有限公司和嵊泗县国土资源局、嵊泗县人民政府地矿行政处罚及行政复议案**……………………16

【关键词】 矿产资源　行政处罚　案卷排他主义
一、简要案情……………………………………………………………………16
二、撰写心得……………………………………………………………………18
（一）查清案件事实是撰写裁判文书的前提和关键……………………18
（二）二审裁判文书对本案核心争议焦点问题详尽着墨，逐一剖析回应……………………………………………………………………18
（三）行政案件司法审查的另一重点是行政执法程序的合法性………19
（四）在复议机关作共同被告的行政诉讼案件中，对复议决定合法性的审查重点是复议程序的合法性和复议结论的正确性…………20
三、专家评析……………………………………………………………………20

4. **成都蜀粹坊食品有限公司和成都市工商行政管理局、成都市人民政府工商行政处罚及行政复议案**……………………………………………22

【关键词】 包装、装潢　近似　混淆　综合认定
一、简要案情……………………………………………………………………22
二、撰写心得……………………………………………………………………23
（一）据法论理，文书具有逻辑性、融会性、流畅性、说理性………23
（二）总结提炼了商品包装、装潢构成近似，造成混淆的判断规则……………………………………………………………………24
（三）对行政行为全面审查并依法纠正……………………………………24
（四）体现了先进的裁判理念………………………………………………24
（五）权衡了民事、行政救济渠道之选择…………………………………25
三、专家评析……………………………………………………………………26

5. **上海牟乾广告有限公司和上海市静安区市场监督管理局等行政处罚案**…………………………………………………………………………28

【关键词】 软件　商业秘密　行政处罚

一、简要案情 28
二、撰写心得 30
三、专家评析 32

第二章　行政许可

6. 温某和广东省卫生和计划生育委员会、国家医学考试中心请求颁发执业医师资格证案 34

【关键词】　信赖保护　执业助理医师资格　卫生保健专业　行政许可

一、简要案情 34
二、撰写心得 36
三、专家评析 38

7. 张某某、陶某和四川省简阳市人民政府侵犯客运人力三轮车经营权案 40

【关键词】　正当程序　行政许可　情况判决

一、简要案情 40
二、撰写心得 41
三、专家评析 42
　（一）本案判决弘扬了实质性化解行政争议的司法理念 43
　（二）本案判决彰显了最高人民法院坚持整体性审查的司法理念 43
　（三）本案判决重申了行政许可行为程序的基本价值 43

第三章　行政征收或者征用

8. 柴某某等5人和酒泉市肃州区政府房屋征收案 45

【关键词】　国有土地　房屋征收补偿

一、简要案情 45
二、撰写心得 46
　（一）关于本案征收项目是否属于公共利益的问题 46
　（二）关于本案征收项目是否符合"四规划一计划"的问题 46

（三）关于本案征收项目是否拟定房屋征收补偿方案和征求意见的问题 ··· 47
　　（四）关于肃州区政府制定的社会风险评估报告是否经过区政府常委会讨论的问题 ······················· 48
　　（五）关于征收决定是给予被征收人对被征收房屋评估权、对选定评估机构选择权和房屋评估结果的复核权的问题 ········· 48
　　（六）征收决定是否给予被征收人补偿方式选择权的问题 ········· 49
　　（七）关于存储补偿安置资金是否到位的问题 ················· 50
　　（八）关于征收决定是否告知当事人复议权和起诉权的问题 ······· 50
三、专家评析 ··· 51

9. 切某等 154 人和西宁市城西区人民政府房屋征收及行政复议案 ·········· 53
【关键词】 房屋征收决定　审查内容　标准
一、简要案情 ··· 53
二、撰写心得 ··· 55
三、专家评析 ··· 56

第四章　行政登记

10. 梁某某和徐州市云龙区民政局行政登记、行政确认案 ············ 58
【关键词】 离婚登记　越权无效　例外情形
一、简要案情 ··· 58
二、撰写心得 ··· 60
　　（一）审好案件，是写好裁判文书的前提 ····················· 60
　　（二）规范严谨，是写好裁判文书的基准 ····················· 61
　　（三）事实精练，是写好裁判文书的关键 ····················· 62
　　（四）说理充分，是写好裁判文书的灵魂 ····················· 62
　　（五）仔细校对，是写好裁判文书的保障 ····················· 63
三、专家评析 ··· 63

11. 甲公司和某市人民政府颁发国有土地使用证案 ················ 65
【关键词】 土地转移登记　诉讼主体资格

一、简要案情 ··· 65
二、撰写心得 ··· 70
（一）涉案颁发土地证的行为对甲公司的权利义务是否产生影响 ··· 71
（二）甲公司是否为本案的适格原告 ··· 72
三、专家评析 ··· 73

第五章 行政允诺

12. 苏州吉姆西客车制造有限公司和财政部补助资金专项检查处理决定案 ··· 75

【关键词】 财政补助 处理决定 行政允诺
一、简要案情 ··· 75
二、撰写心得 ··· 77
（一）明察秋毫之末 ··· 77
（二）深思而后笃行 ··· 78
（三）透过现象看本质 ··· 78
三、专家评析 ··· 79

第六章 行政征缴

13. 湖北汇城置业有限公司和十堰市国土资源局土地出让金补缴决定案 ··· 81

【关键词】 比例原则 正当法律程序 征缴决定
一、简要案情 ··· 81
二、撰写心得 ··· 83
三、专家评析 ··· 84

第七章 行政复议

14. 夏某某和山东省威海市人民政府行政复议案 ··· 85

【关键词】 行政复议 行政赔偿 行政诉讼 不告不理
一、简要案情 ··· 85

二、撰写心得 …… 87
　（一）81号复议决定两项内容之间的关系 …… 87
　（二）"不告不理"原则和全面审查原则的关系 …… 88
　（三）对81号复议决定关于行政赔偿请求的处理不服的恰当救济途径 …… 89
三、专家评析 …… 90

第八章　行政协议

15. 赵某1、赵某2和赵某3、织金县人民政府、织金县城市建设投资（集团）有限公司房屋行政协议案 …… 92
　【关键词】　行政协议　撤销　妇女权益保障　新旧法律衔接
　一、简要案情 …… 92
　二、撰写心得 …… 94
　三、专家评析 …… 96
　　（一）关于行政协议纠纷救济路径的选择问题 …… 96
　　（二）关于行政协议诉讼的原告主体资格问题 …… 97
　　（三）关于行政协议司法审查的法律适用问题 …… 97

16. 武汉祥盛地产集团有限公司和武汉市新洲区人民政府、武汉市新洲区自然资源和规划局、武汉市新洲区土地储备中心土地行政协议案 …… 99
　【关键词】　行政协议　适格被告　履行　补救措施
　一、简要案情 …… 99
　二、撰写心得 …… 102
　三、专家评析 …… 104
　　（一）对行政协议的识别认定较为精准 …… 104
　　（二）在适格被告认定方面具有一定开创性 …… 104
　　（三）法律适用兼顾了行政协议的行政性与合意性 …… 104

第九章　行政补偿

17. 王某等4人和某区人民政府土地房屋征收行政补偿案 …… 106
　【关键词】　行政诉讼　征收　补偿　男女平等

一、简要案情 · 106
　　二、撰写心得 · 107
　　　（一）关于争议焦点的确定 · 107
　　　（二）关于裁判要旨的提炼 · 107
　　　（三）关于裁判文书的说理 · 109
　　　（四）关于二审的审判监督功能 · 109
　　三、专家评析 · 109
　　　（一）事实认定清楚，审理过程清晰完整 · 109
　　　（二）坚持明事理、合常理、释法理的论理原则 · 110
　　　（三）判决彰显司法审判的能动性，助推"海南模式"的推广和应用 · 110

第十章　行政赔偿

18. 常宁市富坤实业有限公司、常宁市宝山矿业有限责任公司和常宁市人民政府行政赔偿案 · 112
【关键词】　行政赔偿　补偿　先行处理
　　一、简要案情 · 112
　　二、撰写心得 · 114

19. 宗某和濮阳市华龙区人民政府行政赔偿案 · 117
【关键词】　土地征收　强制清除　地上附着物　行政赔偿
　　一、简要案情 · 117
　　二、撰写心得 · 119
　　　（一）"繁案"要精审，在庭审中形成裁判思路 · 119
　　　（二）说理要透彻，在对话中传达公平正义 · 120
　　　（三）"四理"要兼顾，以裁判文书质量展现审判品质 · 121
　　三、专家评析 · 122
　　　（一）准确适用诉讼类型及裁判方式 · 122
　　　（二）正确把握和运用双方举证均不充分情况下行政赔偿诉讼的证明规则 · 123
　　　（三）全面遵循了违法须赔偿、赔偿要全面及赔偿价值不得低于补偿的处理违法强拆案件的原则和精神 · 123

20. 鲲鹏养殖场和蚌埠市龙子湖区人民政府行政赔偿案 ……………… 124
　【关键词】　财产损失　举证责任　双方过错
　　一、简要案情 …………………………………………………… 124
　　二、撰写心得 …………………………………………………… 125
　　（一）确定养殖场是否是违法建设，是确定应否赔偿和赔偿范围、赔偿标准的前提 ………………………………………… 125
　　（二）确定养殖场厂房及附属物品补偿标准问题 …………… 126
　　（三）行政机关拆除行为违法，所涉行政赔偿诉讼中财产损失有争议时举证责任的分配及行政机关粗暴执法导致行政赔偿诉讼中对财产损失情况无法查明难以确定损失数额时，裁判中如何运用证明标准和合理原则的问题 …………… 127
　　（四）人民法院依法主动调查取证的适用 …………………… 129
　　三、专家评析 …………………………………………………… 130

21. 夏某和长春汽车经济技术开发区管理委员会房屋行政赔偿案 …… 131
　【关键词】　房屋　行政赔偿　直接损失　给付判决
　　一、简要案情 …………………………………………………… 131
　　二、撰写心得 …………………………………………………… 133
　　（一）坚持全面赔偿的理念 …………………………………… 134
　　（二）对于应予赔偿的直接损失要体现赔偿诉讼的惩戒性和对受害人的关爱，对于不属于直接损失范畴的应明确不予赔偿的理由 ………………………………………………… 134
　　（三）关于利息损失问题 ……………………………………… 135
　　三、专家评析 …………………………………………………… 135
　　（一）充分运用在案证据对直接损失进行论证 ……………… 136
　　（二）大胆适用举证责任倒置进行裁判 ……………………… 136
　　（三）坚持依法赔偿的底线 …………………………………… 136

第十一章　不履行法定职责

22. 朱某某、高某和南通市妇幼保健院不履行法定职责案 ………… 138
　【关键词】　出生医学证明新生儿命名　有效身份证件

一、简要案情 ·· 138
　　二、撰写心得 ·· 140
　　　（一）文书的撰写者、受众和旁观者 ············ 140
　　　（二）文书的语言、结构与规范 ·················· 141
　　　（三）文书的法理、事理与情理 ·················· 142
　　三、专家评析 ·· 144
　　　（一）明确了法理 ································ 144
　　　（二）顺应了情理 ································ 144
　　　（三）引导了事理 ································ 145

23. 沭阳县农业委员会不履行法定职责案 ············ 146
　【关键词】 行政公益诉讼　林业管理　不履行法定职责
　　一、简要案情 ·· 147
　　二、撰写心得 ·· 148
　　三、专家评析 ·· 153

24. 宜昌市西陵区人民检察院和利川市林业局不履行法定职责公益诉讼案 ································ 157
　【关键词】 不履行法定职责　行政公益诉讼　环境污染
　　一、简要案情 ·· 157
　　二、撰写心得 ·· 159
　　　（一）合理解决环境行政公益诉讼时效问题 ······ 159
　　　（二）创造性地解决诉前程序的内部程序与外部程序认定问题 ··· 160
　　　（三）利用《最高人民法院关于行政诉讼证据若干问题的规定》中的证据认定规则对双方存在矛盾的证据的可信度、证明力大小予以评判 ······················· 161
　　　（四）在一因多果的行为之下，确定不同行政机关针对不同后果均具有行政管理职责，不存在行政受案的排他性，简单地将行政案件移送了之、推诿塞责亦是行政不作为的情节之一 ··················· 163
　　三、专家评析 ·· 165

第二编 国家赔偿类

25. 贾某某申请山西省高级人民法院国家赔偿案 ·················· 167
　　【关键词】 判处缓刑　超期监禁　刑事赔偿　宣判　送达
　　　　　　 判决生效时间
　　一、简要案情 ·· 167
　　二、撰写心得 ·· 168
　　三、专家评析 ·· 169

26. 王某2、王某3申请保定市公安局国家赔偿案 ·················· 171
　　【关键词】 国家赔偿　职务侵权行为　虐待致死
　　一、简要案情 ·· 171
　　二、撰写心得 ·· 173
　　　（一）充分认识国家赔偿审判的重要意义，实际工作中把握好
　　　　　　国家赔偿案件特点，是能够写好案件裁判文书的前提 ····· 173
　　　（二）重视审判过程的各个环节，为准确裁判奠定基础 ·········· 174
　　　（三）不断学习和实践，提高理解、判断和思维能力，提高写作
　　　　　　水平 ·· 174
　　　（四）遵循写作要求，叙事清楚，证据充分，依法裁判 ·········· 174
　　三、专家评析 ·· 175

27. 孟某某申请唐山市中级人民法院国家赔偿案 ·················· 177
　　【关键词】 执行错误　合法权益损害　国家赔偿责任
　　一、简要案情 ·· 177
　　二、撰写心得 ·· 179
　　　（一）针对本案的具体情况，合理安排文书布局 ·················· 179
　　　（二）对案涉相关法律关系进行梳理、分析 ······················· 179
　　　（三）准确确定本案论点 ·· 180
　　　（四）体会 ·· 181
　　三、专家评析 ·· 181

（一）说理具有针对性 …………………………………………… 182
　　（二）说理内容层次清晰，体现了较好的逻辑思维能力 ………… 182
　　（三）作者具有较好的法学功底和文字掌握能力 ………………… 183

28. 丹东益阳投资有限公司申请丹东市中级人民法院国家赔偿案 …… 184
【关键词】 国家赔偿　错误执行　执行终结　终结本次执行程序
　一、简要案情 ……………………………………………………… 184
　二、撰写心得 ……………………………………………………… 186
　三、专家评析 ……………………………………………………… 188

29. 刘某申请绥芬河海关国家赔偿案 ……………………………………… 190
【关键词】 刑事违法扣押现金　利息收益损失
　一、简要案情 ……………………………………………………… 190
　二、撰写心得 ……………………………………………………… 192
　　（一）召开庭前会议，做好庭前准备 ……………………………… 192
　　（二）质证程序力争做到优质、高效 ……………………………… 192
　　（三）认真审阅卷宗材料、证据以及庭审笔录 …………………… 192
　　（四）查阅法律、司法解释，搜索参考案例 ……………………… 193
　　（五）依照《人民法院国家赔偿案件文书样式》制作裁判文书，
　　　　　确保所制作的裁判文书符合裁判文书的格式体例及撰写
　　　　　规范 …………………………………………………………… 193
　三、专家评析 ……………………………………………………… 194

30. 胶州市泰和饮食有限公司申请青岛市中级人民法院国家赔偿案 …… 197
【关键词】 文书送达　评估拍卖　超标的执行　腾空房屋
　一、简要案情 ……………………………………………………… 197
　二、撰写心得 ……………………………………………………… 199
　　（一）选对文书样式是前提 ………………………………………… 199
　　（二）做好案件审理是基础 ………………………………………… 200
　　（三）客观真实是基本原则 ………………………………………… 200
　　（四）裁判说理是核心 ……………………………………………… 201
　　（五）文书校对检查是必需 ………………………………………… 201
　三、专家评析 ……………………………………………………… 201

（一）文书样式准确，格式规范 ……………………………… 202
（二）案件事实清楚，审理程序正当 …………………………… 202
（三）裁判说理客观、准确，不回避问题 …………………… 202
（四）相关法律问题具有一定典型意义 ………………………… 202

31. 方某申请萍乡市检察院国家赔偿案 …………………………… 204
【关键词】 扣押款项 违法所得 移送处理
一、简要案情 ………………………………………………………… 204
二、撰写心得 ………………………………………………………… 206
（一）务求文书样式规范 …………………………………… 207
（二）务求严谨细致准确 …………………………………… 207
（三）务求说理充分有力 …………………………………… 207
（四）充分体现集体智慧 …………………………………… 208
三、专家评析 ………………………………………………………… 208

第三编　执行类

第一章　执行复议

32. 中国信达资产管理股份有限公司深圳市分公司和深圳市知擎科技有限公司合同纠纷执行复议案 ………………………………………… 210
【关键词】 仲裁裁决 执行立案 受理条件 驳回申请 司法审查
一、简要案情 ………………………………………………………… 210
二、撰写心得 ………………………………………………………… 212
（一）驳回执行申请能否申请执行复议 ……………………… 212
（二）非上市公众公司的股权过户登记有何特殊性 ………… 213
（三）本案是否符合执行案件受理条件 ……………………… 213
（四）司法否决仲裁裁决的强制力应循何种法定途径 ……… 214
（五）如何处理强制执行与财产登记机构的行政审查关系 … 214
三、专家评析 ………………………………………………………… 214

33. 招商银行股份有限公司南京分行和常州市润丰新材料科技有限公司、江苏双欣环保材料有限公司等金融借款合同纠纷执行复议案 …………… 217

【关键词】 司法拍卖 承租人优先购买权 撤销拍卖 执行异议

一、简要案情 …………………………………………………… 217

二、撰写心得 …………………………………………………… 220

（一）执行法律文书样式在制度性改革方面，需遵循三个原则 … 220

（二）根据上述原则，从操作层面分析执行文书样式，借鉴七巧板原理，可以将执行裁定书不同部分进行板块拆分，根据繁简分流不同情况，进行不同排列组合 …………………… 221

（三）写好裁判文书的体会 …………………………………… 221

三、专家评析 …………………………………………………… 223

第二章 执行监督

34. 石家庄市财政局和田某某民间借贷纠纷执行监督案 …………… 225

【关键词】 垫付款 重复异议 债权执行

一、简要案情 …………………………………………………… 225

二、撰写心得 …………………………………………………… 226

（一）本案执行涉案资金的性质是第一个核心争议 ………… 227

（二）本案第一次异议与后续的异议、复议联系紧密、关系错综复杂，如何正确认识和妥善处理两次异议关系，系本案的第二个核心争议 …………………………………………… 227

三、专家评析 …………………………………………………… 229

（一）前安成本 5000 万元的性质应当是债权 ……………… 229

（二）对前安成本 5000 万元的执行应当适用对债权的执行程序 …………………………………………………………… 230

35. 中海发展（广州）有限公司和黄某某民间借贷纠纷执行监督案 …… 231

【关键词】 执行财产 查封效力 预售房产 购房款 协助扣划

一、简要案情 …………………………………………………… 231

二、撰写心得 …………………………………………………… 232

（一）查封涉案房产的效力是否及于涉案房产的购房款 …… 232

（二）被执行人姚某某对中海公司是否享有债权，是否具备强制
　　　　执行的法定条件 ·· 233
　　（三）被执行人姚某某已向中海公司支付的购房款，能否在
　　　　执行程序中确认为被执行人的财产 ··························· 234
　　（四）如果另案诉讼确定中海公司负有返还被执行人购房款的
　　　　民事责任，如何维护申请执行人合法权益 ················· 234
　三、专家评析 ·· 235

36. 鸿达兴业集团有限公司和江苏琼花集团有限公司、鸿达兴业股份有限公司股权转让纠纷执行监督案 ·· 236
　【关键词】　解释　股票　交付　权益
　一、简要案情 ·· 236
　二、撰写心得 ·· 239
　　（一）执行机构能否对判决主文作出解释，解释的范围和限度如
　　　　何把握等，是实践中存在较大争议的问题 ················· 239
　　（二）对生效裁判的主文内容进行合理解释，关键是解释的过程
　　　　要符合法理 ··· 240
　　（三）执行机构在处理过程中，应按照加强审执协调配合的原则
　　　　来解决问题 ··· 241
　　（四）事实叙述和文字表述方面 ······································ 242
　三、专家评析 ·· 242

第三章　执行异议

37. 日照市融资担保股份有限公司和山东潍焦集团薛城能源有限公司股权转让纠纷执行异议案 ·· 245
　【关键词】　提供保证　解除查封　保证范围
　一、简要案情 ·· 245
　二、撰写心得 ·· 246
　　（一）案例具有新颖性、典型性和代表性 ························· 247
　　（二）法律知识必须要精通 ·· 247
　　（三）理论调研能力必须要强 ··· 248

（四）裁判文书必须要多次打磨 ………………………………… 248
　三、专家评析 ……………………………………………………………… 249
　　　（一）逻辑清晰，层次分明，说理透彻，裁判公正 ………………… 249
　　　（二）格式规范，结构分明，用语准确，文笔流畅 ………………… 249
　　　（三）对司法实践具有一定的规范指引意义 ………………………… 250

38. 云南中石油昆仑天然气利用有限公司、云南中油华气天然气有限公司、云南禄达财智实业股份有限公司、云南长光实业有限公司合同纠纷执行异议案 …………………………………………………………… 251

【关键词】 财产保全　冻结第三人到期债权　对第三人到期债权的执行　冻结扣划查封均违法

　一、简要案情 ……………………………………………………………… 251
　二、撰写心得 ……………………………………………………………… 253
　　　（一）明确当事人争议，固定诉辩主张，完整展现案件基本事实
　　　　　………………………………………………………………………… 254
　　　（二）准确适用法律，确定法律关系性质，完整展现案件基本
　　　　　事实与法律规范结合推导出裁决结果的过程 ……………… 254
　三、专家评析 ……………………………………………………………… 256

# 第一编　行政类

第一章　行政处罚

1. 阮某某和中国证监会安徽监管局、中国证监会行政处罚及行政复议案[*]

【关键词】

虚假申报　操纵市场认定标准　违法所得计算

【裁判要旨】

1. 判断行政处罚事先告知程序是否违法，需要考察的因素包括：（1）是否给予了当事人陈述和申辩的权利；（2）是否对当事人提出的正当理由及证据予以采纳；（3）是否因当事人的申辩而加重处罚。

2. 对法律中兜底条款的适用，应当符合立法本意，遵循法律的原则与精神，使得法律条款之间具有内在统一性。

3. 行为人在短时间内通过频繁申买和快速撤单，对股票价格产生影响并有反向卖出行为，可以认定为构成虚假申报操纵证券市场行为。

一、简要案情

原告阮某某诉称：（1）中国证券监督管理委员会安徽监管局（以下简称安徽证监局）两次作出案号相同的《行政处罚事先告知书》，违反法定程序。

---

[*] （2018）京0102行初262号。

（2）安徽证监局作出被诉处罚决定缺乏事实和法律依据。（3）安徽证监局认定原告2015年9月21日卖出"市北高新"股票获利66 885.06元属于事实认定错误。（4）鉴于被诉处罚决定违反法定程序，缺乏事实依据，且存在事实认定不清及事实认定错误的情形，依法应当予以撤销。被告中国证券监督管理委员会（以下简称中国证监会）作出维持的复议决定显然错误，依法应当一并撤销。

被告安徽证监局辩称：（1）行政处罚事先告知程序合法。两次送达事先告知书是为了更好履行行政执法程序，切实保护行政相对人权利，不存在程序违法。（2）被诉处罚决定认定事实清楚，法律依据充分。原告阮某某提出的诉讼请求及理由没有事实和法律依据，请求法院依法判决驳回原告诉讼请求。

被告中国证监会辩称：（1）原告不以成交为目的，使用其个人账户大量、频繁虚假申报导致"益民集团""市北高新"股票的委托数据失真，误导其他投资者的投资决策，影响"益民集团""市北高新"的交易价格，扰乱了证券市场秩序，构成《证券法》第77条[①]第1款第4项规定的操纵证券市场行为。根据原告的违法行为的事实、性质、情节与社会危害程度，依据《证券法》第203条[②]的规定，对其处以30万元的罚款，于法有据。（2）中国证监会复议维持安徽证监局被诉处罚决定中对阮某某作出的行政处罚，程序合法。综上，中国证监会在法定期限内作出行政复议决定，行政复议决定于法有据，程序合法。建议驳回原告阮某某的诉讼请求。

法院经审理查明：2017年5月15日，安徽证监局以涉嫌操纵证券市场为

[①] 该条已被《证券法》（2019年修订）第55条修改。《证券法》（2019年修订）第55条规定："禁止任何人以下列手段操纵证券市场，影响或者意图影响证券交易价格或者证券交易量：（一）单独或者通过合谋，集中资金优势、持股优势或者利用信息优势联合或者连续买卖；（二）与他人串通，以事先约定的时间、价格和方式相互进行证券交易；（三）在自己实际控制的账户之间进行证券交易；（四）不以成交为目的，频繁或者大量申报并撤销申报；（五）利用虚假或者不确定的重大信息，诱导投资者进行证券交易；（六）对证券、发行人公开作出评价、预测或者投资建议，并进行反向证券交易；（七）利用在其他相关市场的活动操纵证券市场；（八）操纵证券市场的其他手段。操纵证券市场行为给投资者造成损失的，应当依法承担赔偿责任。"

[②] 该条已被《证券法》（2019年修订）第192条修改。《证券法》（2019年修订）第192条规定："违反本法第五十五条的规定，操纵证券市场的，责令依法处理其非法持有的证券，没收违法所得，并处以违法所得一倍以上十倍以下的罚款；没有违法所得或者违法所得不足一百万元的，处以一百万元以上一千万元以下的罚款。单位操纵证券市场的，还应当对直接负责的主管人员和其他直接责任人员给予警告，并处以五十万元以上五百万元以下的罚款。"

由,向阮某某作出处罚字〔2017〕3号《行政处罚事先告知书》。阮某某于2017年5月24日签收了上述告知书,并于2017年5月26日提出了《申辩书》。结合阮某某的申辩意见及相关证据材料,安徽证监局对阮某某涉嫌操纵证券市场的违法事实进行了修改,减轻了拟对阮某某的行政处罚,并于2017年8月21日重新作出了处罚字〔2017〕3号《行政处罚事先告知书》,告知了所认定的阮某某的违法事实及其理由、适用的法律、拟作出的处罚决定,以及阮某某所享有的陈述申辩及听证等权利。2017年8月23日,阮某某签收了安徽证监局重新作出的《行政处罚事先告知书》后提出了书面的陈述和申辩意见并要求进行听证。2017年10月26日,安徽证监局针对阮某某案举行了听证会。阮某某的委托人吴某某及李某某参加了听证会,提交了相关材料并陈述了己方观点。2017年11月6日,安徽证监局作出被诉处罚决定。2017年11月15日,阮某某签收被诉处罚决定并于2017年12月7日向中国证监会提起行政复议。因阮某某申请复议材料不齐全,2017年12月8日,中国证监会向其发出《补正行政复议申请通知书》。收到补正材料后,2018年2月8日,中国证监会作出被诉复议决定。

阮某某交易"益民集团"股票的情况:涉案时间段为2015年9月21日09:31:24至10:01:41,申报买入18笔,合计6 955 000股,申报买入量占市场同时段该股申报买入量的19.35%。申报前后该股委比数值出现较大正向变化。申报买入后,阮某某在极短的时间内撤单,申报买入到撤单的时间间隔最短为7秒,平均间隔时间为26秒。该时段内"益民集团"的股价由8.75元上涨至9.02元。10:02:53、10:03:23、10:03:31,阮某某进行了3笔反向卖出申报,累计申报卖出720 000股,未成交。

阮某某交易"市北高新"股票情况:涉案时间段为2015年9月21日13:30:01至13:43:00。阮某某在该时段内累计申报买入"市北高新"14笔,合计1 844 000股,申报买入量占市场同时段该股票申报买入量的26.94%。申报前后该股委比数值出现较大正向变化。14笔买入申报中,除两笔即时成交外,其他12笔均撤单,申报买入与撤单时间间隔极短。该时段内,"市北高新"股价由18.03元上涨至19.25元。当日13:58:50阮某某申报卖出58 600股,占当日该账户可卖出"市北高新"数量的100%,成交53 600股。

二、撰写心得

本案在撰写裁判文书时,法官考虑的主要是虚假申报操纵市场行为的认定问题。

我国关于操纵市场行为的规定，主要是原《证券法》第77条①第1款前3项列举三种常见的操纵市场行为，分别为连续买卖（联合买卖）、对敲、洗售。第4项为兜底条款。除《证券法》之外，2007年证监会颁布了《中国证券监督管理委员会证券市场操纵行为认定指引（试行）》（已废止，下同），其中又规定了5种新的操纵市场行为：抢帽子交易、蛊惑交易、虚假申报、特定时间的价格或价值操纵以及尾市交易。操纵市场行为类型多样，表现形式各异，很难采用统一定义来概括其所有特征。虽然操纵市场行为具有某些共性，但从逻辑上看，我们不能因为某行为符合这些共性，就因此得出该行为是操纵市场行为的结论。不同类型的操纵市场行为，构成要件并不一致，因此在立法上采用的是列举加兜底条款的形式。这种立法模式一方面给执法者查处新类型操纵市场行为提供了方便，另一方面因为缺乏界定操纵市场行为的统一标准，使得执法具有模糊性和不确定性。

证监会的规范性文件《中国证券监督管理委员会证券市场操纵行为认定指引（试行）》对虚假申报操纵定义为：行为人作出不以成交为目的的频繁申报和撤销申报，误导其他投资者，影响证券交易价格或交易量。该定义看似简单明了，实则语焉不详，对于操纵市场行为的构成要件以及关键的考量因素都缺乏具体的认定标准。本案法官认为，虚假申报操纵市场应包含3个构成要件：主观故意、客观行为、行为结果。认定标准应采纳过错推定归责原则，同时考量股票申报量与价格的正相关关系、反向交易等关键因素。

（一）主观故意

操纵市场行为认定的核心在于认定何为"操纵"。"操纵"一词《现代汉语词典》解释为"用不正当的手段支配和控制"，可见"操纵"必然是存在主观故意。操纵市场行为中主观目的的认定问题一直是困扰行政执法机关的一大难题，也是区分违法操纵市场行为与正当合法交易股票行为的重要因素。

---

① 该条已被《证券法》（2019年修订）第55条修改。《证券法》（2019年修订）第55条规定："禁止任何人以下列手段操纵证券市场，影响或者意图影响证券交易价格或者证券交易量：（一）单独或者通过合谋，集中资金优势、持股优势或者利用信息优势联合或者连续买卖；（二）与他人串通，以事先约定的时间、价格和方式相互进行证券交易；（三）在自己实际控制的账户之间进行证券交易；（四）不以成交为目的，频繁或者大量申报并撤销申报；（五）利用虚假或者不确定的重大信息，诱导投资者进行证券交易；（六）对证券、发行人公开作出评价、预测或者投资建议，并进行反向证券交易；（七）利用在其他相关市场的活动操纵证券市场；（八）操纵证券市场的其他手段。操纵证券市场行为给投资者造成损失的，应当依法承担赔偿责任。"

在2005年《证券法》修订过程中，与会专家认为只要行为人是故意从事操纵市场行为并对市场造成了危害性的影响，就应认定其操纵市场行为成立，2005年《证券法》删除了原2004年《证券法》中关于"获取不正当利益或者转嫁风险"的规定。换言之，《证券法》上并不考虑操纵行为最终的目的是"获取不正当利益或者转嫁风险"，而只要该操纵行为是故意为之即可。如果行为人不知道自己所实施的是操纵市场行为，或者虽然在客观上实施了操纵市场行为，但行为不具有上述目的，则不构成操纵市场行为。主观故意要件作为判断操纵市场行为的核心要素，无论在理论上还是实践中都已经形成了一种共识。

如何判断行为人具有主观故意，具体到操纵市场行为中，是对于行为人是否具备操纵故意的认定，鉴于行政处罚是对该行为的事后评价，事后评价很难完全真实地再现行为人的内心真意，对行为人主观意图的考察，往往是通过对其客观行为的判断来实现的。证监会行政处罚委员会在《证券期货行政处罚案例解析（第一辑）》中指出，在没有其他直接证据证明行为人具有欺诈故意的情况下，应当首先判断行为人是否实施了法律所禁止的操纵行为或者其他异常行为，在行为人的行为在客观上满足前述行为特征后，再进一步判断行为人的行为本身是否具有经济上的合理性以及行为人能否证明自己的行为不具有欺诈故意。可见，判断行为人是否具有操纵故意的方式，除非行为人自认，一般是通过行为人的客观行为推定其具有主观故意。这种认定方式近似于过错推定的归责原则。

需要注意的是，过错推定归责原则在操纵市场行为认定中运用的前提是行为本身具有违法性。一般只限于虚假交易操纵市场行为中，包括洗售行为和虚假申报行为。虚假交易操纵市场行为本身没有真实交易意图，仅为引起市场上特定金融商品交易数量和交易价格变化而发起。因此，仅需通过对主体客观行为的构成认定即可推定行为人具有主观恶意，无需再通过举证证明其具有主观上操纵市场的故意。行为本身具有违法性、可追责性是适用过错推定原则的前提。比如虚假申报行为，即使行为人没有操纵的故意，客观上亦未到达操纵的效果，仅就虚假申报行为本身就是正常的交易规则所禁止的。

推定具有主观故意的客观行为具体包括哪些因素。在本案中，法官考量的因素包括：极短时间内频繁的申报和撤单；具有反向卖出行为；一般交易习惯。只有将考量的因素具体化才能在执法实践中具有指引作用。操纵市场行为认定的复杂之处在于，操纵的形式各异，因此在推定行为人具有主观操纵故意时，需要考量的客观行为因素就各不相同。在虚假申报操纵案件中，可以将频繁申报和撤单、反向卖出及交易习惯作为考量因素，但这些因素并不能适用到其他类型的操纵市场行为中。在虚假申报操纵行为中主观故意的推定上，以上三个因素必须同时具备，但又不仅限于此。

（二）客观行为

《中国证券监督管理委员会证券市场操纵行为认定指引（试行）》中将频繁申报和撤单作为认定虚假申报操纵行为的客观行为要件，同时在第39条规定："频繁申报和撤销申报，是指行为人在同一交易日内，在同一证券的有效竞价范围内，按照同一买卖方向，连续、交替进行3次以上的申报和撤销申报。"3次以上作为连续或交替申报和撤销申报的起算标准太低，任何一个证券投资者都可能达到，因此仅将频繁申报和撤销申报作为认定虚假申报操纵行为的客观行为要件，过于宽泛。鉴于我国证券投资者以散户为主，短线交易为常见模式，如此低的起算标准实在很难鉴别出真正的具有虚假申报操纵故意的违法行为。在执法实践中，很少有投资者仅做了三次申报和撤销申报而被认定为从事虚假申报操纵行为的。在本案中，原告阮某某就单只股票一般都具有10次以上的快速申报和撤单。

仅有频繁申报和撤单行为并不足以判定行为人具有虚假申报操纵的故意，还需要有反向卖出的行为。行为人频繁申报和撤单会客观上造成某只股票交易活跃的假象，申买量会放大，投资人可能会因此被误导而追买。但我国证券市场散户大多以短线交易为主，为了降低买入成本，也会采取频繁申买和撤单，因此仅此1项尚不足以推定频繁申报和撤单行为人有操纵市场的故意，还需结合其虚假申报拉高股价后的反向卖出行为来进一步认定。在现行的T+1交易制度下，虚假申报操纵行为人都是在频繁申报和撤单前已经买了大量的目标股票。其在虚假申报和撤单、拉高股价的过程中，择机反向卖出当只股票以获取不当利益。因此虚假申报操纵行为构成要件中的客观行为应当至少包括频繁申报和撤单以及反向卖出两项内容。如果仅仅是为了降低买入成本而频繁申报和撤单，一般不会有反向卖出当日买入的当只股票的操作。反向卖出行为是区别虚假申报操纵和常见的降低交易成本的频繁申报和撤单行为的重要因素，也是操纵市场行为客观行为必须考量的内容。

（三）行为后果

操纵市场行为除了主观上具有操纵故意，客观上实施具体行为外，还需要考虑操纵行为的后果。诚如前述，"操纵"一词本义是指"用不正当的手段支配和控制"，本身就包含了主观故意和行为后果两部分。行为后果要达到"支配和控制"的程度，才能称之为操纵。《证券法》第55条将操纵市场的行为后果定义为影响或者意图影响证券交易价格或交易量。

如何判断虚假申报行为影响到了证券交易的价格或者交易量，是适用行为后果构成要件的关键所在。关于此问题，笔者认为应考量以下两方面的因素：证券交易价格或者交易量的认定；虚假申报行为与证券交易价格或交易量之间的关系。

关于证券交易的价格或者交易量的认定问题，应采用操纵市场行为结束的时间点的交易价格或者交易量，而不是股票收盘的交易价格或者交易量进行认定。本案中，安徽证监局认定阮某某存在虚假申报操纵行为的时间段只有短短的几十分钟，因此认定其影响证券交易价格或者交易量的时间段也只有几十分钟。

关于虚假申报行为和证券交易价格或者交易量之间的关系问题。影响证券交易价格或者交易量的因素有很多。股票本身价值、国家政策、市场情绪等多种因素均有可能对短期内股票的价格和交易量产生重要影响。如何判断虚假申报行为对证券交易价格或者交易量产生了影响？第一，在证明标准上，应当采用高度盖然性标准而非排除一切合理怀疑标准。在认定虚假申报操纵行为时，不需要证明虚假申报行为与股票的交易价格或者交易量之间存在直接因果关系，而只用证明虚假申报行为影响到了股票交易价格或者交易量。第二，应当考量所认定的操纵时段内，行为人的申报量占市场同期申报量的比值；涉案股票委比数值与股票价格的相关关系。在本案中，行为人的申报量占同期市场申报总量的比值都在20%以上，而且涉案股票的委比数值和股票的价格成正相关关系。从以上两个因素，可以认定虚假申报行为对涉案股票的交易价格或者交易量产生了影响。

（冒智桥，北京市西城区人民法院法官）

三、专家评析

一篇优秀的裁判文书在形式上具备"信、达、雅"三个特点。"信"

指的是案件事实认定清楚，裁判所依据的事实真实可信。"达"指的是裁判文书在适用法律的过程中符合立法本意，适用法律准确无误。"雅"指的是裁判文书不仅认定事实清楚，适用法律正确，同时所裁判文书所体现出来的文字优美，行文流畅，给人以美的感受。本裁判文书基本上是符合"信、达、雅"三个形式特点的，本文书诉辩概括简明，事实认定清楚，论理逻辑严谨，说理充分，语言表达规范、流畅，结构清晰，文字优美。

优秀的裁判文书除了形式上的要求以外，内容上亦有较高的标准。具体来讲，一篇优秀的或者说具有社会影响力的裁判文书在内容上必须能回应社会现实，解决社会矛盾，同时对疑难复杂的法律问题能够提供解决方案，对新出现的社会矛盾的解决以及同类型的其他类似案件的裁判规则提供规则指引。本裁判文书难能可贵的是能针对证券监督执法环节中遇到的"操纵证券市场行为的认定问题"能提供一种切实可行的解决方案。本案中原告在极短的时间内（数十分钟），对涉案股票进行频繁的申报和撤单，影响了涉案股票的在特定时段内的交易量或交易价格。与以往证券监督机关认定的操纵市场行为不同之处在于，因行为人操纵市场的时间极短，认定在数十分钟内行为人存在操纵市场行为，存在很大争议。同时，在法律适用上，《证券法》对此类行为没有明确规定，被告以法律的兜底条款作为处罚依据，亦是本案的争议焦点。本案判决对操纵证券市场行为中的事实认定和法律适用均作了详细说理，对兜底条款的适用原则、听证程序的合法要件、操纵行为的认定标准及违法所得的计算方式，一一予以回应，裁判结果具有很强的说服力。该文书不仅为法院审理操纵证券市场行为提供了参考，而且为证券行政执法提供了规则指引。

本裁判文书在操作证券市场违法行为认定标准上借鉴了刑法的犯罪构成要件理论，将虚假申报操纵市场的认定在本案中概括为三个构成要件：主观故意、客观行为、行为结果。同时认为在认定标准上应采纳过错推定归责原则，同时考量股票申报量与价格的正相关关系、反向交易等关键因素。文书中所适用的构成要件说以及具体考量的因素，在理论上亦有所创新，具有积极的理论探讨的空间，对如何认定新类型的证券违法行为具有借鉴意义。遇到新问题，法官并未以法律尚未规定为由，拒绝裁判说理，而是基于案件的基本事实以及社会发展的现实情况，运用法学基本原理，归纳出一套可以适用本案的审理规则且能逻辑自洽、自圆其说、有理有据。这或许就是本裁判文书最突出的一个亮点。

（点评人：刘建勋，北京金融法院审判二庭庭长，全国审判业务专家，北京市审判业务专家）

（2018）京 0102 行初 262 号裁判文书原文

2. 成都清洋宝柏包装有限公司和成都市郫都区环境保护局、成都市环境保护局环保行政处罚及行政复议案[*]

【关键词】

私设暗管　水污染物　污水

【裁判要旨】

本案系环保部门对私设暗管排放水污染物行为作出的行政处罚的案件。监测报告虽载明指标全部达标，但排放的水存在污染物悬浮物、化学需氧量、氨氮、PH，含有上述成分的水属于《污水综合排放标准》（GB 8978—1996）记载的污水种类，即污水排放指标全部达标不影响排放水污染物的认定。同时，通过隐蔽方式达到规避监管目的而设置的排污管道，包括埋入地下的水泥管、塑料管等及地上临时排污管道，均属于"私设暗管排放水污染物"，该行为的定性不受主观是否有"偷排"动机的影响。

一、简要案情

2018年4月29日，被告成都市郫都区环境保护局（以下简称郫都环保局）执法人员对原告成都清洋宝柏包装有限公司进行了现场检查（勘察），发现其工作人员用新购买的15千瓦抽水机，通过连接直径约8厘米的软管，将冷却循环池中的冷却水抽至市政雨水管网排放，排放约2小时，排放量约150吨至200吨。当日，被告郫都环保局决定立案调查。

2018年5月16日，成都市郫都区环境监测站出具郫环监字〔2018〕第0210号《监测报告》，废水监测结果显示含悬浮物5mg/L、化学需氧量12mg/L、氨氮0.266mg/L、PH值7.86，评价结论为"参照《污水综合排放标准》（GB 8978—1996）一级标准，所测指标全部达标"。

2018年6月12日，被告郫都环保局向原告作出郫环罚告字〔2018〕29号

---

[*]（2018）川0191行初380号。

《行政处罚事先告知书》和郫环罚听告字〔2018〕29号《行政处罚听证告知书》，并于2018年6月14日送达原告。2018年6月19日，原告提交《行政处罚申辩书》。2018年7月10日，被告郫都环保局作出郫环罚字〔2018〕29号《行政处罚决定书》，认定原告以私设暗管的方式排放水污染物的行为违反了《环境保护法》第42条第4款和《水污染防治法》第39条的规定，依据《环境保护法》第63条第3项和《水污染防治法》第83条第3项的规定，责令原告改正上述违法行为，并决定罚款420 000元。

原告不服，向被告成都市环境保护局（以下简称市环保局）申请行政复议。2018年7月23日，被告市环保局依法予以受理，并于2018年7月25日向被告郫都环保局送达了成环法复答字〔2018〕6号《行政复议答复通知书》。2018年8月20日，原告提交《行政复议听证申请书》。2018年8月23日，被告市环保局作出成环复听通字〔2018〕2号《行政复议听证通知书》，并于2018年9月4日召开听证会。2018年9月17日，被告市环保局作出成环法复决字〔2018〕3号《行政复议决定书》，依据《行政复议法》第28条第1款第1项，维持了被告郫都环保局作出的郫环罚字〔2018〕29号《行政处罚决定书》。

原告主张，两被告将按照"清污分流原则"循环利用的案涉外排间接冷却水认定为水污染物，属于事实认定不清；将外排循环冷却水的行为界定为私设暗管排放水污染物，属于适用法律错误；被告郫都环保局的执法存在诸多程序瑕疵。因此，特提起行政诉讼，请求撤销被告郫都环保局作出的郫环罚字〔2018〕29号《行政处罚决定书》，以及被告市环保局作出的成环法复决字〔2018〕3号《行政复议决定书》，并由两被告共同承担本案诉讼费。

两被告则认为，按照案涉项目的环境影响报告表的要求，循环冷却水循环使用不外排；依据《水污染防治法》关于"水污染物"的定义，原告排放的冷却水含常规水污染物；《行政主管部门移送适用行政拘留环境违法案件暂行办法》第5条明确定义了"暗管"，原告排放冷却水的抽水机和连接软管属于"地上的临时排污管道"；排放的冷却水是否达标不影响私设暗管排放水污染物之违法行为的成立。

二、撰写心得

党的十八大以来，以习近平同志为核心的党中央站在全局和战略的高度，对全面加强生态环境保护,坚决打好污染防治攻坚战作出了系统部署和安排,要实行最严格制度、最严密法治保护生态环境。本案涉及环境保护部门在环境保护监督检查中作出的行政处罚,裁判文书体现了行政案件审理流程:围绕行政行为合法性审查的特色原则,由被告承担举证责任,对案涉证据材料进行分析后认定案件基本事实;将具体法律适用与案件基本事实结合分析,抓住问题要害;围绕争议焦点逐项分析,并对原告诉求予以回应;综合平衡该案的社会影响后,依法作出了裁判。各方当事人均未上诉,较好地体现了司法裁判文书法律效果和社会效果的融合。具体来说,本裁判文书的特点主要体现在六个方面。

(一)裁判文书体现审判程序与审判结果的流程闭环

判决书的内容体现人民法院审理行政案件的流程,将案件庭前审查事项,庭审中的审查内容、查明的事实以及作出裁判的思路在判决书中予以记载。判决书将需要审查的行政行为在交代诉讼程序事项后中予以明确"亮靶",直击审查目标;将当事人在法庭上所表达的意见,结合起诉状、答辩状载明的理由加以总结后予以载明;围绕行政行为审查要素将被告提供的证据分类列明,按照证据规则的要求表述法庭质证、认证的情况得出查明的事实,层层推理后得出案件事实与判决结果存在内在必然关系的结论,还原整个案件审理过程。

(二)裁判文书体现全面审查与被告举证的特色亮点

根据《行政诉讼法》第6条和第34条的规定,人民法院审理行政案件,通常由被告承担举证责任,并遵循合法性全面审查原则。裁判文书中对被告提供证据的合法性进行论证的同时,也对原告提供证据证明自己主张是否成立进行回应,体现被告举证义务与原告举证权利相结合的审查方式。审查的全面性体现在法院不仅需要对县级环保部门作出的行政处罚决定进行合法性审查,也对市级环保部门作出的行政复议决定进行审查。同时,法院对原行政行为合法性从作出行政处罚决定的职权依据、行政处罚程序、认定事实证据是否充分、行政处罚是否显失公正等角度进行全面审查。

(三)裁判文书体现以证据认证为基础的案件事实

证据是认定案件事实的基础,查明客观事实应当以查明证据事实为依据。判决书中列明证据,根据庭审情况,将庭审中各方对证据的质证予以记录,并将人民法院认证各方提供的证据材料之过程进行说理和分析,通过合乎逻辑的推理,得出与案件事实存在内在必然关系的判决结果。如此,有助于树立人民法院裁判的权威，也有利于赢得公众的信赖，该案审理后原告和被告均表示服判息诉，实现法律效果和社会效果双赢的良好效果。

（四）裁判文书体现对于基本事实与适用法律的分析处理

遵循演绎推理的要求，依据《水污染防治法》第83条第3项，私设暗管或者不正常运行水污染防治设施等逃避监管的方式排放水污染物的，由县级以上人民政府环境保护主管部门责令改正或者责令限制生产、停产整治，并处10万元以上100万元以下的罚款的规定，法院需审查被告是否属于县级以上人民政府环境保护主管部门，被告认定原告存在私设暗管逃避监管排放水污染物行为的证据是否充分，处罚种类以及处罚幅度是否符合上述法律规定，将法律规定的审查要件与案件事实进行对照，严格按照法律规定的要件进行归入审查。

（五）裁判文书体现严密逻辑推论，突出争议焦点的论述

文书撰写中突出对原告、被告有争议的行政处罚程序、违法事实认定、罚款金额三方面的重点论述。判决书中，法官先围绕上述三方面对行政处罚决定是否符合相关法律依据进行全面审查，再针对原告的主张逐一辨析回应。尤其对于原告是否存在私设暗管排放水污染物的事实这一争议焦点，原告认为被告提供的《监测报告》中载明评价结论为所测指标全部达标，不存在污水，且自己白天在地面用抽水机连接软管不属于私设"暗管"的问题，第一，依据《水污染防治法》和《污水综合排放标准》（GB 8978—1996）关于"水污染物"的定义和内容，判决书确定了水污染物包含的具体种类，根据《监测报告》显示的水污染物种类，认定原告存在排放水污染物的行为，厘清非放水污染物与污水排放指标的关系，得出《监测报告》显示的污水排放指标全部达标也不影响排放水污染物的认定。第二，根据《行政主管部门移送适用行政拘留环境违法案件暂行办法》第5条第2款对"暗管"的规定，暗管包括埋入地下的排污管道以及地上的临时排污管道。判决书厘清"暗管"为通过隐蔽的方式达到规避监管之目的所设置的排污管道，其不以管道设置的地点、设置的时间及管道的外观来认定。

（六）裁判文书体现法律效果和社会效果的良好融合

人民法院的判决不仅要以事实为依据，以法律为准绳，还需要通过案件的审理看到该类案件背后涉及的环境保护问题。本案原告私设暗管排放水污染物，污染水体，破坏水生态，属于违反《水污染防治法》的行为。鉴于我国水污染形势严峻，为了保护和改善环境，防治水污染，推进生态文

明建设，促进经济社会可持续发展，2017年6月27日修正的《水污染防治法》，于2018年1月1日起实施。在这样的背景下，法律加大了政府环境监管的责任，强化了环境保护主管部门的执法力度和手段，人民法院的审判也要服务于污染防治工作。因此，该案裁判文书撰写叙述事实简洁清楚，层层逻辑分析，依法严格适用法律，使法律效果和社会效果得到了较好的融合。

（李燕，四川省成都市高新技术产业开发区人民法院法官）

三、专家评析

（2018）川0191行初380号行政判决书是一份事实认定清楚、法律适用准确、说理严谨充分、裁判正确的优秀裁判文书，充分体现了对行政行为合法性全面审查的原则。判决分别从行为主体是否适格、程序是否合法、证据是否充分及处罚是否显失公正，对被诉行政处罚决定进行要素式分论，亦依法对行政复议决定的合法性进行了审查。具体而言，诉辩主张概括简明准确，证据认定说理充分，审理查明案件事实清楚；通过庭审辨析出证据的证明效力，依据证据确定案件的基本事实，熟练运用相关法律，严格按照演绎推理模式对照事实构成要件，作出公正裁判；针对各审查要素说理逻辑严谨、层次清晰，在论述被诉行政行为合法性时对原告的主张逐一进行了回应；叙述案件事实简洁清楚，运用法言法语，抓住问题要害，层层逻辑分析得出结论，令人信服；适用、引用法律条文正确，裁判主文表述规范、准确无歧义；判决书对是否存在私设暗管排放水污染物这一争议焦点特别进行了说明，明确了私设暗管的形式，区别了污水排放指标全部达标与排放水污染物，得出了《监测报告》显示的污水排放指标全部达标不影响排放水污染物之认定的结论；文书格式符合最高人民法院对于行政诉讼文书的要求，语言文字用语规范、严谨，各方当事人均未上诉，彰显了公平正义。同时，契合当下的政治背景，综合对生态环境保护的相关政策，得出相对合法合理的裁判。

本案具有一定典型性。企业通过软管外排间接冷却水比较普遍，企业一般不认为是排放污染物行为，社会公众也习以为常。行政机关认定企业排放的冷却水含污染物，系排放污染物的违法行为，认定企业通过软管排放污染物属于私设暗管排放水污染物的行为，适用法律是正确的。法院在该案件审理中，认为行政机关作出的行政处罚行为证据确凿，适用依据正确，符合法定程序，驳回原告诉讼请求，判决认定事实准确，适用法律正确。该案件的裁判有助于企业和社会增强对污染物类型的认识，转变环境保护观念，提升我国环境保护水平。

（点评人：徐继敏，四川大学法学院教授）

（2018）川 0191 行初 380 号裁判文书原文

3. 浙江嵊泗美丽海岛三观文化旅游度假开发有限公司和嵊泗县国土资源局、嵊泗县人民政府地矿行政处罚及行政复议案[*]

【关键词】

　　矿产资源　行政处罚　案卷排他主义

【裁判要旨】

　　行政机关在行政程序中未依法保障公民、法人或者其他组织依法享有的陈述、申辩或者听证权利所采用的证据，不能作为认定行政行为合法的根据。

一、简要案情

　　2010年8月30日，原告嵊泗美丽海岛三观文化旅游度假开发有限公司（以下简称美丽海岛公司）取得嵊泗县菜园镇青沙外山嘴区域国有土地使用权用于开发建设。2013年10月22日，嵊泗县人民政府召开协调会，并形成专题会议纪要，明确：（1）由美丽海岛公司向嵊泗县发展和改革局申报"三通一平"临时工程；（2）公安部门应按工程进度及时供给炸药，各相关部门要切实加强监管，确保不发生安全事故；（3）该项目所在外山嘴场地石料开采总量必须控制在20万吨之内，所采石料可用于县内重点工程，也可自用，但不可外销；（4）石料开采（开山爆破）主体原则上为嵊泗县中心渔港指挥部所属施工单位，美丽海岛公司应与该施工单位签订安全责任书。同年10月24日，嵊泗县环境保护局作出预审意见；同年11月7日，嵊泗县发展和改革局作出批复，同意原告先行实施涉案旅游度假开发项目场地平整工程。

　　2013年12月11日，原告公司在未办理任何行政许可的情形下，将该场地平整工程承包给施工方，工程范围包括承包范围内的临时道路开通、工程围墙建设、地上附着物清理、土方开挖、石方爆破开挖等，并约定爆破产生

---

[*]（2017）浙09行终24号。

的石料、塘渣等归施工方所有以抵扣工程款。2014年2月，施工单位进入场地进行施工。

2014年11月，嵊泗县国土资源局进行立案调查，经浙江省第七地质大队出具的《嵊泗县中心渔港扩建工程李柱山沿线北侧建筑石料（宕渣）矿2014年度矿山储量年报》（以下简称《储量年报》）及越界开采宕渣分布位置的情况说明确定，外山嘴区域已开采量为10.49万吨，场地石料堆方量为3.34万平方米（8.016万吨），原告用于折抵工程款的石料、塘渣为2.474万吨。根据舟山市价格认证中心2014年2月12日出具的鉴定结论书确定，舟山地区普通建筑石料矿山矿产品（石子、块石、宕渣）市场销售平均价格为29元/吨，嵊泗县国土资源局于2016年3月29日作出嵊土资罚字〔2016〕9号行政处罚决定：（1）责令美丽海岛公司停止开采；（2）没收美丽海岛公司采出的矿产品8.016万吨；（3）没收美丽海岛公司已售出的矿产品2.474万吨的违法所得，按29元/吨计算，共计717 460元；（4）对美丽海岛公司处以违法所得31%的罚款，共计222 412.60元的行政处罚。

原告不服该行政处罚决定，向嵊泗县人民政府申请复议，嵊泗县人民政府于2016年8月5日作出嵊政复决字〔2016〕3号行政复议决定书，维持了被诉行政处罚决定。原告仍不服，向法院提起本案行政诉讼，请求撤销嵊泗县国土资源局作出的嵊土资罚字〔2016〕9号行政处罚决定以及嵊泗县人民政府作出的嵊政复决字〔2016〕3号行政复议决定书。

浙江省嵊泗县人民法院一审认为被诉行政处罚决定及行政复议决定认定事实清楚，证据确凿，适用法律正确，程序合法，判决驳回原告美丽海岛公司的诉讼请求。

美丽海岛公司不服，提起上诉。

浙江省舟山市中级人民法院二审经审理认为，执法机关在进行现场堆方量勘察时未通知拟被处罚人到场参与，亦未向其送达评估报告并听取意见，且现场勘察至违法行为发生已时隔1年，在此期间涉案区域内石料堆方量可能发生变化，难以准确估算，导致直接根据估算报告作出的行政处罚决定认定违法事实不清，主要证据不足，依法应予撤销。虽行政复议程序合法，但复议机关作出维持该被诉行政处罚决定的复议决定结论错误，应予一并撤销。故二审改判撤销嵊政复决字〔2016〕3号行政复议决定；撤销嵊土资罚字〔2016〕9号行政处罚决定；责令嵊泗县国土资源局在法定期限内重作。

二、撰写心得

行政裁判文书的撰写要重视政治效果、法律效果和社会效果三统一，事理、情理与法理三结合。既不能违背行政法治原则和法理，也不能脱离行政执法实践空谈理论，应当聚焦行政争议核心问题加强说理释法。

（一）查清案件事实是撰写裁判文书的前提和关键

本案被诉原行政行为是行政处罚决定，对此，司法审查的重点是执法部门对违法行为的定性是否正确，认定违法事实的主要证据是否确实充分，执法程序是否符合法定要求，作出行政处罚的法律适用是否正确以及处罚是否得当。同时，根据《行政诉讼法》规定，法院审理行政诉讼二审案件，应当对一审裁判和被诉行政行为进行全面审查。故二审裁判文书的重点更集中于案件的核心争议焦点，以及一审法院裁判存在的疏漏或错误问题，按照"全面准确、主次分别、详略得当"的要求谋篇布局。

结合本案，二审裁判文书明确肯定执法机关认定美丽海岛公司构成非法采矿行为应予处罚，定性准确。法律具有普遍的公开性和公示性，任何人不得以不知情或者未经告知而不履行法律规定的义务或者实施违反法律的行为。本案中，美丽海岛公司与施工单位约定实施场地平整项目并约定爆破产生的石料、塘渣等归施工方所有以抵扣工程款，变相地减少了美丽海岛公司实施场地平整工程的成本并使其公司收益，且在涉案场地实际确实发生了石料被外售获利的事实，可以将其认定为美丽海岛公司外销矿产品行为的转化。这就与《国土资源部关于开山凿石、采挖砂、石、土等矿产资源适用法律问题的复函》以及《最高人民法院行政审判庭关于在已取得土地使用权的范围内开采砂石是否需办理矿产开采许可证问题的答复》的适用情形有所区别，此处不仅应当考虑行为人的主观目的，即获取矿产品是否以获利为目的，同时也应当考察行为人是否实际实施了获取矿产品获利的行为，否则难以实现有效保护矿产资源的立法目的。故本案中执法部门认为美丽海岛公司未取得采矿许可证，而与他人签订施工承包合同，委托他人进行石方爆破等工程，认定构成非法采矿行为的定性是正确的。

（二）二审裁判文书对本案核心争议焦点问题详尽着墨，逐一剖析回应

其中，涉及证据的认证和采信问题，裁判文书说理论证时灵活结合了行政诉讼证据规则有关规定。在行政诉讼中，原则上，被告行政机关应对行政行为的合法性承担举证责任。本案在上述原则下，充分挖掘并正确适用行政

法"案卷主义规则",这是行政诉讼中的特有规则,是指行政机关在行政程序之外形成的证据不能作为证明行政主体的行为合法或者定案的根据。其中,行政机关在行政程序中非法剥夺公民、法人或者其他组织依法享有的陈述、申辩或者听证权利所采用的证据,不能作为认定行政主体的行为合法的根据。① 本案中,嵊泗县国土资源局作出被诉行政处罚决定时计算并认定美丽海岛公司违法开采矿石量的依据为《储量年报》和《嵊泗美丽岛三观文化旅游度假开发项目场地平整工程堆方量估算报告》(以下简称《估算报告》)。但执法机关未能提供证据证明其在进行现场堆方量估算工作时曾通知美丽海岛公司参加,亦未提供证据证明其将该份《估算报告》送达美丽海岛公司并听取其意见,则该份《估算报告》不能作为行政案件的主要证据。另,因涉案场地平整工程于2014年4月停工,执法机关在时隔1年后才委托鉴定机构进行涉案工程堆方量估算,在此期间涉案区域内石料堆方量可能发生变化导致难以准确估算,故嵊泗县国土资源局将该份《估算报告》作为认定美丽海岛公司非法采矿违法事实的主要依据,并据此对该公司作出行政处罚,违反行政法"案卷主义规则",导致处罚依据不足,认定违法事实不清,被诉行政处罚决定依法应予撤销。

(三)行政案件司法审查的另一重点是行政执法程序的合法性

即使原告对行政执法程序无异议或尚未发现执法程序存在问题,但经司法审查认为行政执法程序确实存在违法或不当之处的,也应在裁判文书中予以指正。本案行政执法程序存在的问题是没有准确界分行政处罚立案前的违法线索核查程序和正式立案后的调查取证程序。该两个程序在调查范围、调查方式、审查标准和审查结果方面都是不同的。结合本案,根据在案证据,嵊泗县国土资源局作出被诉行政处罚决定所依据的主要证据,包括询问当事人的调查笔录、现场勘查报告等,均系其于2014年11月20日至2015年12月15日期间即本案行政处罚立案之前作出,形式上存在"先调查、后立案"的问题,不符合《国土资源违法行为查处工作规程》中关于先对国土资源违法行为进行初步线索核查,立案之后再对违法事实进行具体调查取证的工作程序规定。虽行政相对人对此并未提出异议,一审法院对此也未予以审查,但二审经审查对该问题在裁判文书中予以明确指正。

---

① 江必新、梁凤云:《行政诉讼法理论与实务》,北京大学出版社2011年版,第639页、第642页。

（四）在复议机关作共同被告的行政诉讼案件中，对复议决定合法性的审查重点是复议程序的合法性和复议结论的正确性

对于复议程序不存在重大且明显违法问题的，撰写裁判文书时可结合重要复议程序时间节点简要论述。结合本案，因各方当事人对行政复议程序合法性均无异议，二审裁判文书认可复议机关立案受理、通知答复、组织听证、作出复议决定的程序符合法定要求，但因被诉行政处罚决定认定违法事实依据不足应予撤销，复议机关作出维持决定结论错误，故二审改判撤销复议决定。

本案裁判后，舟山市中级人民法院向嵊泗县国土资源局发送《关于进一步规范矿产资源行政执法工作的司法建议》，建议矿产资源执法部门加强日常巡查，坚持"早发现、早制止、早处置"，同时严格按照法定程序并准确适用执法依据履行监管职责，依法监督保护和合理利用矿产资源。

（王卫东，浙江省舟山市中级人民法院法官）

三、专家评析

本案生效裁判体现了人民法院对制裁矿产资源违法行为的支持以及对矿产资源行政执法行为的依法监督，对于进一步规范矿产资源行政执法工作，提高矿产资源行政执法公信力和执行力，监督依法保护和合理利用矿产资源行为具有积极影响。

本案二审裁判文书格式规范，布局合理，逻辑严密，行文严谨，裁判理由部分结合矿产资源法律规范和行政法理论将案件涉及的事实争议和法律适用问题逐一进行分析与评判，言之成理，以理服人。该案裁判准确适用了行政法"案卷主义规则"，明确行政机关在行政程序中未依法保障公民、法人或者其他组织依法享有的陈述、申辩或者听证权利所采用的证据，不能作为认定行政行为合法的根据。论证说理时将案件事实与裁判依据有机结合，有理有据。在论述本案行政处罚程序的合法性部分，文书专门明确了行政处罚违法线索核查与调查取证程序的界分，即在违法线索核查阶段，审查标准应围绕违法线索经初步调查是否属实，审查结果是该违法线索是否符合行政处罚立案标准；而在调查取证阶段，审查标准应系违法事实是否清楚，证据是否确凿，审查结果是如何依法合理作出处罚决定，这对今后规范行政机关执法程序有着重要的指引意义。

本案二审裁判文书在审理的案件类型、说理水平、行文的规范性、说理的逻辑性和判决的社会效果方面都较具有代表性和典型性。本裁判文书通过全面展示行政诉讼从证据认证、事实认定、程序审查、法律适用到最终作出裁判的全过程，充分展现司法裁判的公开性和透明度，彰显了人民法院的公正性和公信力。同时对于行政执法和一审裁判存在的错误和疏漏之处逐一剖析，真正体现行政诉讼"审理一案，规范一片"的指引作用，对法院审理同类案件具有非常典型的指引意义。

（点评人：葛宏伟，浙江省高级人民法院行政庭庭长，三级高级法官）

（2017）浙09行终24号裁判文书原文

4. 成都蜀粹坊食品有限公司和成都市工商行政管理局、成都市人民政府工商行政处罚及行政复议案*

【关键词】

包装、装潢　近似　混淆　综合认定

【裁判要旨】

认定包装、装潢是否与知名商品特有的包装、装潢构成近似，造成混淆，可以从判断对象、判断标准、判断主体、判断方法等方面进行综合认定。具体而言，应当以一般购买者为判断主体，以商品包装、装潢的文字、图案、色彩及其排列组合所构成的整体为判断对象，参照商标相同或近似的判断原则和方法，在包装、装潢隔离的状态下对其整体和主要部分进行比对，判断是否达到使购买者已经或者足以混淆的程度。

一、简要案情

2015 年 9 月 23 日，四川张飞牛肉有限公司（以下简称张飞公司）向四川省工商行政管理局（以下简称省工商局）投诉称，成都蜀粹坊食品有限公司（以下简称蜀粹坊公司）生产的牛肉休闲系列商品和双流兔头休闲系列商品包装袋与张飞公司商品包装袋相似，涉嫌不正当竞争。省工商局反垄断与反不正当竞争执法处当日将该投诉材料转成都市工商行政管理局（以下简称市工商局）处理。市工商局于 2015 年 11 月 5 日检查发现，蜀粹坊公司销售的蜀粹坊系列牛肉商品外包装涉嫌擅自使用张飞公司商品特有的包装。2015 年 12 月 22 日，市工商局向成都市消费者协会（以下简称市消协）发出《委托消费调查函》，调查蜀粹坊公司系列牛肉商品与张飞公司商品包装、装潢是否造成购买者混淆。2016 年 1 月 11 日，市消协出具《关于委托开展消费调查工作的复函》，市工商局于 2016 年 1 月 25 日将该复函内容告知蜀粹坊公司。根据截

---

* （2017）川 01 行终 569 号。

至 2016 年 3 月 14 日蜀粹坊公司牛肉系列商品销售明细，市工商局认定蜀粹坊公司违法所得为 9042.35 元。2016 年 3 月 16 日，省工商局发出川工商挂督字〔2016〕06 号《大要案件挂牌督办通知书》，将该案确定为省工商局挂牌督办案件。市工商局于 2016 年 3 月 28 日向蜀粹坊公司送达成工商公听字〔2016〕001301 号《行政处罚听证告知书》，经蜀粹坊公司申请，市工商局于 2016 年 4 月 20 日举行听证会，并于 2016 年 5 月 17 日作出成工商处字〔2016〕01021 号《行政处罚决定书》，责令蜀粹坊公司立即停止违法行为，并作出没收违法所得 9042.35 元、罚款 27 000 元的行政处罚。该《行政处罚决定书》于 2016 年 5 月 19 日送达蜀粹坊公司。蜀粹坊公司不服，于 2016 年 6 月 20 日向成都市人民政府（以下简称市政府）申请行政复议，市政府依法受理。2016 年 8 月 9 日，市政府作出〔2016〕668 号《行政复议决定书》，维持市工商局作出的行政处罚决定。蜀粹坊公司不服，遂向成都市武侯区人民法院提起行政诉讼。

本案的争议焦点为市工商局作出的行政处罚决定及市政府作出的行政复议决定的合法性问题，主要涉及被上诉人市工商局和市政府认定蜀粹坊公司与张飞公司牛肉商品包装、装潢构成近似、造成混淆，并作出行政处罚和行政复议的行为是否合法。具体涉及以下问题：（1）被上诉人认定张飞公司商品为知名商品是否合法；（2）被上诉人委托市消协开展的消费调查程序是否合法，调查内容能否作为证据使用；（3）被上诉人作出行政处罚和行政复议的事实证据问题，即被上诉人认定上诉人与张飞公司商品包装、装潢构成近似、造成混淆的主要事实是否清楚，主要证据是否充分。

二、撰写心得

本裁判文书主要有五个特点。

（一）据法论理，文书具有逻辑性、融会性、流畅性、说理性

法律的生命在于实施。人民法院的文书作为将抽象的法律条文适用于具体案例的鲜活生动的载体，是法律实施的具体形式。文书通过严谨的逻辑推理、精准的语言表述、全面的案情展示和裁判思维演绎，公平公正公开进行裁判，弘扬法治精神，维护司法公信。文书因其制作主体的特殊性和公文属性，具有格式规范、要素完整、逻辑严谨、运用法言法语等固有特性。由于文书风格带有一定的主观色彩，因此实践中存在风格各异的各类文书，有的侧重于对案件事实进行罗列分析，有的侧重于归纳焦点、据法说理、条分缕

析,有的侧重于运用法学理论进行学理分析,有的侧重于引经据典、注重文采,有的侧重于运用情理论证并附法官后语等。一份优秀的裁判文书,应当综合各个要素,以事理为基础,法理为尺度,学理为辅助,情理为佐料,并辅之以文理。本案文书属于据法论理型文书,综合运用演绎推理的方法,以认定的案件事实为基础,采用法理、情理以及学理等方式对案涉法律问题进行分析论证,具有逻辑性、融会性、流畅性、说理性等特征,同时结合个案提炼出可以广泛适用的判断规则。

（二）总结提炼了商品包装、装潢构成近似,造成混淆的判断规则

现行法律对于商品包装、装潢是否构成近似,造成混淆的认定未作出明确规定,本案通过个案的处理,总结提炼出认定商品包装、装潢是否构成近似,造成混淆的判断规则。具体而言,可以从判断对象、判断标准、判断主体、判断方法等方面综合认定。其中,判断对象应当为商品的包装、装潢整体,即应当对商品包装及其包装上附加的文字、图案、色彩及其排列组合所构成的整体进行综合认定；判断标准应当达到已经使购买者误认为是该知名商品或者足以造成和他人知名商品相混淆的程度；判断主体应当为一般购买者；判断方法按照司法解释的规定,可以参照商标相同或者近似的判断原则和方法,即在比对对象进行隔离的状态下,以相关公众的一般注意力为标准,对涉嫌近似的商品包装、装潢的整体和主要部分进行比对。本案中,工商行政管理机关仅根据行政相对人商品包装、装潢的局部与知名商品包装、装潢的局部构成近似,进而笼统认定两公司商品的包装、装潢构成近似,造成混淆并作出行政处罚的行为,属于主要证据不足,依法应予撤销。

（三）对行政行为全面审查并依法纠正

人民法院在审查被诉行政行为时,应当贯彻全面审查原则。换言之,既要对行政行为的程序进行审查,也要对行政行为的实体进行审查,包括对行政机关作出的实体判断结论进行审查。从司法的功能定位来看,行政审判更加侧重于制约公权,因此,人民法院应当对行政机关在作出行政行为时是否严格依法行政,是否做到事实清楚、证据充分等进行全面审查。本案属于涉产权保护案件,人民法院在审查行政行为时,要充分发挥知识产权司法保护的主导作用,坚持平等保护原则,在尊重行政权及不代行行政权的前提下,对行政行为进行全面审查并依法纠正,有效推动行政机关依法行政。

（四）体现了先进的裁判理念

脸谱作为中华传统戏剧文化的瑰宝,是社会共同财富,不宜为某一家企

业所垄断使用。本案通过个案裁判，厘清了对脸谱保护的认识与理解，坚持对商品包装、装潢的平衡保护，合理运用共享、发展等裁判理念，体现了保护知识产权就是保护创新的要求。需要指出的是，本案的裁判与2018年1月实施的《反不正当竞争法》（本案判决在该法修订前作出）的修改精神高度契合，2017年修订的《反不正当竞争法》对包装、装潢的保护进行了三个方面的修改：其一，将对知名商品的保护修改为对有一定影响商品的保护，扩大了保护范围；其二，引入"特定联系"原则，将混淆行为规定为"引人误认为是他人商品或者与他人存在特定联系"，有利于行政机关依法判断；其三，将"足以"误认的标准吸收进2017年修订的《反不正当竞争法》中，进一步明确了包装、装潢构成近似的判断标准。

（五）权衡了民事、行政救济渠道之选择

包装、装潢属于知识产权保护范畴。知识产权是私权，但长期以来，我国对其保护实行的是行政保护和司法保护的"双轨制"。在知识产权领域，虽然两种救济途径均可有效保护知识产权，但各有利弊：第一，两者稳定性不同。司法救济具有终局性，稳定性强，而行政保护因一些法定事由，如法律、法规修改或废止，法院作出撤销判决等而失效，其稳定性弱于司法保护。第二，公平和效率的侧重点不同。司法权是判断权，以维护公平正义为目标，行政权的本质是管理权，效率优先，兼顾公平。第三，民事赔偿与行政处罚不同。司法保护中，一旦侵权成立，即可要求民事赔偿；而行政保护中，除行政调解外，只能对侵权行为进行行政处罚，而不能赔偿权利人的损失。第四，经济效益不同。当事人采用司法保护救济途径的，平等主体之间可先行协商多元化解矛盾，如当事人约定仲裁优先，进入民事诉讼程序后法院亦会选择先进行调解，且各方均悉数参与并充分对抗，有利于复杂侵权案件的查清；而采用行政救济途径，则先由行政机关进行处理，对于行政保护不服的，才会进入行政诉讼程序，且对于复杂案件，因司法权审查范围的限制，侵权行为可能长期难以得到处理。因此，对于相对复杂的案件，司法保护途径优于行政保护途径，符合经济原则的要求。同时，行政救济使用的是公共资源，需要慎重选择。就本案而言，张飞公司选择寻求行政救济，向市工商局投诉，没有采取民事救济途径。事实上，张飞公司可以先与涉嫌侵权方即本案上诉人进行充分沟通和协商，争取妥善化解。确实难以化解的，可以选择提起民事诉讼方式，让权利人与涉嫌侵权人在法庭上进行充分的抗辩和对抗，可以更好地查清案件事实，同时采用多元方式全面化解纠纷。

在案件审理过程中，承办人始终认为司法办案与做人做事同理，均应坚持"敬、静、净"三字：做人做事应当坚持敬畏之心，坚持清静做事，坚持干净做人；案件办理应当坚持敬省之心，坚持静心研究，坚持文字表述干净简练，坚持法律推理严谨有价值。唯其如此，才能形成一份有分量、有价值、有指引意义的裁判文书，在个案中为司法事业贡献力所能及的智慧和力量。

（蒋敏，四川省成都市中级人民法院法官）

三、专家评析

本文书要素齐全，结构严谨，精准归纳争议焦点，论证说理充分，对诉讼过程、庭审活动及裁判思路进行了鲜活展示。特别是针对现行法律司法解释对于包装、装潢是否构成近似，造成混淆的认定尚无明确规定的情形，本文书通过个案的处理，总结提炼出认定包装、装潢是否构成近似，造成混淆的规则，即可以从判断对象、判断标准、判断主体、判断方法等方面进行综合认定。具体而言，应当以一般购买者为判断主体，以商品包装、装潢的文字、图案、色彩及其排列组合所构成的整体为判断对象，参照商标相同或近似的判断原则和方法，在包装、装潢隔离的状态下对其整体和主要部分进行比对，判断是否达到使购买者已经或者足以混淆的程度。本案法官归纳的争议焦点为市工商局作出的行政处罚决定及市政府作出的行政复议决定的合法性问题，判决书分别从具体涉及的3个问题论述，其中核心问题便是判断商品包装、装潢是否构成近似，造成混淆。针对该问题的法律规定（1993年制定的《反不正当竞争法》第21条第2款，现该条已被删除）存在着较大的模糊性，在适用中常常存在较大的分歧，理论上的讨论也还很不充分。虽然最高人民法院第47号指导案例（费列罗巧克力包装装潢保护）对实践具有一定的具体化指导意义，但该案的审理结果也是多有变化，二审推翻一审结论，而最高人民法院的再审对二审结论又进行了一定的改变，另外，学者对此也多有论述，这也说明了审理该类案件的确存在较大的难度和分歧。因此，认真对待本案，作出合理的判决，对引导行政管理和经济活动具有重大的意义。本案二审判决书中，法官从判断对象、判断标准、判断主体和判断方法等多个层次，融合法理、事理、情理等，进行了详细而深入的论证说理，条理层次明晰，释法说理性强。本行政判决书完整地展示了法官的裁判思路，逻辑清晰，说理透彻，繁简得当，释法说理性强，充分地体现出适用指导性案例对判决书说理性的强化优化作用。本案判决肯定了公共的符号文化（脸谱文化）的共享性，确立混淆、误认判断的指引性标准，引导行政行为的规范化，在文书风格、规则填补、价值取向、社会效果等各方面都具有较好的示范作用。

（点评人：张冬旧，中国政法大学法学院行政法研究所副所长、法学博士、讲师）

（2017）川01行终569号裁判文书原文

5. 上海牟乾广告有限公司和上海市静安区市场监督管理局等行政处罚案*

【关键词】

软件 商业秘密 行政处罚

【裁判要旨】

计算机软件可以从著作权或商业秘密之不同路径寻求法律保护,但两种权利的法定构成要件完全不同。行政案件中,第三人主张其软件构成商业秘密,而行政机关也认定软件构成商业秘密并进行查处时,应对该软件符合《反不正当竞争法》第10条第3款①规定之条件进行举证。如行政机关未能举证证明其已对计算机软件符合"不为公众所知悉"之要件进行审查,即使该软件符合商业秘密的其他构成要件,其所作出的相应行政处罚因缺乏事实和法律依据也应被撤销。

一、简要案情

原告牟乾公司由上海管易软件科技有限公司(以下简称管易公司)变更名称而来。上海商派网络科技有限公司(以下简称商派公司)和酷美(上海)信息技术有限公司(以下简称酷美公司)认为管易公司网站进行虚假宣传,同时恶意高薪聘请其员工,获取其软件源代码及相关文档,上述行为构成虚假宣传和商业秘密侵权,故向上海市工商行政管理局闸北分局(以下简称闸北工商分局)进行举报。闸北工商分局对管易公司的电脑数据和相关网页进行了取证,并委托上信司法鉴定所对取证数据与商派公司提供的光盘数据进行比对。后该所出具司法鉴定意见书认为:管易公司电脑中文件"可以

---

* (2016)沪行终738号。

① 该款已被《反不正当竞争法》(2019年修正)第9条第3款修改。《反不正当竞争法》(2019年修正)第9条第3款规定:"本法所称的商业秘密,是指不为公众所知悉、具有商业价值并经权利人采取相应保密措施的技术信息、经营信息等商业信息。"

认定的部分"与商派公司提供的相关软件代码相同，可视为来自同一来源；并存在相同的相关文档。据此，上海市闸北区市场监督管理局（闸北工商分局与相关局职能整合组建而成，以下简称闸北市场监管局）对管易公司作出行政处罚决定：（1）管易公司在网站发布不实信息的行为构成虚假宣传，决定对其作出责令停止违法行为、消除影响和罚款人民币1万元整的处罚。（2）商派公司和酷美公司共同研发了涉案软件，管易公司招聘了原商派公司和酷美公司参与软件研发并签订保密协议的相关人员，且上述人员的工作电脑中存有从商派公司处获取的涉案软件和文档。结合上信司法鉴定所出具的司法鉴定意见书，可以认定涉案信息属于商业秘密，管易公司实施了侵犯商业秘密行为，决定对其作出责令停止违法行为，罚款人民币2万元整的处罚。综上，合并执行处罚：（1）责令停止虚假宣传行为，消除影响；（2）责令停止侵犯商业秘密行为；（3）罚款人民币3万元整。

牟乾公司不服该处罚决定，向上海知识产权法院提起行政诉讼。

上海知识产权法院认为，闸北市场监管局就牟乾公司虚假宣传行为所作的行政处罚决定正确，予以维持。但就原告侵犯商业秘密行为所作的行政处罚决定，因商派公司和酷美公司未指明涉案信息中秘密点范围，误将软件程序及文档都作为商业秘密的保护对象。而闸北市场监管局也未确定技术信息的范围，无法对其是否达到"不为所属领域的相关人员普遍知悉和容易获得"的商业秘密程度进行判断。因闸北市场监管局未按商业秘密构成要件依法认定技术秘密存在，故对于管易公司构成商业秘密侵权的事实认定不清，证据不足，应当予以撤销。据此，判决：（1）撤销行政处罚决定中因认定管易公司侵犯商业秘密所作的行政处罚决定，即"责令停止违法行为""罚款人民币贰万元整"；（2）驳回原告其余诉请。

一审判决后，静安市场监管局（因上海市闸北区与静安区两区合并，静安市场监管局承继原闸北市场监管局的职责）、商派公司、酷美公司均不服，分别提起上诉。

上海市高级人民法院经审理认为，计算机软件可以同时构成作品和商业秘密，分别受到《著作权法》和《反不正当竞争法》的保护。计算机软件，当其属于具有独创性、有形性、可复制性之智力成果的情况下，即构成作品。但商业秘密是指不为公众所知悉，能为权利人带来经济利益，具有实用性并经权利人采取保密措施的技术信息和经营信息。若软件权利人欲以商业秘密为途径寻求法律救济，则必须同时具备四个法定要件，缺一不可，否则便无法获得《反不正当竞争法》的保护。因此，符合《著作权法》规定的软件作品，可能无法被认定为商业秘密；而侵犯作品著作权的行为，也不一定同时构成侵犯商业秘密的行为。

涉案信息是否构成商业秘密，需对其是否符合商业秘密的四个法定要件进行审查。在行政诉讼中，认定商业秘密侵权行为存在并由此作出行政处罚的行政机关，应当承担类似于民事诉讼中权利主张人的举证义务，即对其认定的商业秘密符合法定要件承担举证责任。本案中，静安市场监管局应当首先证明涉案信息处于"不为公众所知悉"的状态，即客观上无法从公共渠道直接获取，不能仅仅从持有人已采取了保密措施即推定相关信息必然不为其所属领域的相关人员普遍知悉和容易获得。只有当涉案信息符合秘密性要件后，行政机关才可进一步对于其是否具有价值性、实用性以及持有人是否采取了必要的保密措施等要件进行认定，以确定本案是否存在商业秘密。因此，闸北市场监管局因认定管易公司侵犯他人商业秘密进而作的行政处罚决定，缺乏事实和法律依据，应予撤销。由于行政案件的审理范围仅限于对行政处罚及一审判决的审查，并不涉及对被处罚人是否未经许可复制并侵犯了他人软件作品著作权之民事行为的审查认定。如果两第三人认为被处罚人实施了侵犯其涉案软件著作权的行为并对其合法权益造成损害，可以侵犯著作权的民事侵权诉由另行提起诉讼。综上，二审法院依法判决：驳回上诉，维持原判。

二、撰写心得

本案系上海市高级人民法院知识产权庭建庭以来受理的首例知识产权行政案件。案件合议庭由上海市高级人民法院分管院领导担任审判长，由条线审判专家的庭领导参审，面对行政二审案件常规3个月的审理期限，作为一名长期审理知识产权民事案件的法官，笔者倍感压力。

第一，由于行政判决和民事判决有着非常大的区别，笔者首先要求自己第一时间转换角色，跳出民事法官的传统思维模式，以行政法官的视角来审视案件。在传统民事案件中，原告往往是民事权益受损方，而被告一般为侵害行为实施方，法官一般以侵权思维来审理案件；但行政案件中，原告是具体行政行为的相对方，因不服被告行政机关的具体行政处罚行为而提起诉讼，而第三人则是向行政机关就原告违法行为进行投诉举报的利益相关方。换言之，行政案件的原告相当于民事案件中的被告，而行政案件中的第三人则相当于民事诉讼中的原告，因此必须摒弃惯用的侵权思维逻辑，从行政行为的合法性角度来切换审理视角。

在对案情进行梳理后，笔者发现一审判决后，三方当事人均不服原判而提出上诉,案件涉及软件商业秘密的鉴定,前后涉及两家行政机关,因此二审中程序和事实认定均较为复杂,三方当事人争议较大。面对这样一个复杂案件,首先要做好阅卷笔记,尽快熟悉案情;同时熟悉与本案相关的行政实体法、《行政诉讼法》和相关司法解释的法条。在正式庭审之前,法院召开庭前会议梳理诉辩意见、固定双方意见并归纳二审争议焦点,为正式庭审的顺利进行做好基础性工作。此外,在正式庭审时,法院还要求被诉行政机关的负责人和经办人员到庭参加庭审,以便能够完整查明案情。这些工作都是为最终能够撰写好裁判文书打下的坚实基础。

第二,在动笔之前,笔者并没有简单地依据行政诉讼文书样式开始撰写,而是先找来一些行政案件的获奖文书进行学习,揣摩行政文书和民事文书在写作中的异同,并总结优秀行政文书行文和表达的特点,让自己尽快进入一名行政法官的角色。

第三,在这篇判决书的写作中,在合议庭其他成员的指导下,笔者要求自己行文必须做到繁简得当。由于三方当事人争议较大,无论是上诉理由还是答辩意见的篇幅都十分冗长,但判决中笔者均仅以数百字高度概括。笔者认为,相对于将诉辩意见完整记录的写作方法,这种撰写方式更容易让文书的受众聚焦于案件的争议焦点,阅读和理解都更为高效。但与比对应的是,判决书用了较长的篇幅对补充查明的事实予以认定,因为这些事实或是用来补强一审查明事实,或是判决结果需要援引的基础事实,均需要仔细查明审慎认定。

在概括本案二审争议焦点前,文书用了较多篇幅对计算机软件相关术语、计算机软件著作权保护的法定要件、商业秘密构成要件进行了详细的阐述,并推导出计算机软件以著作权和商业秘密进行法律保护的两种路径的区别。然后文书对行政上诉案件的审理范围予以明确,即二审中法院仅对行政机关执法程序、认定事实、处罚决定是否失当以及原审法院在程序、事实查明和法律适用方面是否存在错误进行审查。这些引言,对裁判理由后续的行文起到了引导和确定论述基调的作用。

第四,在阐述裁判理由时,判决先梳理出"系争标的(软件和文档)是否构成商业秘密""原告是否使用了系争标的""行政处罚是否失当"和"原审判决是否违法"四个争点,然后分别予以一一回应。在第一个争议焦点中,判决首先认定行政机关和相应鉴定机构均未对系争标的是否具备商业秘密认定之首要"秘密性"要件予以认定,且鉴定意见对鉴定对象同一性的鉴定并不完整,故依法认定本案行政处罚决定中对系争标的属于商业秘密之认定,不具备事实依据。基于这一认定,判决认为已无必要对第二个争议焦点即原告是否使用系争标的之事实进行认定。在争议焦点三和四的论证中，判决详尽地对行政机关和一审法院的程序性问题进行了阐述，并对牟乾公司上诉中就其他两方当事人二审诉讼地位的异议予以回应，最终对二审涉及的程序异议均未予支持。

第五，在裁判理由的最末段，文书特别增加了一段，对行政诉讼与相关民事侵权诉讼的关系予以释明：因本案为行政诉讼，二审仅限于对一审判决及行政机关相关行政处罚的合法性审查，不涉及对被处罚人是否侵犯第三人软件作品著作权之民事责任的认定，因此如第三人认为被处罚人复制并使用其软件的行为构成著作权侵权，可另行提起民事侵权诉讼。本案行政判决的处理结果，并不影响相关权利人民事权利的行使，也不影响民事著作权侵权案件的侵权认定。

虽然相关行政法律和民事诉讼文书样式并未要求法官在判决中需进行上述释明，但从充分保障当事人权益的角度出发，避免法官机械办案，判决文书还是特别向本案中败诉的第三人另行指明了民事救济途径，将司法温度体现在具体裁判行为中，切实追求司法裁判的法律效果和社会效果的统一。

（王静，上海市高级人民法院法官）

三、专家评析

该行政处罚纠纷案，涉及计算机软件的著作权保护和商业秘密保护制度适用竞合的学术研究和司法前沿问题。本优秀二审判决书用令人信服的充分说理，展现了司法公平正义。

其一，留足说理空间。二审共21页的判决书，只用不满7页归纳概述一审判决内容，为二审裁判说理留足了篇幅空间。这对根治一审判决照抄诉辩状，二审判决照搬一审判决内容的通病，提供了参考良方。

其二，充实说理论据。本判决用"另查明"方式，充实了事实与证据，为二审有针对性地裁判说理，奠定了坚实的基础。其中有关诉讼时效和司法鉴定内容等争议事实的评判，就根植于这些充实的论据。

其三，找准说理焦点。法官在文书撰写中审查错综相连的鉴定比对、行政处罚、一审判决和上诉争议，依法剥茧抽丝，拂尘见金。基于立法目的解释，本判决阐明同一软件获得商业秘密保护与获得《著作权法》保护的法定条件不同的法理。并归纳出涉案源代码、数据库结构文档和开发文档需求说明书，是否属于商业秘密这一最重要的争议焦点，为判决的充分说理确立了具有"定海神针"地位的核心论题。

其四,研精说理深度。判决紧扣涉案源代码及其文档是否属于"不为公众所知悉"的状态及其举证证明义务问题,全面、系统、深入地论证了本案三份鉴定意见书和软件行业协会意见,以上文书只是对鉴定对象的同一性和真实性作出认定,但对于"不为公众所知悉"和相似性完整比对两个要件,则缺乏必要的证据证明力。本判决不仅说理鞭辟入里,力透纸背,而且对计算机软件的商业秘密保护制度的适用,提出了创新观点,对我国今后类似案件的审理与裁判,具有重要参考借鉴价值。

其五,繁简说理得当。二审准确归纳了四个争议焦点,判决书对这些焦点的评判,繁简处置得当。其中源代码及其文档是否商业秘密属于焦点之"纲",其余焦点是"目"。说理设计,繁纲简目:对于是否商业秘密,多层次多视角重点论述;对于被上诉人是否获取并使用商业秘密的争点二,基于证明商业秘密证据不足,用"在本案中已无审查必要",一笔带过;对于争议焦点三中行政处罚办案期限,以"原判已查明,本院认同,不再赘述"简述,言简意赅。

其六,兼顾说理维度。针对上诉和抗辩的事实和理由,法官耐心细致地在判决书中逐一回应。就事释法论理结合,事理法理情理交融。对于工商局9人开会5人签名及其效力的回应,对于行政处罚并不构成著作权救济障碍的说明等,体现了法官的拳拳之心和殷殷之情。让当事人胜诉堂堂正正,败诉明明白白,发自内心服判息讼。

这份通过充分说理展现司法公平公正的优秀裁判文书,反映了法官的上佳法学素养、厚实文字底蕴、缜密逻辑思维和细致工作态度。该判决文书曾获评"上海法院十大优秀裁判文书"第一名、"上海法院百篇优秀裁判文书"、"上海法院优秀裁判文书"、"上海法院精品案例"、"上海法院百个精品案例"、"上海法院知产十大案件"等荣誉。

(点评人:胡鸿高,复旦大学法学教授、博士生导师,国务院政府特殊津贴专家,上海市人民政府首届法律咨询专家,中国商法学和经济法学研究会常务理事)

(2016)沪行终 738 号裁判文书原文

第二章 行政许可

6. 温某和广东省卫生和计划生育委员会、国家医学考试中心请求颁发执业医师资格证案[*]

【关键词】

信赖保护　执业助理医师资格　卫生保健专业　行政许可

【裁判要旨】

根据信赖保护法理，当事人已经取得执业助理医师资格的，即使不符合条件，也受到法律保护，在依法变更、撤回之前，不应否定其效力，当事人可以据此继续参加执业医师资格考试。

一、简要案情

2004年7月1日，温某从广东省潮州卫生学校毕业，取得中等职业学校毕业证书，专业是"卫生保健（社区医学）"。2005年温某持上述学历证书，以"社区医学"为毕业专业报名参加医师资格考试，取得执业助理医师资格。2010年3月24日，温某持相同学历证书又以"卫生保健"为毕业专业，报名参加执业医师级别医师资格考试。2014年5月10日，温某向国家信访局反映其通过了2010年的国家执业医师考试，至今未拿到资格证书的问题。2014年6月23日，广东省信访局收到国家信访局转来的信访事项，作出粤信函字〔2014〕52号《关于转交国家信访局登记受理的信访事项的函》，将该信访事项转至广东省卫生和计划生育委员会（现广东省卫生健康委员会，下同）。广东省卫生和计划生育委员会收到上述信访事项后于2014年8月8日作出粤卫信〔2014〕111号答复，告知温某其2005年参加职业助理医师资格考试不符

---

[*] （2017）粤行终57号。

合有关规定,因国家有关部门未下发其执业医师级别医师资格证书制证数据,故广东省卫生和计划生育委员会无法印制温某的《医师资格证书》,建议温某向国家医学考试中心反映。温某认为广东省卫生和计划生育委员会未履行职责向其颁发《医师资格证书》并授予医师资格,向广州铁路运输中级法院提起行政诉讼,请求:判决广东省卫生和计划生育委员会立即颁发国家卫生和计划生育委员会(现国家卫生健康委员会,下同)统一印制的《医师资格证书》给温某,授予温某执业医师资格。广州铁路运输中级法院一审判决驳回温某的诉讼请求。

宣判后,温某不服,提起上诉。

广东省高级人民法院二审判决驳回温某的诉讼请求。

广东省高级人民法院经审理认为:《行政许可法》第 8 条①规定:"公民、法人或者其他组织依法取得的行政许可受法律保护,行政机关不得擅自改变已经生效的行政许可。行政许可所依据的法律、法规、规章修改或者废止,或者准予行政许可所依据的客观情况发生重大变化的,为了公共利益的需要,行政机关可以依法变更或者撤回已经生效的行政许可。由此给公民、法人或者其他组织造成财产损失的,行政机关应当依法给予补偿。"温某 2005 年 12 月 16 日依法取得的原广东省卫生厅颁发的《执业助理医师资格证书》,受到法律保护,在该证书未依法变更、撤回之前,不应否定其效力。本案中,在温某取得的《执业助理医师资格证书》依法有效的情形下,广东省卫生和计划生育委员会于 2014 年 8 月 8 日作出粤卫信〔2014〕111 号答复,告知温某其 2005 年参加执业助理医师资格考试不符合卫办医发〔2008〕67 号文的规定,违反了行政许可的信赖利益保护原则,不符合《行政许可法》的上述规定。

关于温某在取得执业助理医师执业证不满 5 年即参加执业医师资格考试是否符合有关法律规定的问题。《执业医师法》(已废止)第 9 条规定:"具有下列条件之一的,可以参加执业医师资格考试:(一)具有高等学校医学专业本科以上学历,在执业医师指导下,在医疗、预防、保健机构中试用期满一年的;(二)取得执业助理医师执业证书后,具有高等学校医学专科学历,在医疗、预防、保健机构中工作满二年的;具有中等专业学校医学专业学历,在医疗、预防、保健机构中工作满五年的。"本案中,温某 2005 年 12 月 16 日

---

① 对应《行政许可法》(2019 年修正)第 8 条。

取得《执业助理医师资格证书》，2008年10月6日取得《执业助理医师执业证书》，其于2010年3月24日报名参加执业医师资格考试，在取得执业助理医师执业证后不满5年即参加执业医师资格考试，不符合《执业医师法》（已废止）第9条规定的报名条件，因此，广东省卫生和计划生育委员会作出粤卫信〔2014〕111号答复，拒绝向温某颁发《医师资格证书》，具有事实和法律依据。原审判决驳回温某关于广东省卫生和计划生育委员会立即颁发国家卫生和计划生育委员会统一印制的《医师资格证书》，授予其执业医师资格的诉讼请求，处理结果正确，法院依法应予维持。

二、撰写心得

信赖保护原则是首先在德国发展起来的一项重要行政法原则。其含义为行政管理相对人对国家行政权力的正当合理信赖应当予以保护，行政机关不得擅自改变已生效的行政行为，确需改变行政行为并由此给相对人造成损失的应当给予补偿。其法理基础是基于公众对国家权力的信任，信任利益应予保护，目的在于法的安定性。《行政许可法》第8条的明确规定，是我国法律首次对信赖保护原则的确认，意味着司法审查对授益性行政行为的审查，将更多遵循社会公益和个人权益之间的利益平衡。本裁判文书根据信赖保护法理，认为当事人已经取得执业助理医师资格的，即使不符合条件，也受到法律保护，在依法变更、撤回之前，不应否定其效力，当事人可以据此继续参加执业医师资格考试，在审判实践中具有一定的典型意义。人民法院的裁判文书是对案件整个审理过程及裁判结果的记录，又是进行法治宣传的重要媒体。一份裁判文书写作的好坏，不仅反映了人民法院对案件的处理是否公正，同时又影响到人民群众对法院的信任，进而影响到公众对法治信仰的形成及提升。因此，制作好每一份裁判文书是人民法院每一位法官的重要职责，也是展示法官良好业务素质及职业操守的有效方式。而一份裁判文书只有明事理、合常理、释法理、讲道理才有说服力和执行力，才能赢得社会公众的认可，也才能真正提升司法执行力。在本案文书的撰写过程中，承办法官体会到以下几点心得：（1）熟练掌握法律法规。熟悉各种法律法规，特别是常用的法律法规，只有准确、完整、具体地适用法律法规，法官才能依法正确判定案件。（2）全面掌握案情，准确案件定性，客观描述裁判事实。吃透案件逻辑关系，是撰写好裁判文书的基础，法官不仅要研透案卷卷宗，更要做好庭审工作，用好庭审笔录。无论案件事实是否复杂或者裁判结果如何，裁判者均应客观、适度地描述事实。对争议事实客观描述,体现法官对事实争议的起码态度,反映了裁判者的"三观"及司法智慧。(3)依法论证说理。运用法治思维论证说理,是法官撰写好裁判文书的重中之重,能否使当事人达到胜败皆明,关键也在于此。裁判说理是案件事实和裁判结果的联结纽带,亦是裁判文书的灵魂。裁判文书可以有法官自己的文风与说理特色,但需融情、理、法于一体,说理有力。裁判说理既是法律赋予法官的权利,也是法官接受社会监督的责任。裁判说理能约束法官,杜绝滥用自由裁量权,最大限度地保障个案裁判公正。而如果存在不说理或说理不透彻、简单模糊等现象,也会引发质疑。撰写裁判文书,法官常用的说理方法是以事实情节为基础,运用有关法条和法学理论,合理论证案件事实和法律适用之间的关系,兼顾情理分析,将法、理、情有机结合,努力做到辨法析理,胜败皆服。(4)严谨,是裁判文书的灵魂。这要求法官在写作过程中要努力做到同样的意思表达,用同样的法律术语或同样的句式。同时,法官在裁判文书中援引到的相关证据材料,一定到做到标准化,时刻注重其与原始的文本对标对表,力求精确。(5)裁判文书要详略得当,繁简适宜,重点突出,避免长篇大论,充分展示法官的写作能力,在公众面前树立良好形象,避免公众对法官水平的质疑,从而影响对法院整体形象的评价,降低对法治的信仰与追求。(6)裁判文书要有"力度"与"温度"。裁判文书是司法结果的载体,也是法官的作品,它既要有力度,也要有温度。裁判文书的力度,表现为裁判文书应彰显规则的力量,体现法官对合法权益的保护,对违法行为的抑制。一份好的裁判文书,不但要解决一个纠纷,也要明确一条规则,更要确定一个导向,使全社会一体遵循,要传递法律的声音与规则的力量。裁判文书的温度,体现在,裁判文书是法官人格的缩影,体现法官应有人文情节,体现人性的光辉与力量。因此,裁判文书既要有理性,也要有一定程度的感性,法官通过裁判文书传递给社会的,应该是积极的正义的力量和主流的核心价值观。(7)处理好裁判文书中的法理与常识。法律是一种有大量的法律术语和法律逻辑、法律推理。而裁判文书的语言、逻辑只有为公众所理解,才能真正被接受、被信服。因此,裁判文书要在专业术语与大众话语之间进行恰当平衡,注意叙事方式的可接受性,在法律逻辑与推理上,要注重法理与事理、常识的契合,增强裁判文书的社会认可度。(8)注重裁判文书的法治宣传作用,充分发挥裁判文书彰显司法公正的功能。司法公正包含实体公正和程序公正,法官在制作裁判文书时要将这两方面充分表现出来。法官要严格按照

《人民法院诉讼文书样式（试行）》的要求制作裁判文书，不能忽视案件的由来及审理经过部分，对审理经过及适用程序都要撰写到位，同时注意对原、被告诉称及辩称的写作，裁判文书的总体要求是要归纳概括、重点突出，不能遗漏当事人的重要观点，同时要做到篇幅相对均衡，不能相差悬殊，否则会让当事人产生法官重心偏移的感性认知，继而怀疑裁判结果的公正性。（9）遣词造句要规范，要使用中性色彩的语言，避免公众通过对裁判用词的揣摩曲解法官的中立立场。努力让人民群众在每一个司法案件中感受到公平正义。

（罗燕，广东省高级人民法院法官）

三、专家评析

本案例具有一定的典型性、新颖性。行政行为的基本要求是行政行为具有确定力，行为一经作出，未有法定事由和经法定程序不得随意撤销、废止或改变。信赖利益保护原则更进一步，除了要求行政机关对自己的行为或承诺应诚实守信，不得随意变更、反复无常外，还强调两个方面。第一，对于授益行为，法律规定除非授益时的条件发生重大变化且因公共利益需要，通常不得变更或者撤销之前的授益行为，变更或撤销应当给予由此受到损失的当事人补偿。第二，授益行为作出后发现有较严重违法情形的，可以撤销，但除非当事人是通过欺骗或贿赂获得授益，否则行政机关对撤销行为应当给予赔偿。本裁判文书充分运用信赖保护原则进行论述，根据信赖保护法理，适用《行政许可法》第8条的明确规定，认为对于当事人已经取得执业助理医师资格的，即使不符合条件，也受到法律保护，在依法变更、撤回之前，不应否定其效力，得出当事人可以据此继续参加执业医师资格考试的结论。裁判文书辨法析理，要素完备，格式规范，逻辑清晰，论证严密。主要体现在以下几个方面：（1）裁判文书格式体例规范，要素齐备，认定案件事实清楚，叙述全面，条理清晰，焦点揭示简明扼要，证据列举全面准确，质证过程充分。（2）裁判理由阐述充实有力，适用法律准确，是非辨析分明，论证严密、针对性强、层次分明、环环相扣。说理透彻，逻辑严密，说服力强。（3）引用法律条文准确、完整、规范。（4）判决书结构严谨完整，格式规范，语言表述简练流畅，文字通顺，用语规范准确，判词简洁无歧义。（5）裁判文书遵循了裁判案件应当引据叙事、由事而理、法理互见、事理呼应、由理而断的逻辑顺序，体现了言之成理、以理服人的文本风格。（6）裁判文书中对于证据的质证、认证的过程清楚，根据证据认定案件客观事实，证据分析充分，证据内容具体明确，分析论证充分，为裁判理由奠定坚实的基础。（7）争议焦点概括准确，裁判观点鲜明清晰，对几个焦点问题一一进行详细而透彻的论证，逐项运用相关法理根据和法律依据，立论正确，论证充分，对于同类案例具有一定的指导意义和示范意义，本裁判文书符合优秀裁判文书的评选标准。不足之处在于情理分析方面略显弱一点，裁判文书应兼顾情理分析，将法、理、情有机结合，使败诉方输得明明白白，心服口服。

（点评人：刘德敏，广东省高级人民法院行政庭副庭长、三级高级法官，广东省审判业务专家）

（2017）粤行终 57 号裁判文书原文

7. 张某某、陶某和四川省简阳市人民政府侵犯客运人力三轮车经营权案*

【关键词】

正当程序　行政许可　情况判决

【裁判要旨】

行政机关作出行政许可等授益性行政行为时，应当明确告知行政许可的期限。行政机关在作出行政许可时，行政相对人也有权知晓行政许可的期限。明确行政许可的期限，既是为了保障公共利益的需要，也是为了保障许可申请人的选择权利。

一、简要案情

1996年8月，简阳市政府对240辆人力客运老年车改型为客运人力三轮车的经营者每人收取了有偿使用费3500元。1996年11月，对原有的161辆客运人力三轮车经营者每人收取了有偿使用费2000元。从1996年11月开始，简阳市政府开始实行经营权有偿使用，有关部门对限额的401辆客运人力三轮车收取了相关的规费。1999年7月15日、7月28日，简阳市政府针对有偿使用期限已届满两年的客运人力三轮车，发布《关于整顿城区小型车辆营运秩序的公告》（以下简称《公告》）和《关于整顿城区小型车辆营运秩序的补充公告》（以下简称《补充公告》）。其中，《公告》要求"原已具有合法证照的客运人力三轮车经营者必须在1999年7月19日至7月20日到市交警大队办公室重新登记"，《补充公告》要求"经审查，取得经营权的登记者，每辆车按8000元的标准（符合《公告》第6条规定的每辆车按7200元的标准）交纳经营权有偿使用费"。张某某等182名经营者认为市政府作出的《公告》和《补充公告》侵犯其经营自主权，向简阳市人民法院提起行政诉讼。

---

* （2016）最高法行再81号。

二、撰写心得

如何实质性化解行政纠纷，如何在案件审理中准确把握国家利益、社会公共利益与私人利益两者之间的平衡，是人民法院当前和今后需要解决的重要问题。本案的典型意义在于，进一步明确行政机关应当遵循正当行政程序和人民法院审理行政案件要注意公私利益平衡的问题。

从本案的案情来看，本案是一起涉及三轮车主等弱势群体的客运三轮车经营权案件。原审原告一方是已经获得客运三轮车运营权的三轮车主，被告一方是要整顿城区营运秩序的简阳市政府。根据《行政诉讼法》的规定，人民法院审理行政案件，要对被诉行政行为的合法性进行审查。本案中，被诉的行政行为是《公告》和《补充公告》。人民法院要对《公告》和《补充公告》进行合法性审查，就要对《公告》和《补充公告》的实体内容以及出台程序是否合法进行审查。同时，也必然要关注原告合法权益是否受到侵害，这就要回溯到三轮车主获得经营权时的行政行为的合法性。因此，最高人民法院在审理本案的过程中，并未完全局限于审查本案的诉讼标的——行政机关后续作出的《公告》与《补充公告》，而是充分考虑到了本案诉讼标的的前置行政行为，即1996年客运三轮车主获得经营权的行政行为对后续纠纷形成的实质影响。

一方面，程序正义是看得见的正义，行政机关在作出行政行为时应当遵循正当的行政程序，履行特定的告知义务。程序正当是法治政府建设的核心要义之一。行政机关作出行政行为时，只要涉及相对人的权利义务，均应作出明确的告知。行政机关履行告知行政许可期限的义务，既有利于行政机关对许可事项实行监督管理，也有利于保障行政相对人的选择权，从源头上避免和减少行政纠纷的发生。本案中，简阳市政府在1996年作出的行政许可行为，在作出之时并未告知行政相对人许可的期限，因此其在程序上存在明显的瑕疵。正是由于行政机关怠于履行告知义务，导致行政相对人误以为行政许可没有期限，进而在20年的时间内聚讼不息。本案通过对行政执法程序的司法监督，推动了严格规范公正文明执法，强化了对行政权力的制约和监督。

另一方面，化解行政争议是行政诉讼的重要目标。本案中，法院为化解多年来形成的行政机关和人民群众矛盾做了大量的协调工作，为本案妥善解决奠定了良好基础。为了解决本案诉讼遗留的问题，被告先后作出两次"惠民行动"，原告在本案诉讼中已经明确对接受退市营运的运力配置方案作出承诺，当事人实体权益亦得到弥补。为了进一步强化行政纠纷解决的力度，本案中，最高人民法院依法通知市政府副市长出庭应诉。该副市长出庭应诉后，当事人对人民法院化解行政争议的努力表示积极肯定和支持。该副市长出庭应诉时，明确表示坚持依法行政，尊重法院裁判，凸显了责任政府意识。当事人对于人民法院依法公正审理案件信任度增加，对于行政机关妥善化解行政争议的决心也表示了认可。

行政案件是涉及行政机关和人民群众纠纷，涉及公私平衡的案件。人民法院在保障当事人合法权益的同时，也要注意到国家利益和社会公共利益的保护。本案中，被诉行政行为作出之后，简阳市城区交通秩序得到好转，城市道路运行能力得到提高，市区整体环境和交通执法环境明显改善。如果判决撤销被诉行政行为，将会给行政管理秩序和社会公共利益带来明显不利的影响。人民法院在审理这类行政案件时，既要坚持对被诉行政行为的合法性审查，监督行政机关依法行政，纠正行政机关违法行政行为，同时也要注意到业已形成的国家利益、社会公共利益的维护，确保国家利益、社会公共利益和私人利益之间的动态平衡。最高人民法院根据《行政诉讼法》规定判决，既对被诉行政行为的合法性进行了审查作出了司法判断，同时也继续维持被诉行政行为的法律效力。在被诉行政行为违法性得到确认之后，当事人认为其实体权益仍有损害的，还可以根据《国家赔偿法》的有关规定寻求救济。本案中，最高人民法院依照《行政诉讼法》的规定，强化了法院对行政机关行政行为的合法性监督，特别是对行政程序合法性的监督，同时，积极运用司法解决纠纷的能动性，妥善解决了近 20 年形成的矛盾纠纷，取得了良好的法律效果和社会效果。

（梁凤云，最高人民法院法官）

三、专家评析

本案是最高人民法院公布的首批"最高人民法院行政审判十大典型案例"之一，也是最高人民法院第 88 号指导案例、中央电视台"2017 年推进法治进程十大案例"，在我国行政审判制度发展进程中具有里程碑式的意义。本案的理论和实践价值集中体现在三个方面。

(一) 本案判决弘扬了实质性化解行政争议的司法理念

2014年修正的《行政诉讼法》第1条将"解决行政争议"增列为行政诉讼制度的目的之一，回应了社会转型时期矛盾纠纷化解的现实需求。在此前后，最高人民法院一直努力将行政争议实质性化解作为行政审判的基本理念，积极发挥行政审判制度在国家治理体系和治理能力现代化中的应有作用。一般来说，具有明确内容指引的履行判决、给付判决和变更判决属于引领性判决，更有助于行政争议的实质性化解。相比之下，确认违法和确认无效判决更多具有宣示价值，往往发挥的是补充性作用，未必能够实现行政争议实质性化解。本案历经一审维持判决、二审维持原判、指令再审、再审驳回诉讼请求判决、驳回再审申请等长达20年的复杂诉讼过程，诸多判决之所以没有能够使当事人服判息诉，根源就在于被告在作出行政许可时没有履行明确告知许可期限的义务，程序违法情形始终没有得到法院明确指明。本案通过确认违法判决的适用，彻底解决了多年的行政争议。

(二) 本案判决彰显了最高人民法院坚持整体性审查的司法理念

行政争议的发生往往都有十分复杂的社会背景，人民法院在审理行政案件时不能机械办案，片面理解行政行为合法性原则，应当对当事人真实的诉讼目的、对案件涉及的其他相关争议一并给予关注，通过整体性司法审查"一揽子"解决现实问题。在本案审理过程中，最高人民法院并未完全拘泥于本案的诉讼标的——行政机关后续《公告》《补充公告》行为的审查，而是充分考虑了本案诉讼标的的前置行政行为——1996年客运三轮车主获得经营权的行政行为对后续纠纷形成的实质影响。这种整体性审查体现了人民法院行政审判活动的全局观，充分贯彻了以人民为中心的司法理念。

(三) 本案判决重申了行政许可行为程序的基本价值

行政审批制度改革是法治政府建设的重要抓手。行政审批事项的减少、流程的简化是衡量法治政府建设质量的重要标准。在强调全面依法治国的当下，回归《行政许可法》，重申行政许可行为的程序性要求具有特殊的时代意义。没有对正当法律程序的坚守，严格、规范、公正、文明执法的目标就会成为镜花水月。本案对被告前置行政许可行为程序违法的指明，重申了《行政许可法》的应有权威，对督促行政机关依法行政，实现诉源治理都有着重要的示范意义。

（点评人：章志远，教育部青年长江学者，华东政法大学教授、博士生导师，最高人民法院行政审判庭挂职副庭长）

（2016）最高法行再 81 号裁判文书原文

第三章　行政征收或者征用

8. 柴某某等 5 人和酒泉市肃州区政府房屋征收案[*]

【关键词】

国有土地　房屋征收补偿

【裁判要旨】

对国有土地上房屋征收行政行为的审查，应当严格按照《国有土地上房屋征收与补偿条例》规定的条件进行审查，如果全部满足，就应当认定其合法性，依法驳回原告的诉讼请求；如果不能全部满足，则应当适用确认违法判决。

一、简要案情

2016 年 4 月 19 日，酒泉市肃州区人民政府发布酒肃政公发〔2016〕4 号《关于北新街片区棚户区改造项目国有土地上房屋征收决定公告》（以下简称《征收公告》），确定房屋征收范围主要为北环东路平房区和北新街老楼群，共 706 户。该《行政公告》所附《肃州区北新街片区棚户区改造房屋征收补偿方案》，对私有住宅的征收补偿为：按照所处位置、同类地段的商品房市场均价 4418 元/平方米给予补偿，经双方签订协议后一次性支付给被征收人，由被征收人选择购买征收部门提供的房源或向市场购买存量商品房解决住房问题。被征收房屋的产权所有人对房屋征收补偿价值有异议的，可以申请房地产价格评估机构进行评估。对评估价值仍有异议的，可以申请复核评估。柴某某等 5 人的房屋在上述征收公告范围内，对肃州区人民政府作出的《征收公告》不服，提起行政诉讼。

---

[*]（2017）甘行终 213 号。

二、撰写心得

本案系因国有土地上房屋征收引起的行政争议,争议的焦点是肃州区政府作出的〔2016〕4号《征收公告》是否依据国务院《国有土地上房屋征收与补偿条例》等法律法规作出。本案拟从公共利益、"四规划一计划"房屋征收补偿方案、风险评估报告、评估机构的选定、补偿方式选择、补偿金是否到位、被征收人的复议和起诉权是否得到保障等方面来论述。

(一)关于本案征收项目是否属于公共利益的问题

根据《国有土地上房屋征收与补偿条例》第8条规定,为了保障国家安全、促进国民经济和社会发展等公共利益的需要,有下列情形之一,确需征收房屋的,由市、县级人民政府作出房屋征收决定:(1)国防和外交的需要;(2)由政府组织实施的能源、交通、水利等基础设施建设的需要;(3)由政府组织实施的科技、教育、文化、卫生、体育、环境和资源保护、防灾减灾、文物保护、社会福利、市政公用等公共事业的需要;(4)由政府组织实施的保障性安居工程建设的需要;(5)由政府依照城乡规划法有关规定组织实施的对危房集中、基础设施落后等地段进行旧城区改建的需要;(6)法律、行政法规规定的其他公共利益的需要。本案中,2015年6月29日,酒泉市人民政府办公室作出酒政办发〔2015〕125号《关于2015年市本级新增棚户区改造项目计划的批复》,原则上同意酒泉市住房保障和房地产管理局《关于申报2015年市本级棚户区拆迁改造建设计划的请示》,该批复中"改造规模"第3项为肃州区北环东路(北新街楼群)棚户区改造项目。从该批复的内容看,本案属于棚户区改造项目,符合《国有土地上房屋征收与补偿条例》第8条第5项的规定,被上诉人肃州区政府作出的〔2016〕4号《征收公告》是出于公共利益的需要,法院应予以支持。

(二)关于本案征收项目是否符合"四规划一计划"的问题

《国有土地上房屋征收与补偿条例》第9条第1款规定:依照《国有土地上房屋征收与补偿条例》第8条规定,确需征收房屋的各项建设活动,应当符合国民经济和社会发展规划、土地利用总体规划、城乡规划和专项规划。保障性安居工程建设、旧城区改建,应当纳入市、县级国民经济和社会发展年度计划。该条规定的国民经济和社会发展规划、土地利用总体规划、城乡规划和专项规划称为"四规划",保障性安居工程建设、旧城区改建,应当纳入市、县级国民经济和社会发展年度计划称为"一计划"。本案中，2015年7月11日，酒泉市发展和改革委员会作出酒发改投资〔2015〕547号《关于2015年市本级新增棚户区改造及基础设施配套项目立项的批复》，同意酒泉市住房保障和房地产管理局《关于2015年市本级新增棚户区改造及基础设施配套项目立项的报告》；2015年7月20日，酒泉市城乡规划局作出酒规函字〔2015〕98号《关于酒泉市肃州区2015年新增棚户区改造及基础设施配套项目有关规划意见的复函》，同意酒泉市住房保障和房地产管理局《关于申请办理肃州区2015年新增棚户区改造项目规划手续的函》，同意按规划进行棚户区改造；2015年7月23日，酒泉市国土资源局作出酒国土资发〔2015〕466号《关于酒泉市肃州区2015年新增棚户区改造及基础设施配套项目用地预审的意见》，同意酒泉市住房保障和房地产管理局《关于申请办理肃州区2015年新增棚户区改造项目规划手续的函》；2015年8月26日，酒泉市人民政府办公室下发酒政办发〔2015〕168号《关于办理肃州区城区棚户区改造工作由肃州区人民政府组织实施的通知》，决定肃州区城区范围内的棚户区改造工作由肃州区政府负责组织实施；2015年9月6日，酒泉市发展和改革委员会作出酒发改投资〔2015〕710号《关于〈酒泉市肃州区2015年新增棚户区改造及基础设施配套项目可行性研究报告〉的批复》，同意酒泉市住房保障和房地产管理局上报的《酒泉市肃州区2015年新增棚户区改造及基础设施配套项目可行性研究报告》。酒泉市发展和改革委员会、酒泉市城乡规划局、酒泉市国土资源局、酒泉市人民政府办公室等作出的批复，符合《国有土地上房屋征收与补偿条例》第8条关于征收房屋应当符合国民经济和社会发展规划、土地利用总体规划、城乡规划和专项规划的规定。本案系旧城改造项目，对于其是否纳入了市、县级国民经济和社会发展年度计划，即"一计划"的问题，被上诉人肃州区政府未提供相应证据予以证实。

（三）关于本案征收项目是否拟定房屋征收补偿方案和征求意见的问题

《国有土地上房屋征收与补偿条例》第10条规定：房屋征收部门拟定征收补偿方案，报市、县级人民政府。市、县级人民政府应当组织有关部门对征收补偿方案进行论证并予以公布，征求公众意见。征求意见期限不得少于30日。本案中，2015年12月23日，肃州区人民政府发布《关于对肃州区北新街片区棚户区房屋征收补偿方案（征求意见稿）征求意见的公告》，并附《肃州区北新街片区棚户区改造房屋征收补偿方案（征求意见稿）》，公告载明的征求意见的期间为：2015年12月25日至2016年1月23日。2016年2月21日，肃州区棚户区改造工作领导小组办公室就北新街棚户区改造《房屋征收补偿方案》意见征求情况进行公示，对共征求到的意见建议10条进行了公示。2016年3月22日肃州区棚户区改造工作领导小组办公室就《关于对肃州区北新街片区棚户区改造房屋征收补偿方案（征求意见稿）修改情况》进行公示，并附《肃州区北新街片区棚户区改造房屋征收补偿方案（征求意见稿）修改情况》，公示期间为：2016年3月22日至2016年3月26日。故本案被上诉人肃州区政府已经公布了征收方案的征求意见和修改意见情况。

（四）关于肃州区政府制定的社会风险评估报告是否经过区政府常委会讨论的问题

《国有土地上房屋征收与补偿条例》第12条第1款规定：市、县级人民政府作出房屋征收决定前，应当按照有关规定进行社会稳定风险评估；房屋征收决定涉及被征收人数量较多的，应当经政府常务会议讨论决定。本案中，2016年3月4日，肃州区棚户区改造工作领导小组办公室作出《肃州区北新街片区棚户区改造房屋征收社会稳定风险评估报告》。被上诉人提交了《酒泉市肃州区人民政府十七届六次常务会议通知》，该通知证实2016年4月11日，肃州区人民政府召开常务会议，研究了《肃州区北新街片区棚户区改造房屋征收补偿方案》和《肃州区北新街片区棚户区改造安置房分配方案》，但对肃州区棚户区改造工作领导小组办公室作出《肃州区北新街片区棚户区改造房屋征收社会稳定风险评估报告》是否提交政府常务会议讨论，没有相关证据证实。

（五）关于征收决定是给予被征收人对被征收房屋评估权、对选定评估机构选择权和房屋评估结果的复核权的问题

《国有土地上房屋征收与补偿条例》第20条规定：房地产价格评估机构由被征收人协商选定；协商不成的，通过多数决定、随机选定等方式确定，具体办法由省、自治区、直辖市制定。房地产价格评估机构应当独立、客观、公正地开展房屋征收评估工作，任何单位和个人不得干预。《国有土地上房屋征收与补偿条例》第19条第2款规定，对评估确定的被征收房屋价值有异议的，可以向房地产价格评估机构申请复核评估。对复核结果有异议的，可以向房地产价格评估专家委员会申请鉴定。本案中，2015年11月26日，肃州区城乡建设局与酒泉中正房地产评估咨询有限责任公司签订《房地产咨询委托合同》1份，委托该公司对北新街楼群片区的商品房市场价格进行调查咨询，出具调查咨询报告。2015年12月14日，酒泉中正房地产评估咨询有限责任公司向肃州区城乡建设局出具书面函，确定询价对象在询价时点的价格为4418元/平方米。肃州区政府以询价的方式确定补偿标准4418元/平方米，缺乏法律法规规定，侵犯了被征收人对于被征收房屋的价格评估权、选定评估机构选择权和房屋评估结果复核权等权利。虽然《肃州区北新街片区棚户区改造房屋征收补偿方案》第6条第1项第1目规定，被征收房屋的产权所有人对房屋征收补偿价值有异议的，可以申请房地产价格评估机构进行评估。对评估价值仍有异议的，可以申请复核评估。但该规定只是一种救济途径，亦是一种法定的救济权利。被征收人并非依《肃州区北新街片区棚户区改造房屋征收补偿方案》而产生该权利，亦不因补偿方案未作规定而丧失该权利。作为征收补偿方案，应当依据《国有土地上房屋征收与补偿条例》的规定充分保障被征收人享有的权利，如果未依法保障则意味着违法。本案被上诉人肃州区政府作出〔2016〕4号《征收公告》的行政行为，侵犯了被征收人对于被征收房屋的价格评估权、选定评估机构选择权和房屋评估结果复核权等权利，该程序性权利足以影响了被征收人实体权益，故属于违法行为。

（六）征收决定是否给予被征收人补偿方式选择权的问题

《国有土地上房屋征收与补偿条例》第21条规定：被征收人可以选择货币补偿，也可以选择房屋产权调换。被征收人选择房屋产权调换的，市、县级人民政府应当提供用于产权调换的房屋，并与被征收人计算、结清被征收房屋价值与用于产权调换房屋价值的差价。因旧城区改建征收个人住宅，被征收人选择在改建地段进行房屋产权调换的，作出房屋征收决定的市、县级人民政府应当提供改建地段或者就近地段的房屋。本案中，《肃州区北新街片区棚户区改造房屋征收补偿方案》对私有住宅的征收补偿为：按照所处位置、同类地段的商品房市场均价4418元/平方米给予补偿，经双方签订协议后一次性支付给被征收人，由被征收人选择购买征收部门提供的房源或向市场购买存量商品房解决住房问题。被征收房屋的产权所有人对房屋征收补偿价值有异议的，可以申请房地产价格评估机构进行评估。对评估价值仍有异议的，可以申请复核评估。按照该补偿方案的规定，肃州区政府没有给予被征收人以货币补偿和房屋产权调换两种方式进行选择的权利，侵犯了被征收人的选择权。

（七）关于存储补偿安置资金是否到位的问题

《国有土地上房屋征收与补偿条例》第12条第2款规定：作出房屋征收决定前，征收补偿费用应当足额到位、专户存储、专款专用。要由金融机构出具证明。本案中，2016年3月17日，国家开发银行甘肃省分行向收款人肃州区建设投资有限责任公司汇兑肃州区棚改及基础设施配套项目款2亿元，已经完成了征收补偿费用足额到位、专户存储、专款专用。关于上诉人提出征收决定总投资资金4亿元，被上诉人到账的资金不到总投资资金一半的理由，上诉人没有提供相关的证据证实该主张，法院不予采信。

（八）关于征收决定是否告知当事人复议权和起诉权的问题

《行政复议法》第13条第1款规定：对地方各级人民政府的具体行政行为不服的，向上一级地方人民政府申请行政复议。《行政诉讼法》第46条第1款规定：公民、法人或者其他组织直接向人民法院提起诉讼的，应当自知道或应当知道作出行政行为之日起6个月内提出。本案中，被上诉人在房屋征收决定中载明："对房屋征收决定不服的，可在房屋征收决定发布之日起60日内依法向肃州区人民政府申请行政复议，或在3个月内直接向人民法院提起行政诉讼。"征收决定中告知当事人复议机关的主体和起诉权的期限违反了《行政复议法》第13条第1款和《行政诉讼法》第46条第1款的规定。原审判决认为该告知事项错误，因该错误告知未实质影响原告诉权，故不影响被告作出的房屋征收决定的结果的理由错误，依法应予纠正。

通过对以上问题的分析，肃州区人民政府作出的〔2016〕4号《征收公告》，虽然符合《国有土地上房屋征收与补偿条例》关于征收行为公共利益、"四规划"等相关规定，但以下几个方面存在违法：一是被上诉人肃州区政府未将本案征收项目纳入市、县级国民经济和社会发展年度计划。二是其制定的社会风险评估报告没有按照《国有土地上房屋征收与补偿条例》第12条的规定，由肃州区政府常委会讨论。三是被上诉人在作出征收决定时，采取询价方式，由酒泉中正房地产评估咨询有限责任公司向肃州区城乡建设局出具书面函，确定询价对象在询价时点的价格为4418元/平方米，以这种方式确定被征收房屋补偿数额，违反了《国有土地上房屋征收与补偿条例》第 20 条的规定，剥夺了被征收人对于被征收房屋的评估权、评估机构选定权、房屋评估结果的复核权等权利；四是征收决定没有给予被征收人对补偿以货币方式和房屋产权调换选择的权利；五是在征收决定中告知当事人复议机关的主体和起诉权的期限违反了《行政复议法》第 13 条第 1 款和《行政诉讼法》第 46 条第 1 款的规定。据此，肃州区人民政府作出〔2016〕4 号《征收公告》的行政行为，存在较多违法之处。《行政诉讼法》第 74 条第 1 款 1 项规定，行政行为依法应当撤销，但撤销会给国家利益、社会公共利益造成重大损害的，人民法院判决确认违法，但不撤销行政行为。肃州区人民政府作出〔2016〕4 号《征收公告》的行政行为，符合《国有土地上房屋征收与补偿条例》关于征收行为公共利益、"四规划"等相关规定，撤销该征收决定会给国家利益、社会公共利益造成重大损害，故依据《行政诉讼法》第 74 条第 1 款 1 项规定，法院依法确认该行政行为违法。

（毛胜利，甘肃省高级人民法院法官）

三、专家评析

本案是一起典型的涉及棚户区改造项目的房屋征收案件，该类型案件直接关系重大民生利益和区域经济发展，往往涉及特定群体利益，应当依法审慎稳妥处理。在本案审理过程中，二审法院对被诉的房屋征收决定进行全方位司法审查，从征收项目是否属于公共利益；是否符合"四规划一计划"，即国民经济和社会发展规划、土地利用总体规划、城乡规划和专项规划，市、县级国民经济和社会发展年度计划；是否拟定房屋征收补偿方案和征求意见；制定的社会风险评估报告是否经过区政府常委会讨论；征收决定是否给予被征收人对被征收房屋评估权、对选定评估机构的选择权和房屋评估结果的复核权；征收决定是否给予被征收人补偿方式选择权；存储补偿安置资金是否到位；是否告知当事人复议权和起诉权等问题全面进行。经层层分析，二审法院认为被诉征收决定违反《国有土地上房屋征收与补偿条例》的规定，剥夺了被征收人对于被征收房屋的评估权、评估机构的选定权、房屋评估结果的复核权等实体权利，据此判决被诉房屋征收决定违法。该判决监督行政机关依法行使职权，充分保障了被征收人的合法权益，体现了房屋征收类案件的审理标准和裁判规则，对于处理同类型案件具有典型示范指引意义。

（点评人：杜睿哲，西北师范大学法学院院长）

（2017）甘行终213号裁判文书原文

9. 切某等154人和西宁市城西区人民政府房屋征收及行政复议案[*]

【关键词】

房屋征收决定　审查内容　标准

【裁判要旨】

房屋征收部门对评估机构的选定是房屋征收过程中的一个阶段行政行为，其本身不具有独立的法律意义，不产生独立的法律后果，亦对被征收人及其利害关系人合法权益不产生实际影响。在被征收人及其利害关系人针对征收补偿决定提起诉讼时，人民法院需要审查行政机关作出征收补偿决定的程序是否合法，其中即包括评估机构的选定是否经过协商、投票或摇号抽签，是否签订评估合同，初评报告是否公示等。因此，评估机构的选定不符合法定程序不必然导致房屋征收决定违法。

一、简要案情

2015年7月13日，西宁市发展和改革委员会针对西宁市城乡建设委员会《关于请求批准西宁市西关大街西延段及周边道路新建工程可行性研究报告的函》作出《关于西宁市西关大街西延段及周边道路新建工程可行性研究报告的批复》，同意建设西宁市西关大街西延段及周边道路新建工程。根据青海省人民政府办公厅《关于印发畅通西宁三年攻坚行动计划城市道路外环内网建设方案的通知》、西宁市人民政府办公厅《关于转发西宁2015—2016年房屋征收（拆迁）工作方案的通知》，该项目是"为改善市区道路通行能力，完善西关大街西延段及周边道路路网布局"，纳入"西宁市'缓堵保畅'三年攻坚行动计划"暨城市道路"外环内网"建设的西关大街延伸段道路扩建项目，属内网次干道工程。西宁市城乡规划局经审核分别于2015年7月22日、

---

[*] （2017）青行终54号。

2015年8月27日向建设单位西宁城市建设开发有限责任公司颁发了《建设项目选址意见书》《建设用地规划许可证》《建设工程规划许可证》。同年8月25日，西宁市城西区建设局作为西关大街延伸段道路扩建项目的房屋征收部门发布《西关大街延伸段道路扩建项目国有土地上房屋征收告知书》，2015年10月9日，其发布《关于暂停办理国有土地上房屋征收范围内相关审批手续的通知》。征收实施单位西宁市城西区房屋征收与补偿中心（以下简称城西区征补中心）于2015年8月26日起开始房屋调查登记，至2015年10月10日公布《关于公布西关大街延伸段道路扩建项目被征收房屋调查登记结果的通知》并附调查情况汇总表。2015年9月16日，西宁市城西区人民政府（以下简称城西区政府）发布《关于征求〈西关大街延伸段道路扩建项目房屋征收与补偿方案〉意见的通知》，公布《西关大街延伸段道路扩建项目国有土地上房屋征收补偿安置方案（征求意见稿）》，于同年10月8日发布《关于公布〈西关大街延伸段道路扩建项目房屋征收与补偿方案〉征求意见和修改情况的通知》。2015年9月16日，西宁市城西区建设局发布《关于公布和选定西关大街延伸段道路扩建项目房地产评估机构的通知》，同日城西区征补中心向246户被征收户发出《投票选定房地产价格评估机构选票》，经过票数统计，于同年11月21日公布《关于公布西关大街延伸段道路扩建项目房地产价格评估机构选定情况的通知》，载明经过投票选定青海恒正房地产价格评估有限公司为该项目拆迁补偿评估机构。2015年11月24日，城西区政府作出《西关大街延伸段道路建设项目社会稳定风险评估报告》。2016年9月20日，城西区政府发布《关于〈西关大街延伸段道路建设项目国有土地上房屋征收决定〉的通告》，作出《西宁市城西区人民政府关于西关大街延伸段道路建设项目国有土地上房屋征收决定》（以下简称西区政字〔2016〕168号房屋征收决定），决定对"东至冷湖路、西至原海湖路批发市场、南至教育学院家属院、北至五四大街"地块实施房屋征收，青海师范大学南院1、2、3、5、6、10号共六栋楼的本案246户原告的房屋位于征收范围内。2016年11月21日，本案原告高某某等164人向西宁市政府提起行政复议申请，请求撤销西区政字〔2016〕168号房屋征收决定。西宁市政府经审查认定征收决定事实清楚、证据确凿，程序合法，内容适当，于2017年1月17日作出《行政复议决定》，维持城西区政府作出的房屋征收决定并予以送达。切某等154人不服，提起诉讼，请求撤销房屋征收决定及复议决定。一审法院经审理，一方面驳回了切某等 154 人的诉讼请求，另一方面确认城西区政府对评估机构的选定程序违法，责令城西区政府对评估机构的选定采取补救措施。切某等 154 人、城西区政府均不服，提出上诉。

二、撰写心得

从行政诉讼对行政机关行政行为审查的角度讲，合法的行政行为一般应当具备四个条件：一是行政机关拥有作出行政行为的法定职权；二是行政机关作出行政行为认定事实清楚，证据确实充分；三是行政机关作出行政行为适用法律正确；四是行政机关作出行政行为符合法定程序，对房屋征收决定的审查亦是如此。房屋征收决定直接关系被征收人及其他利害关系人的房屋所有权和土地使用权等财产权利，属可诉的行政行为已成为共识。但在审查房屋征收决定时，对于事实的把握则不同于一般的行政处罚、行政决定。由于每一个审判人员对于房屋征收决定和房屋征收补偿决定二者的关系认识不同，审查内容、标准亦不同，因此当房屋征收部门对评估机构的选定不符合法定程序时，人民法院是否应当认定房屋征收决定违法是一个需要探讨的问题。本案一审法院基于查明的事实，认为城西区政府实施案涉项目时未按照《国有土地上房屋征收与补偿条例》和青海省人民政府相关实施意见的规定，没有经过协商程序选定评估机构，而是以多数被征收户选定的方式确定，且参与选定的被征收户未达到 70% 以上，该评估机构选定不符合法定程序，继而判决确认城西区政府对评估机构的选定程序违法，责令城西区政府对评估机构的选定采取补救措施。但一审法院同时驳回了切某等 154 人针对房屋征收决定和行政复议决定的诉讼请求。此判决引起双方当事人上诉。切某等 154 人认为人民法院已经审查并认定了城西区政府对评估机构的选定程序违法，但又没有撤销其所诉的房屋征收决定，这种判决严重违法。而城西区政府亦认为判决不公。

二审主审人对评估机构的选定不符合法定程序是否必然导致房屋征收决定违法的认识与一审法院法官不同，因此，二审主审人在撰写裁判文书时，从房屋征收决定和房屋征收补偿决定的概念出发，论述了两个决定的关系及各自的审查内容、标准，并详细阐述了房屋征收部门对评估机构的选定是征收过程中的一个阶段行政行为，其本身不具有独立的法律意义，不产生独立的法律后果，亦不对被征收人及其利害关系人合法权益产生实际影响。在被征收人及其利害关系人针对征收补偿决定提起诉讼时，人民法院需要审查作出征收补偿决定的程序是否合法，其中即包括评估机构的选定是否经过协商、投票或摇号抽签，是否签订评估合同、初评报告是否公示等。综上，评估机构的选定不符合法定程序不必然导致房屋征收决定违法。

（刘富梅，青海省高级人民法院法官）

三、专家评析

本案系行政行为相对人因不服行政机关房屋征收决定及行政复议决定而提起的行政诉讼。一审法院基于查明的事实，认为行政机关实施案涉项目时未按照《国有土地上房屋征收与补偿条例》和青海省人民政府相关实施意见的规定，没有经过协商程序选定评估机构，而是以多数被征收户选定的方式确定，且参与选定被征收户未达到70%以上。据此，一审法院确认行政机关选定评估机构不符合法定程序，继而判决确认城西区政府对评估机构的选定程序违法，责令城西区政府对评估机构的选定采取补救措施。但同时驳回了原告切某等154人的诉讼请求。二审主审法官首先从对行政机关行政行为合法性审查的角度出发，界定合法的行政行为应当具备的四个条件。其次就本案而言，二审主审法官深知案涉房屋征收决定直接关系被征收人及其他利害关系人的房屋所有权和土地使用权等财产权利，同时亦关系社会稳定。这就决定在审查房屋征收决定时，对于事实和程序的把握不同于一般的行政处罚、行政决定，尤其是行政机关作出房屋征收决定是否符合法定程序，成为本案审查的关键所在。二审法官在充分运用法律思维和严谨的逻辑推理的基础上，结合行政诉讼原理得出与一审法官截然相反的独到见解。即评估机构的选定不符合法定程序不必然导致房屋征收决定违法。二审法官认为房屋征收部门对评估机构的选定是征收过程中的一个阶段行政行为，其本身不具有独立的法律意义，不产生独立的法律后果，亦对被征收人及其利害关系人合法权益不产生实际影响。在被征收人及其利害关系人针对征收补偿决定提起诉讼时，人民法院需要审查作出征收补偿决定的程序是否合法，而制作决定之前某些阶段行政行为（其中即包括评估机构的选定是否经过协商、投票或摇号抽签，是否签订评估合同，初评报告是否公示等），不宜直接作为认定依据。

另本判决书的制作体例，做到了格式统一、要素齐全、结构完整、繁简得当，逻辑严密，语言文字表达严谨周密、凝练简洁、措辞恰当、语义明确、没有歧义。

（点评人：倪胜利，青海省高级人民法院聘用评查法官）

〔2017〕青行终 54 号裁判文书原文

第四章　行政登记

10. 梁某某和徐州市云龙区民政局行政登记、行政确认案[*]

【关键词】

离婚登记　越权无效　例外情形

【裁判要旨】

对于极少数特定的行政越权行为，若以确认无效或撤销的形式予以纠正，会给国家利益、社会公共利益及相关法律秩序带来重大损害，且该损害客观上难以得到有效恢复与补救，则该类行政越权行为应当作为行政越权无效的例外情形，不应确认无效或予以撤销。

一、简要案情

梁某某与黄某某于1985年11月登记结婚。2007年3月27日，黄某某取得新加坡共和国（以下简称新加坡）国籍。2015年8月10日，梁某某与黄某某以感情破裂为由持中国居民身份证、户口簿等至徐州市云龙区民政局（以下简称云龙区民政局）婚姻登记处办理离婚登记。二人签订离婚协议书，二人同时签署的申请离婚登记声明书中国籍部分打印为"中华人民共和国"，二人填写的常住户口所在地均为云龙区某处房屋。经审查，云龙区民政局婚姻登记处当日为二人办理离婚登记，并颁发离婚证。

2018年2月27日，云龙区民政局婚姻登记处主任袁某某与梁某某电话联系，口头告知其因黄某某办理离婚登记时已取得新加坡国籍，案涉离婚登记无效，并要求梁某某将离婚证交回。2018年3月5日，云龙区民政局婚姻登记处作出《关于黄某某隐瞒国籍与梁某某办理离婚登记的情况说明》（以下简称案涉《离婚登记情况说明》），记载：2015年8月10日，黄某某隐瞒新加

---

[*]（2018）苏行终1715号。

坡国籍,持未注销的中国户口簿、身份证,与梁某某在云龙区民政局婚姻登记处办理了离婚登记。根据《婚姻登记条例》第 2 条、《婚姻登记工作规范》第 5 条第 2 款的规定,云龙区民政局婚姻登记处无权办理涉外婚姻登记,双方当事人办理的离婚登记应为无效登记,双方如未在指定的涉外婚姻登记机关或法院办理离婚登记手续,仍系夫妻关系。案涉《离婚登记情况说明》存放至徐州市云龙区档案馆,梁某某在该档案馆复印获取案涉《离婚登记情况说明》。另,云龙区民政局婚姻登记处收回了黄某某持有的离婚证,但梁某某仍持有离婚证。

江苏省徐州市中级人民法院一审认为,根据《婚姻登记条例》第 2 条第 2 款、《婚姻登记工作规范》第 5 条第 1 款第 2 项、江苏省民政厅《江苏省婚姻登记工作规范》第 3 条规定,江苏省民政厅设置婚姻登记处,负责办理全省涉外、涉我国港澳台地区居民、华侨、出国人员的婚姻登记。云龙区民政局婚姻登记处办理梁某某、黄某某的离婚登记显然属于超越职权的无效行政行为。云龙区民政局可依职权或依申请自行纠正原离婚登记行为。依照《行政诉讼法》第 69 条之规定,判决:驳回梁某某的诉讼请求。

江苏省高级人民法院二审认为,对于绝大多数行政越权行为,可通过行政机关自纠、层级监督及法院裁判等途径以确认无效或撤销的方式予以纠正。但对于极少数特定的行政越权行为,若以确认无效或撤销的形式予以纠正,会给国家利益、社会公共利益及相关法律秩序带来重大损害,且该损害客观上难以得到有效恢复与补救,则该类行政越权行为应当作为行政越权无效的例外情形,不应确认无效或予以撤销。如果婚姻登记机关或其他职能部门可以对离婚登记中的被解除的婚姻关系确认无效或予以撤销,将会使相关人身法律关系处于随时可变化的不稳定状态,也会使社会公众对婚姻登记机关的离婚登记行为产生不安全感及不信任感,使《婚姻法》确定的一夫一妻等基本原则和基本社会关系架构遭到破坏,进而损害现实的法律秩序和社会公共利益,故当事人之间的婚姻关系一经离婚登记予以解除后便具有不可逆性。而该不可逆性在我国法律法规中亦有体现,《婚姻法》《婚姻登记条例》针对结婚规定了无效婚姻和可撤销婚姻情形,但对离婚没有规定无效离婚或可撤销离婚情形,亦没有法律规范授权婚姻登记机关对已完成的离婚登记中被解除的婚姻关系能够确认无效或予以撤销。需要指出的是,我国现行诉讼制度也未设立无效离婚或可撤销离婚之诉;而针对生效离婚判决书、调解书所解除的婚姻关系,根据《民事诉讼法》第202条①、《最高人民法院关于规范人民法院再审立案的若干意见(试行)》第14条第3项等规定,我国民事诉讼制度已实际作了不可逆的特别规定。基于此,对于离婚,无论是婚姻登记机关作出离婚登记,还是法院判决、调解离婚,当事人在领取离婚证或法院准予离婚的判决书、调解书生效之时,其婚姻关系即被解除,且被解除的婚姻关系具有不可逆性。故本案婚姻登记机关对婚姻当事人越权作出的案涉离婚登记行为,应当作为行政越权无效的例外情形,不应被确认无效或予以撤销。云龙区民政局发现其没有办理涉外离婚登记的职权,其亦无职权确认案涉离婚登记无效或撤销该离婚登记。

同时,本案一审法院在未查明案涉相关行政程序可适用的具体法律规范的情况下,直接适用相关行政程序法律原则对案涉行政程序进行合法性评价不当,应予纠正。云龙区民政局未对梁某某的陈述、申辩进行记录,未按照《民事诉讼法》规定的方式向梁某某送达案涉《离婚登记情况说明》的行为,不符合法律规定,亦应予以纠正。依照《行政诉讼法》第75条、第89条第1款第2项之规定,判决:(1)撤销江苏省徐州市中级人民法院(2018)苏03行初139号行政判决;(2)确认徐州市云龙区民政局于2018年3月5日作出的案涉《离婚登记情况说明》无效。

二、撰写心得

"三尺法台决百诉,一纸判决安万民。"行政裁判文书是法院行政案件审理过程和裁判结果的最终载体,也是行政法官法律思维的成果。一份行政裁判文书,只有始于微末、严以规范、计之长远、臻于至善,才能成为一篇优秀的行政裁判文书,在实现司法公正的同时,能让当事人对于案件输赢明明白白,并得到公众认可,达到法律效果与社会效果的统一。笔者根据本篇获评为第三届"全国法院百篇优秀裁判文书"的行政判决书的写作体会,就行政裁判文书的撰写从五个方面谈谈粗浅看法。

(一)审好案件,是写好裁判文书的前提

作为法官,首先要明确优秀的裁判文书是审出来的,而不仅仅是凭借个人的写作能力写出来的,案件的审理质量对裁判文书的撰写质量起着决定性的作用。以高质量的案件审理为基础,作为镜像的裁判文书才有可能成为高

---

① 对应《民事诉讼法》(2021年修正)第209条。

质量的裁判文书。而要审理好行政案件，除了要求法官具备较高的政治法律素养，严格依法办案外，笔者认为还需具备以下条件：（1）法官要对世俗的传统、社情的现状及变迁趋势有相当的了解。裁判文书要以看得见的方式实现把"纸面上的法"与鲜活多彩的实践联系起来，而正义本身就是对社会生活抽象而出的规则的确定，这就决定裁判本身不能游离于社会生活之外。只知法条，不知世情人情的法官是不能撰写出好的裁判文书的。法官应当有一定的生活常识和生活阅历，而这种常识和阅历需要依靠法官长年累月的积累，并有针对性地进行法律思维训练，以建立起现实生活与法律规范的联系。（2）法官要对具体案件的审理作统筹规划。整体性思维是审理好案件的内在基础。法官在审理案件时，应当通过阅卷、开庭等方式对案件有一个全局性把握，厘清思路，将案件要素予以拆解组合，在法定程序范围内，对所办理案件相关事实查证的主次关系、争议中的主要矛盾和矛盾的主要方面等成竹于胸，统筹合理安排案件的处理程序和处理方式，使案件审判过程的各部分之间形成互相联系的有机整体，进而做好裁判文书的内容布局和观点证成，做到逻辑严密、论证充分、结论合法。

（二）规范严谨，是写好裁判文书的基准

特定的裁判文书格式和法律语言是法律主体在长期的实践过程中逐渐总结和完善确定的。之所以裁判文书格式和其中相关文字表述特定，笔者认为是基于以下原因：（1）法律的实施具有严肃性、权威性，需要裁判文书以规范严谨的格式和文字表述实现其价值。（2）裁判文书的每一个格式、每一个语句直至每一个概念都有其特定的法律意义，特定的格式和法律语言的运用反映了案件审理的程序安排及实体要求。（3）特定格式和法律语言的运用便于法律主体间就裁判文书进行交流和传阅，也便于裁判文书的存档、检索和统计。因此，法官所撰写的裁判文书在格式及文字表述上必须规范严谨。就行政裁判文书格式而言，除经授权可采取的改革措施中的用语及格式外，行政审判法官应严格按照最高人民法院行政审判庭公布的《行政诉讼文书样式（试行）》确定的相关裁判文书基本框架、结构和要求制作各类裁判文书。就文字表述而言，准确性是其生命线，裁判文书中的每一个语句、每一个概念都应明确、具体、完整，要避免语义模糊和分歧。毋庸置疑，这里的准确也包括对数字、标点符号等的规范使用。尽管裁判文书的结构及相关文字表述具有特定化的要求，但在裁判文书实际撰写时，应当按照"大体则有，具体则活"的方式进行处理。具体而言，在裁判文书的"事实""理由"部分，法官有较大的自主安排结构的空间,而文字表述中则应将法律语言与大众能够听得懂的语言进行有机结合,做到当事人、社会公众看得明白,理解得了。

(三)事实精练,是写好裁判文书的关键

案件事实是法官在案件审理过程中运用证据规则认定的法律事实。在裁判文书中认定案件事实,是诉讼的中心任务,是据以裁判的基础。案件事实的撰写要繁案精述,简案简写。简言之,要对案件事实予以精炼:(1)没有证据认证,就难以有案件事实的认定。在裁判文书中依证据规则对证据的认证应当简洁明了,在判断证据的"三性"、证据之间相互关系的基础上采信相关证据并确定待证事实能否成立。(2)与案件待决法律关系相关的事实的认定应当全面、客观。(3)要剔除与案件无关事实的认定。(4)一般按时间或空间顺序对案件事实进行叙述。当然,根据具体案情,为了案件事实的表述更加清晰,对于单列的相关事实可通过"另查明""再查明"等方式进行补叙。(5)对案件事实的表述应当详略得当、确定直接。同时,其中的文字表述应当客观中性,要避免表现出法官的个人感情色彩。

(四)说理充分,是写好裁判文书的灵魂

法院的裁判建立在逻辑推演和合理推论的基础上。裁判说理是案件事实和裁判结果的联结纽带,法官要通过在裁判文书中的说理,促使当事人和社会公众确信法院裁判正确地诠释了法律的内涵,是一份公平公正的判决。一份优秀裁判文书的说理,笔者认为应当具备以下几点:(1)主旨明确。裁判文书主旨是从裁判理由中提炼而成,由适用情形和法律效果构成,具有抽象性、普遍性的特点。裁判主旨其实是对逻辑"三段论"大前提的实质理解,裁判主旨的规则性,决定了其表述必须符合法律实质正义的要求。裁判主旨决定了裁判的方向及最终结果,只有主旨鲜明,才能清晰表达裁判的中心思想和实现裁判目的。(2)逻辑严密。法官裁判案件的过程实际上就是一个逻辑推理的过程。强调裁判理由论证的逻辑性,就是要求裁判文书的事实、论理和结论之间必须有严密的逻辑关系。因此,法官在适用逻辑的"三段论"时,要以案件事实和法律适用为基础,紧扣案情,充分阐释和论证法律规定与案件事实之间的内在联系,从而形成法律规则与个案裁判的有效联接。当然,法律适用绝不仅仅是机械地"依葫芦画瓢"套用法律规定,少数情况下需要跳出书面上法律条文具体表述的限制,对其进行实质理解。出现此类情形,法官应当在对现行法源进行梳理后,充分进行法理论证,以实现裁判结果实质性的公平正义。(3)情理法交融。裁判文书中的说理,要将法律规则和法官的情怀相结合。所谓法律规则，说到底是法理与情理的结合。说理充分，就是要让躲藏在深奥法理背后的情理的面容展现出来。法官要通过朴素的情理来体现法律的人文关怀，并在说理的过程中实现法律与情理的交融。

（五）仔细校对，是写好裁判文书的保障

审判工作中，在裁判文书拟稿时有时会出现差错，如把当事人名字写错、时间写错、数字算错等。正式的裁判文书一旦带有这些差错，轻则有损裁判文书的严肃性，重则会造成严重后果。因此，除了要以强烈的责任心和严谨的态度撰写行政裁判文书外，在裁判文书出具前的校对过程中，心里要绷紧一根弦，筑牢文书质量的最后一道防线，绝不带错"出门"。

作为法官，我们为什么要撰写好裁判文书？因为它就是法官在践行初心使命的道路上必须攀越的一座座山峰，无以回避，无从退缩，唯有前行，唯有攀登，方得始终。

（黄河，江苏省高级人民法院法官）

三、专家评析

梁某某与徐州市云龙区民政局离婚登记纠纷一案的二审判决书之所以是一份优秀裁判文书，关键在于法官并不是对越权无效原则简单作形式理解，而是结合离婚登记这类涉及公民人身权的行为的特殊性，对越权无效原则作实质理解，并就此展开了充分的论证说理。

首先，根据越权无效的行政法原则，理论界和实务界一般认为对于行政越权行为，应通过行政机关自纠、层级监督及法院裁判等途径以确认无效或予以撤销的方式加以纠正。本案法官并没有机械地套用法律进行裁判，而是通过逻辑严密的法理研析，正确论证了越权无效原则存在少数例外情形。即对案涉离婚登记等少数例外情形，如以确认无效或撤销的方式加以纠正，将会给国家利益、社会公共利益及相关法律秩序带来重大损害，且该损害客观上难以得到有效恢复与补救，则对于相关机关的行政行为不应确认无效或予以撤销。法官通过对法律原则的实质理解，填补了法律漏洞，明确了越权无效原则的适用边界。

其次，法官还通过对案涉具体法律规定的抽丝剥茧，论证了相比结婚登记而言，经相应程序进行离婚登记而宣告解除的婚姻关系具有不可逆的特点，进而得出了"云龙区民政局即使超越职权作出了离婚登记决定，也无权确认该离婚登记无效"的结论。在法官看来，无论是行政机关，还是人民法院，都不能不区分行政行为的类型,而僵化地适用《行政诉讼法》关于人民法院判决确认行政行为无效的情形。在本案中,法官充分认识到结婚登记与离婚登记的区别,例如,《婚姻法》《婚姻登记条例》规定了无效婚姻和可撤销婚姻情形,以及在诉讼制度中规定了无效婚姻和可撤销婚姻之诉,但并未规定无效离婚或可撤销离婚情形,并未设定无效离婚和撤销离婚之诉。法官正是注意到了案涉离婚登记这类行政行为的特殊性,以信赖利益保护原则为依归,结合国家婚姻登记及民事诉讼中的相关法律制度,从实务层面论证了案涉离婚登记所宣告解除的婚姻关系具有不可逆性,因而该离婚登记不能被确认为无效。因此,在案涉离婚登记决定作出两年半之后,云龙区民政局再来确认离婚登记无效,将严重违背梁某某与黄某某办理离婚登记手续时作出的自愿离婚的意思表示,将严重破坏现有人身法律关系的稳定性等,因而不符合信赖利益保护原则的要求。该行政判决书在法理和实务层面所作论证前呼后应,相得益彰,实为精辟。

再次,目前理论和实务界并未深刻认识到相关婚姻登记(含离婚登记)中的无效和可撤销情形,与《行政诉讼法》规定的无效行政行为和可撤销行政行为之间的联系和区别,更没认识到《行政诉讼法》关于行政行为无效或可撤销的情形仅仅针对一般行政行为而不能针对特殊行政行为的情况。这份判决在避免了片面、孤立地理解与适用法律原则及具体法律规范的同时,在行政行为效力理论方面作了积极、有益的开拓,也给理论界提出了很好的研究课题。

最后,该行政判决书认定事实清楚,适用法律准确,说理透彻充分,逻辑结构严密,制作格式规范,判决结果公平公正,为行政案件的审理裁判树立了典范。

(点评人:肖泽晟,南京大学法学院教授、博士生导师)

(2018)苏行终1715号裁判文书原文

11. 甲公司和某市人民政府颁发国有土地使用证案*

【关键词】

土地转移登记　诉讼主体资格

【裁判要旨】

1. 土地登记与房屋登记均属于不动产登记，性质相同，对同一土地多次转移登记的，可比照《最高人民法院关于审理房屋登记案件若干问题的规定》中第5条的规定办理。原土地权利人或利害关系人应对首次转移登记及后续转移登记行为提起行政诉讼；如果其未对首次登记行为提起行政诉讼，仅对后续登记行为提起行政诉讼，因该后续登记行为并不直接导致其权利义务变化，故不属于行政诉讼受案范围，法院应裁定驳回其起诉。

2. 当事人因债权转让而获得债权及相应的国有土地抵押权的，其对抵押土地享有的权益为优先受偿权，其可通过拍卖、变卖抵押土地的价款优先受偿，保障其债权的实现。故当其通过法院拍卖抵押土地等执行方式实现了优先受偿权，民事案件执行终结的情况下，其享有的土地抵押权的利益已实现。此时，其再对涉案土地主张权益已没有权利基础。如其以对涉案土地享有抵押权为由，要求撤销涉案土地国有土地使用证而提起行政诉讼的，因此时其与涉案土地颁证行为之间没有法律上的利害关系，故不具有原告主体资格。

一、简要案情

1995年，C公司以划拨方式取得15 050平方米国有土地使用权，某市人民政府为其颁发了3号国有土地使用证。

1996年6月5日，C公司与原中国工商银行某市支行（地改市后变更为工商银行某市某支行，以下简称为原工行某支行）签订借款合同，借款

---

* （2017）陕行终118号。

829万元，借款期限1年。双方还签订了借款抵押协议，约定以C公司上述土地及房屋作抵押，抵押期限自1996年6月5日至1997年6月4日止。1996年6月22日，某市土地管理局为双方办理了1号土地使用权抵押登记证（土地面积15 050平方米）及房屋他项权证等。1997年6月，C公司未按约还款，遂向原工行某支行函告，继续以上述抵押物为该贷款抵押担保，未再办理抵押登记。

1999年3月，C公司以其3号土地证丢失为由，申请补发土地证。同年8月，某市政府向其颁发5号国有土地使用证，土地证载面积不变。此后，C公司与某市A房地产开发公司（以下简称A公司）签订协议，联合开发房地产。1999年5月，某市土地管理局作出某市土籍发〔1999〕9号《关于某市A公司与C公司联合开发国有土地使用权的批复》，同意A公司受让C公司国有土地使用权1341平方米，用于商住综合开发。C公司一次性补办国有土地使用权出让手续，出让总金额40 242元，出让期50年。某市政府为A公司颁发了8号土地证。同时，注销C公司5号国有土地使用证，给该公司剩余部分土地颁发了9号国有土地使用证。

1999年9月，因C公司一直未按约还款，原工行某支行就包含上述借款合同在内的共5份借款合同项下所欠1048.3万元及利息提起诉讼，要求C公司还款。为此，C公司向某市政府紧急报告，争取调解或撤诉。2000年5月，原工行某支行向其上级某分行保全办作了《关于某市C公司诉讼案进展情况的报告》，认为实施房地产开发对其保全资产有利。因C公司与A公司停止联合开发房地产，2000年6月13日，C公司、原工行某支行、B公司三方，就"C公司与B公司联合在C公司土地上（已作为工行贷款抵押物）进行房地产开发事宜"达成协议。约定："1. 工行同意C公司开发房地产脱困方案，并积极支持配合开发方案的实施。2. B公司应在6月25日前将50万元转入C公司在工行营业部开立的基本账户，款到后其中37.76万元再转入电子保健品厂账户由工行扣收贷款本息，42 670.50元由C公司用转账支票支付工行因起诉C公司及起诉电子保健品厂的诉讼费及执行费。3. 工行在收讫上述款项后2日内同C公司一同到市中级人民法院办妥撤诉手续。4. 本次房地产开发占地12亩，其中应过户给B公司3.5亩。在B公司办理开工手续及过户土地时，工行应提供土地证并出具有关证明；对开发剩余的土地，C公司应在8月31日前重新办理在工行抵押的一切手续，为确保工行债权在开发期间不被悬空，对将来项目建成后C公司有权拥有的房产，应通过办理在建工程抵押的方式先期抵押在工行。5. C 公司重新办理贷款抵押手续的费用从 B 公司转入的 50 万元扣除第 2 条所列各项支出后的剩余部分中开支，如果不足由 C 公司另行筹资补齐，如果有节余，用于支付之息……本协议一式三份，三方签章后生效。"

2000 年 6 月 14 日，某市土地管理局作出某市土籍发〔2000〕18 号批复，同意将 A 公司 1341 平方米土地，依法调拨给 B 公司，用于商住楼开发，土地出让期 49 年。某市政府为 B 公司颁发了某市国用土字 2 号国有土地使用证（以下简称 2 号土地证），证载面积 1320 平方米。注销 A 公司 8 号土地证。

2000 年 8 月，某市中级人民法院就上述借款担保纠纷案件，作出中止审理裁定。2001 年 6 月，某市中级人民法院作出裁定，准许原工行某支行撤诉。

2000 年至 2002 年期间，C 公司又先后两次，分别向某区人民政府某路建设工程指挥部办公室、甲公司出让土地。其中，2000 年 2 月，某市土地管理局作出某市土籍发〔2000〕5 号《关于某区人民政府某路建设工程指挥部办公室申请办理土地使用权过户登记的批复》，同意某区人民政府某路建设工程指挥部办公室受让 C 公司 1190.67 平方米土地，出让金额 11 906.7 元，出让期 70 年，并向其颁发了 10 号国有土地使用证。2002 年 8 月，某市国土资源局作出某市土籍发〔2002〕28 号《关于某市甲公司受让某市 C 公司国有土地使用权的批复》，同意甲公司受让 C 公司 1 333.45 平方米土地，出让总金额 134 678 元，出让期 70 年，并向其颁发了 7 号国有土地使用证。

2000 年 8 月，原工行某支行将上述债权全部转让给某办事处。2003 年，某办事处向陕西省高级人民法院提起民事诉讼，要求 C 公司偿还上述借款。同年 4 月，某办事处申请法院对 C 公司在借款时设立的抵押土地、房产进行诉讼保全。陕西省高级人民法院作出（2003）陕民二初字第 6 号民事裁定，对 C 公司涉案位于某市某区北团结街、某市土地管理局某市土抵登 044 号土地使用权抵押登记证项下 15 050 平方米土地及某房他字第 4 号房屋他项权证项下 9042.73 平方米房产予以查封。同年 10 月 22 日，陕西省高级人民法院作出（2003）陕民二初字第 6 号民事判决，该判决书中审理查明部分，载明上述三方协议内容。判决：（1）原工行某支行与 C 公司签订的 5 份借款合同有效；债权转让协议有效。（2）C 公司为第 5 份借款合同设定的土地使用权、房产抵押担保有效。（3）C 公司在本判决生效后 30 日内向某办事处偿付 5 份借款合同项下尚欠贷款 1048.3 万元及利息（计算至 2003 年 3 月 20 日），本息合计 3030.35 万元。（4）驳回某办事处要求借款合同相应保证人某食品总公司、某第二糖酒副食总公司、陕西某建筑公司各自承担保证责任的诉讼请求。宣判后，各方当事人均未上诉。该判决生效后，某办事处向陕西省高级人民法院申请执行。

在案件执行中，某办事处又将上述债权转让给甲公司，并于2005年8月签订债权转让协议书。协议主要内容："1. 转让标的：本协议转让的标的为甲方（即某办事处）拥有的对债务人的全部债权，本金为1048.3万元，利息（截至2005年6月20日）为2547.87万元，与上述主债权相应的抵押、担保等从权利同时转让。2. 转让价款：双方同意以235万元转让上述债权。3. 交付方式和期限：乙方（即上诉人甲公司）于本协议订立后至2005年8月31日前一次性支付债权转让价款，甲方在收到该款后，将甲方拥有的该笔债权资料交付乙方。……5. 甲方声明：甲方就已知的转让债权及其从权利的一切相关情况均充分、真实的告知乙方……6. 乙方声明：已对受让债权及其从权利的性质、金额、合法性、有效性、有无实现权利的法律障碍等一切相关事项进行了充分的调查、了解，同意按照受让债权的现状、手续、资料予以受让。……"同年9月，双方办理相关资料移交。

2005年9月，某办事处向陕西省高级人民法院提出申请，请求将其与C公司执行案件中，申请执行人变更为甲公司。同年9月6日，陕西省高级人民法院作出（2004）陕执一民字第46－8号民事裁定，准予将申请执行人变更为甲公司。

因C公司一直无力还款，陕西省高级人民法院决定拍卖该公司抵押的土地及房产。执行中，因被执行人C公司对拍卖土地面积提出异议，2005年9月29日，陕西省高级人民法院作出（2004）陕执一民字第46－9号民事裁定，内容为："本院依法对（2004）陕执一民字第46－5号民事裁定确定拍卖的土地使用权面积应予补正、更正，应从3号土地证中登记的15 050平方米土地使用权中扣除被执行人于2000年6月14日出让给B公司的1320平方米；扣除1190.67平方米（该部分于2000年3月出让给某市某区某路建设工程指挥部，用于安置被拆迁回族居民，该土地使用证登记在某区某路建设工程指挥部名下）；扣除被执行人2002年8月8日出让给甲公司的1333.45平方米。遂裁定，拍卖被执行人C公司的3号土地证下面积11 205.88平方米土地使用权和面积为6567.27平方米地上建筑物。本裁定送达后立即生效。"同年11月17日，陕西省高级人民法院作出（2004）陕执一民字第46－13号民事裁定，确认甲公司在公开拍卖中以530万元竞买成交。且因被执行人除上述房地产外再无其他财产可供执行,申请执行人亦表示对其余债权不再执行,遂裁定:"1. 解除对被执行人 C 公司 3 号土地证中项下面积 11 205.88 平方米国有划拨土地使用权和某房他字第 4 号房屋他项权证项下剩余建筑面积为 6567.27 平方米房产的查封,将该房地产过户到买受人(申请执行人)甲公司名下;2.(2003)陕民二初字第 6 号民事判决书终结执行。本裁定送达后立即生效。"现上述拍卖土地的国有土地使用证已办理在甲公司名下。

2010 年 9 月 2 日,B 公司因其名下 2 号土地证范围内土地无法开发建设,为方便管理并产生经济效益,申请将该宗土地的土地使用者,变更为同一法定代表人的乙公司名下。同年 9 月 27 日,某市政府为乙公司颁发了 1 号土地证。

甲公司在涉案土地进行房地产开发,认为某市人民政府给乙公司颁发 1 号土地证的行为侵犯其权益,提起本案行政诉讼。

一审法院认为:(1)关于起诉期限问题,被告某市政府没有证据证明原告甲公司知道或者应当知道起诉期限的起算时间。故被告某市政府及乙公司认为本案超过起诉期限没有事实依据。(2)关于 1 号土地证颁发的合法性问题。根据《土地管理法》有关规定,某市政府具备颁发国有土地使用权证的法定职权。某市政府根据 B 公司申请,对其名下 2 号土地证使用权人进行变更登记,并颁发 1 号土地证。某市政府变更登记行为未违反《土地管理法》关于变更登记的相关规定。依照《行政诉讼法》第 69 条的规定,判决驳回原告甲公司的诉讼请求。

二审法院认为:本案系因甲公司不服土地转移登记行为引起的行政诉讼,甲公司的起诉,不符合相关法律规定,原审法院受理并作出实体判决,属于适用法律错误,依法应予纠正。裁定:撤销原审行政判决;驳回甲公司的起诉。

本案争议焦点主要涉及以下问题:

涉案土地证的颁发行为并不影响甲公司的权利义务。土地登记与房屋登记均属不动产登记,性质相同。所以,对同一土地多次转移登记的,应按照《最高人民法院关于审理房屋登记案件若干问题的规定》第 5 条规定,审查首次登记行为。本案中,甲公司现提起行政诉讼,要求撤销 1 号土地证。甲公司作为债权转让的受让人,其所主张承继的原在 3 号土地证上设定的抵押权,并由此形成的原相关权利义务关系,从上述土地转移登记的事实看,实际上早在 A 公司办理完成涉案土地转移登记并取得 8 号土地证时,就已发生了变化,即甲公司承继权利的最初转让方原工行某支行原在 3 号土地证上设定抵押权的土地被转移登记。此后的土地转移登记虽然发生了土地权利人的变化，但相对于原土地抵押权人和承继权利人而言，权利义务关系没有发生新的变化。况且，甲公司在执行案件中已知涉案土地面积被扣除，亦未提出异议。现甲公司对与 B 公司 2 号土地证除权利人不同外，其他登记内容相同的转移登记 1 号土地证提起诉讼，因上所述，该行为对其权利义务不产生新的影响，应裁定驳回起诉。

甲公司不是本案的适格原告。本案中，甲公司并非涉案被诉 1 号土地证的相对人，也与该颁证行为之间没有法律上的利害关系，故不具有本案原告资格。第一，甲公司对 C 公司享有的是债权及相应的抵押权，且该债权及抵押权均来源于原工行某支行，并以原工行某支行的权利为限。2000 年，C 公司、原工行某支行、B 公司三方签订协议后，虽未重新办理抵押登记，但三方对在原抵押土地上进行房地产开发，并给 B 公司过户 3.5 亩土地的合意是明确的。原工行某支行对原抵押土地面积发生的变化是知道且同意的。第二，甲公司通过债权转让获得的是债权及相应的抵押权，现已通过法院执行取得优先受偿权，未实现的债权，甲公司也表示不再执行。民事案件执行终结的情况下，甲公司对涉案土地主张权益已没有权利基础。

二、撰写心得

该案时间跨度长，涉及法律关系错综复杂。双方当事人积怨较深，又涉及土地上的房地产再次开发，对双方利益影响较大，所以，该案如何裁判关注度较高。为了审理好这个案子，法官要认真厘清案情，剥茧抽丝，抓住案件主线，辨清法律关系；同时要大量查阅法律规定，搜集相关案例，翻阅资料，正确理解立法精神，准确适用法律。尤其法官在裁判文书中写作中，一定要在对证据的分析和认定方面，展示法院认定事实的整个过程，从而避免当事人对认定事实的质疑，且一定要注重裁判文书的说理。裁判文书重点是要适用法理，详细论述当事人各方行为的法律性质，对其进行评判，对相应的法律后果及应承担的法律责任进行详细说明，从而适用相关法律规范作出判决结果。裁判文书一定要注重彰显司法公正的功能。一份裁判文书写作的好与坏，不仅反映了人民法院对案件的处理是否公正，还会影响到人民群众对法院的信任，进而影响到公众对法治信仰的形成及提升。因此，制作好每一份裁判文书是人民法院每一位法官的重要职责，也是展示法官良好业务素质及职业操守的有效方式。

该案主要争议焦点体现在两个方面,要把这两个问题论述清楚,裁判结果也就顺理成章了。

(一)涉案颁发土地证的行为对甲公司的权利义务是否产生影响

《最高人民法院关于审理房屋登记案件若干问题的规定》第 5 条规定:"同一房屋多次转移登记,原房屋权利人、原利害关系人对首次转移登记行为提起行政诉讼的,人民法院应当依法受理。原房屋权利人、原利害关系人对首次转移登记行为及后续转移登记行为一并提起行政诉讼的,人民法院应当依法受理;人民法院判决驳回原告就在先转移登记行为提出的诉讼请求,或者因保护善意第三人确认在先房屋登记行为违法的,应当裁定驳回原告对后续转移登记行为的起诉。原房屋权利人、原利害关系人未就首次转移登记行为提起行政诉讼,对后续转移登记行为提起行政诉讼的,人民法院不予受理。"该条规定了连续登记行为的可诉性问题。在多次转移登记中,首次登记是第二次登记的依据,第二次登记又是之后登记的依据,以此类推。如果不审查首次登记行为,其他多次后续转移登记行为的合法性无法确定;如果仅审查首次登记之后的后续转移登记行为,亦无法从根本上查明事实,解决登记行为的合法性问题。此外,多次的后续转移登记行为往往并不直接导致原房屋权利人、原利害关系人权利义务关系现实的变动,也就是说对原房屋权利人、原利害关系人的权利义务并不产生实际的影响。因此,仅对后续转移登记行为提起行政诉讼的,不符合行政诉讼的起诉条件,人民法院应不予受理。土地登记与房屋登记均属不动产登记,性质相同。所以,对同一土地多次转移登记的,应按照上述规定中体现的立法精神,比照处理。本案中,1999 年,C 公司与 A 公司联合开发房地产。同年 5 月,某市土地管理局作出某市土籍发(1999)9 号土地批复,同意 A 公司受让 C 公司 1341 平方米土地,某市政府给 A 公司颁发 8 号土地证。2000 年 6 月,因 A 公司退出联建,C 公司、原工行某支行、B 公司三方签订协议,在 C 公司土地上进行房地产开发,约定给 B 公司过户 3.5 亩土地。某市土地管理局作出某市土籍发(2000)18 号土地批复,同意将 A 公司 1341 平方米土地,依法调拨给 B 公司,用于商住楼开发。某市政府给 B 公司颁发了 2 号土地证。2010 年 9 月,B 公司又申请将该宗土地进行使用权人名称变更登记,变更为乙公司名下,并办理了 1 号土地证。甲公司现提起行政诉讼,要求撤销 1 号土地证。甲公司作为债权转让的受让人,其所主张承继的原在 3 号土地证上设定的抵押权,并由此形成的原相关权利义务关系,从上述土地转移登记的事实看,实际上早在 A 公司办理完成涉案土地转移登记并取得 8 号土地证时，就已发生了变化，即甲公司承继权利的最初转让方原工行某支行原在 3 号土地证上设定抵押权的土地被转移登记。此后的土地转移登记虽然发生了土地权利人的变化，但相对于原土地抵押权人和承继权利人而言，权利义务关系没有发生新的变化。况且，甲公司在 2005 年 9 月陕西省高级人民法院执行其受让的债权时，就已经知道涉案土地登记在 B 公司名下。对陕西省高级人民法院作出（2004）陕执一民字第 46-9 号民事裁定，将 B 公司 2 号土地证证载 1320 平方米的土地，从 3 号土地证中登记的土地面积中扣除，亦未提出异议。现甲公司对与 B 公司 2 号土地证除权利人不同外，其他登记内容相同的转移登记 1 号土地证提起诉讼，因上所述，该行为对其权利义务不产生新的影响，故此诉不应受理。已经受理的，应裁定驳回起诉。

（二）甲公司是否为本案的适格原告

《行政诉讼法》第 25 条第 1 款规定："行政行为的相对人以及其他与行政行为有利害关系的公民、法人或者其他组织，有权提起诉讼。"本案中，甲公司并非涉案被诉 1 号土地证的相对人，也与该颁证行为之间没有法律上的利害关系，故不具有本案原告资格。

首先，本案中，原工行某支行将其对 C 公司的债权转让给某办事处，某办事处又将该债权转让给甲公司。即甲公司对 C 公司享有的是债权及相应的抵押权，且该债权及抵押权均来源于原工行某支行，并以原工行某支行的权利为限。1996 年，因原工行某支行与 C 公司签订借款抵押协议，故 C 公司将其名下 15 050 平方米国有土地使用权作抵押。后因 C 公司未能按期还款，2000 年，C 公司、原工行某支行、B 公司三方签订协议，约定由 C 公司与 B 公司在已作为原工行某支行贷款抵押物的土地上进行房地产开发，房地产开发占地 12 亩，其中过户给 B 公司 3.5 亩。协议签订后，虽未重新办理抵押登记，但三方对在原抵押土地上进行房地产开发，并给 B 公司过户 3.5 亩土地的合意是明确的。原工行某支行对原抵押土地面积发生的变化是知道且同意的。

其次，甲公司通过债权转让获得的是债权及相应的抵押权，现已通过执行取得优先受偿权。因本案发生在《物权法》（已废止，下同）实施前，根据当时实施的《担保法》第 33 条第 1 款①规定："本法所称抵押，是指债务人

---

① 该款已被《民法典》第 394 条第 1 款修改。《民法典》第 394 条第 1 款规定："为担保债务的履行，债务人或者第三人不转移财产的占有，将该财产抵押给债权人的，债务人不履行到期债务或者发生当事人约定的实现抵押权的情形，债权人有权就该财产优先受偿。"

或者第三人不转移对本法第三十四条所列财产的占有,将该财产作为债权的担保。债务人不履行债务时,债权人有权依照本法规定以该财产折价或者以拍卖、变卖该财产的价款优先受偿。"第 40 条①规定:"订立抵押合同时,抵押权人和抵押人在合同中不得约定在债务履行期届满抵押权人未受清偿时,抵押物的所有权转移为债权人所有。"据此,抵押权的特点为不转移抵押财产的占有;抵押权为优先受偿的权利,即债务人不履行债务时,抵押权人可就该财产折价或拍卖、变卖该财产的价款优先受偿。本案中,甲公司受让的债权已通过陕西省高级人民法院拍卖 C 公司抵押的房地产得以部分实现,未实现的债权,甲公司也表示不再执行,陕西省高级人民法院据此亦裁定解除对 C 公司 3 号土地证中面积 11 205.88 平方米土地使用权等的查封,将该房地产过户到甲公司名下,原民事判决书终结执行。可见,甲公司在作为抵押权人的优先受偿权已经实现,民事案件执行终结的情况下,其对涉案土地主张权益已没有权利基础。故 2010 年 9 月,某市政府依 B 公司申请,将涉案土地权利人变更为乙公司并颁发 1 号土地证的行政行为,与甲公司没有法律上的利害关系,甲公司不具备本案原告主体资格。

(马小莉,陕西省高级人民法院法官)

三、专家评析

本裁判文书格式规范,逻辑严谨,层次分明,语言清晰,论理透彻。焦点揭示简明扼要,理由阐释充分有力。遵循了裁判案件应当引据叙事、由事而理、法理互见、事理呼应、有理而断的逻辑顺序,体现了以理服人的文本风格。在案件查明事实部分,本裁判文书以时间、法律关系两条主线予以贯穿,将时间跨度长、法律关系复杂多变的案情清晰准确地展现出来。文书论理部分,从本案是否符合起诉条件,是否具备原告主体资格两部分论述,层次清晰,论理透彻,充分阐述案件争议焦点中涉及的法律规定及法律认识。本裁判文书最大的亮点在于两方面:

一是准确理解连续登记行为的可诉性问题,并提出将同属不动产登记行为的土地类多次转移登记行为比照房屋登记处理的观点。其认为,因土地登记与房屋登记均属于不动产登记,性质相同,对同一土地多次转移登记的,可比照

---

① 该条已被《民法典》第 401 条修改。《民法典》第 401 条规定:"抵押权人在债务履行期限届满前,与抵押人约定债务人不履行到期债务时抵押财产归债权人所有的,只能依法就抵押财产优先受偿。"

《最高人民法院关于审理房屋登记案件若干问题的规定》中第 5 条的规定办理。《最高人民法院关于审理房屋登记案件若干问题的规定》中第 5 条规定了同一房屋连续多次转移登记行为的可诉性问题，在多次转移登记中，首次登记行为是基础，如果不审查首次登记行为，其他后续多次转移登记行为的合法性无法确定，因此，仅对后续转移登记行为提起行政诉讼的，不符合行政诉讼起诉条件，人民法院不予受理。国有土地使用权登记与房屋登记均属于不动产登记，性质相同，故对同一宗国有土地使用权多次转移登记的，应按上述规定中体现的立法精神，比照处理。当事人如果未对首次登记行为提起行政诉讼，仅对后续登记行为提起行政诉讼，因该后续登记行为并不直接导致其权利义务变化，故不属于行政诉讼受案范围，法院应裁定驳回其起诉。

二是对原告资格的准确判断。本案时间跨度长，法律关系复杂，但本文书能剥茧抽丝，通过对抵押权特点、行政诉讼原告资格的规定等分析，对原告资格进行正确判定。本文书明确了当事人因债权转让而获得债权及相应的国有土地抵押权的，其对抵押土地享有的权益仅为优先受偿权，即通过对拍卖、变卖抵押土地的价款优先受偿，保障其债权的实现。故当其通过法院拍卖抵押土地等执行方式实现了优先受偿权，民事案件执行终结的情况下，其享有的土地抵押权的利益已实现。此时，其再对涉案土地主张权益已没有权利基础。如其以对涉案土地享有抵押权为由，要求撤销涉案土地国有土地使用证而提起行政诉讼的，因此时其与涉案土地颁证行为之间没有法律上的利害关系，故不具有原告主体资格。

本案系利害关系人提起的要求撤销后续转移登记行为之诉，本裁判文书中体现了准确判断原告资格及行政案件起诉条件等问题，具有一定典型意义，对同类案件的审理具有借鉴价值。

（点评人：焦玉珍，陕西省高级人民法院党组成员、审判委员会专职委员）

（2017）陕行终 118 号裁判文书原文

第五章 行政允诺

12. 苏州吉姆西客车制造有限公司和财政部补助资金专项检查处理决定案[*]

【关键词】

财政补助　处理决定　行政允诺

【裁判要旨】

新能源汽车生产补助行为属于行政允诺，系授益性行政行为，其应当遵循法律优先原则，但在法律保留原则方面，却不必具有行为法依据，否则就会因为法律的滞后性导致行政行为丧失应有的灵活性和应急性。对于行政允诺行为的合法性审查主要集中以下几个方面：一是行政机关是否有作出行政允诺的权限；二是行政允诺的内容是否违背了法律、法规的强制性规定或是存在严重不合理之情形；三是行政机关撤销、废止或不履行允诺是否有法律依据。

一、简要案情

2015年9月至12月期间，原告苏州吉姆西客车制造有限公司的原总经理杨某某在明知国家新能源汽车推广应用补助资金中有关6米纯电动客车的国家补助标准在2016年比2015年大幅减少的情况下，为了使原告2015年预售车辆均在当年上牌，达到按照2015年政策获取国家补助资金的目的，指使并组织本单位相关员工，采用使用同一辆车重复过检测线获取检测报告，在钢板上打刻车架号后拓印骗取套验报告等手段，在未实际生产出车辆的情况下，从苏州市公安局交通警察支队车辆管理所骗取电动汽车车辆号牌及行驶证件。

---

[*]（2016）京01行初1321号。

2016年1月26日,财政部、科技部、工业和信息化部、国家发展和改革委员会通过检查发现原告存在无车上牌和先上牌后补生产等情况。2016年2月24日至2016年3月23日,财政部驻青海省财政监察专员办事处派员进驻原告公司进行财政检查。

2016年2月22日,原告向苏州市吴中区经济和信息化局上报2015年生产、销售电动汽车1292辆。因财政部驻青海省财政监察专员办事处检查人员进驻后在检查中发现该企业的问题及检查不断深入,原告申请撤回1292辆申报材料,并重新准备申报材料。2016年3月22日,原告重新提交960辆新能源汽车补贴清算材料,后再次撤回。2016年6月,原告再次申报生产车辆940辆,其中标注2015年生产403辆,2016年生产537辆。

2016年9月13日,被告根据检查结果,经审查后作出财监〔2016〕29号《财政部关于苏州吉姆西客车制造有限公司新能源汽车推广应用补助资金专项检查的处理决定》(以下简称被诉决定),主要内容如下:

第一,检查发现的主要问题。原告通过编造材料采购、车辆生产销售等原始凭证和记录,上传虚假合格证,违规办理机动车行驶证的方式,虚构新能源汽车生产销售业务,多申报2015年销售新能源汽车1131辆,涉及中央财政补助资金26 156万元。上述行为违反了《私人购买新能源汽车试点财政补助资金管理暂行办法》(财建〔2010〕230号,以下简称230号办法)第8条和《财政部、科技部、工业和信息化部、发展改革委关于继续开展新能源汽车推广应用工作的通知》(财建〔2013〕551号,已废止,以下简称551号通知)第2条的有关规定。

第二,处理决定。针对上述问题,根据230号办法第16条等相关规定,被告决定对原告停止执行中央财政补助政策,对原告2015年度销售的全部新能源汽车中央财政不予补助,并追回预拨的2015年中央财政补助资金4532万元。

原告不服,诉至法院。

另查明:杨某某等人因实施上述行为被苏州市姑苏区人民检察院指控犯诈骗罪,向苏州市姑苏区人民法院提起公诉。苏州市姑苏区人民法院经审理认为,杨某某等人犯诈骗罪,并分别判处刑罚。杨某某等人不服,提起上诉。江苏省苏州市中级人民法院经审理认为,杨某某的第一次申报数量虚假,虽然之后撤回此次申报,但系因检查组入驻等意志以外的原因。而且后两次申报数据还是虚假,应认定为犯罪未遂。至于其2015年实际生产、交付的车辆数量,结合在案证据并从有利于被告人的角度出发,应认定为194辆。而

2016年生产的车辆，不影响其以虚构事实、隐瞒真相等手段意图骗取国家补贴事实的成立。杨某某等人共同以非法占有为目的，采用虚构事实的方法，以单位名义骗取中央财政补助资金，数额特别巨大，其行为已经构成诈骗罪。杨某某等人已经着手实行犯罪，由于意志以外的原因而未得逞，系犯罪未遂，均比照既遂犯予以减轻处罚。同时，考虑到本案未造成国家补贴实际损失且杨某某等人事后确有积极补救行为，二审法院对一审判决的量刑进行部分改判。

北京市第一中级人民法院于2019年8月29日作出（2016）京01行初1321号行政判决书，判决驳回原告苏州吉姆西客车制造有限公司的诉讼请求。一审判决后，各方当事人均未提出上诉。

二、撰写心得

本案系全国首例涉及新能源汽车补贴行为的行政案件，审理难度很大：一是准确界定被诉行政行为的性质很难，在案件审理过程中，行政处罚的观点一度占据上风，行政允诺和行政协议的争议也一直存在；二是在确定行为性质后，其合法性审查标准的把握难度很大，特别是对法律保留原则的理解和适用，一度存在较大分歧，且在判决书公开后，学术界中也进行过热烈讨论，有的权威行政法学者还专门在报纸上撰文予以评析；三是厘清审理思路后，文书的撰写难度也很大，如何深入浅出地阐明行政允诺的合法性审查原理，对承办法官提出很大的挑战。总结整个案件的审理以及文书撰写过程，有三点经验值得分享。

（一）明察秋毫之末

每一个案件都不是无理由的存在，而每一个疑难案件背后必然有着复杂的背景和独特的价值，对案件的洞察力将直接决定案件的审理高度和判决的价值上限。随着民主法治的发展，政府所采用的规制手段日益间接与柔和，由此衍生出很多种新型的规制手段、方法，以及新类型的行政行为。传统概念上的行政法学体系难以兼容这些新事物，使行政行为的司法审查屡遇尴尬。如果一律以缺乏明确的法律依据为由叫停政府的新规制行为，则会破坏业已取得的良好收益和日趋稳定的社会预期，也会面临"固步自封阻碍经济社会进步"的指控。反之，如果一律"绿灯放行"，则涉嫌丧失行政法的基本原则与立场，使司法成为行政的附庸。如何在两难之中寻找出路，既能保证司法对政府规制合法性的有效监督，又能促进政府规制红利的最大化释放，同时还能借此不断丰富行政法学的时代内涵，增强行政法学解决实际问题的能力，是当前我们需要认真思考的问题,这个问题的答案将决定下阶段行政行为司法审查的方向和基本思路。如果不能洞悉此点,就难以把握本案的理论价值和实践意义,案件审理将归于平庸或误入歧途,当然也不会产生有价值的判决书。

(二)深思而后笃行

裁判文书的背后是法官的思想,没有深刻的思考,绝不会诞生具有深远影响的判决书。对于行政法官而言,这种思考绝不能脱离行政管理和公共服务的大背景,其需要以一种宏大的视野去审视国家治理和社会治理领域发生的重大变革以及发展潮流,并时刻关注行政法学理论的发展创新,而后对审理的案件作出深刻反思和缜密论证。就本案而言,其背景是传统概念行政法学向新行政法学的时代变迁,即行政状况已经发生本质性变化(从消极到积极)并日益呈现出复杂化、多样化特征,当我们用传统的行政法学概念和原理去框套诸如行政允诺、行政合同、行政奖励等新类型行政行为时,总会有格格不入的尴尬。当然,还有一些新生的政府规制措施或手段,我们甚至无法用一个行政行为的概念去加以界定和描述,如"黑名单""限塑令""窗口指导"等。如果我们将问题放至新行政法的视野下去思考,更多了解政府规制的发展动向,看清概念行政法学向新行政法学转变过程中的价值嬗变,就会获得一个全新的思路和更有效的方法去破解传统司法审查方法失灵的困局。本案中,从表面上看,被告对原告采取了剥夺或限制财产权利的措施,貌似是一种行政处罚。但进一步思考可知,该份财产权利最初就来源于被告,且属于预支款项,根据事先确定的规则,本就应该多退少补或是全额收回,这与直接剥夺原告自身的财产权利存在显著的差异。由此,本案判决并未停留在行为表面,而是进行穿透观察,将其准确界定为行政允诺这样一种政府规制措施,并结合相关的新行政法学原理,对其进行深刻分析和严密论证。需要特别说明的是,新行政法的着眼点不是概念而是功能,即超越传统行政法的"主体—行为—责任"体系,在行政状况发生本质性变化(从消极到积极)的情况下,致力于构建一种新的能够使公共行政过程合法化的解释框架。具体而言,在行政允诺的合法性审查中应着重关注两点:一是政策工具的分析与利益权衡;二是行政决策过程中的程序正义。秉持这种思路,判决书后续的论证过程也就水到渠成。

(三)透过现象看本质

对于案件的观察不能停留在表面,而是要深入实质。经验告诉我们,疑难案件的审理通常会陷入价值衡量的困境，或是形式法治与实质法治之间的争论。就本案而言，被告职权依据的合法性审查难以逾越的一道鸿沟就是法律保留原则。即便将行政允诺归入授益性行政行为，但对其是否适用法律保留原则的问题仍存在较大争议。一种观点认为，法律保留原则属于普适性原则，并没有排除授益性行政行为，即授益性行政行为需同时具备组织法依据和行为法依据。另一种观点认为，《全面推进依法行政实施纲要》中仅对侵益性行政行为作出硬性规定，所以行政机关对于授益性行政行为的实施具有自由裁量权，不必具有行为法依据。本案判决独辟蹊径，通过弱化传统概念行政法学中的"法律依据"这一概念的形式要求，以实质法治主义为标准去拓宽法规范依据的范围，从而使得行政允诺这一类新兴政府规制措施获得为司法所认可的法规范依据，从根本上解决"法无授权"的问题。但是，这种"弱化解释方法"并非毫无原则的退让，本案判决明确指出，应在坚持法治主义的要求下，根据具体的事务性质，对法律保留原则中的法律依据作出变通解释，将"实质合法"的规范性文件纳入法律依据的范畴，以此协调形式法治与实质法治之间的关系。同时，本判决还在此基础上总结出行政允诺案件的审查要点，将"上游"行政程序中的良好规制原则嵌套至"下游"司法审查程序之中，提出对政府行为规制的"明显不合理"审查标准，为行政允诺规则的实体审查提供思路，归纳出较为完善的裁判标准，明确了此类案件的审理思路，为行政允诺案件的审理提供了有益参考，也进一步丰富了行政行为理论的内容。

（赵锋，北京市第一中级人民法院法官）

三、专家评析

随着经济和社会的发展，行政机关的行政管理和公共服务方式也在发展创新，由此出现一些新类型行政行为，有的与传统行政法学概念难以兼容，相关的争议也难以裁断。这些新类型案件的审理需要法官有着坚实的法学理论基础和精益求精的钻研精神，这样才能作出一份有价值有意义的判决。本案系全国首例涉及新能源汽车补贴的行政案件，处理不好，就会影响新能源汽车行业的发展和司法公正。

应该说，本案最大的审理难点就是被诉行政行为性质的界定。从行为外观看，被诉行政行为剥夺了原告业已取得的财产权利，似属财产罚的范畴。但通过进一步研究会发现，原告取得的财产并非其自身固有，而是来源于被告，且属于预支付的款项，按照事先确定的"游戏规则"，被告完全可以多退少补以及全部收回补助资金。如果仅关注于收回补助资金的结果,而不去分析该笔补助资金的初始来源,就会错误界定被诉行政行为的性质,导致审理工作误入歧途。难能可贵的是,本案判决敏锐地洞察到这一点,对新能源汽车补贴行为的性质作出深入的分析,最终准确定位于行政允诺,而非行政处罚,从而为本案的正确审理奠定了良好的基础。

接下来,本案判决继续呈现出清晰的法律逻辑,对行政允诺的合法性审查原理进行了深入的探讨和分析,用生动的文字诠释了法律保留原则在授益性行政行为合法性审查中的适用原理,并提出四点创新以破解审判难题:一是用政府规制理论去解读行政允诺,并将其置于传统概念行政法学向新行政法学转变的图景中进行研讨,为完善相关的合法性审查规则奠定理论基础;二是深入分析传统概念行政法学转向新行政法学过程中的价值嬗变,重新审视司法与行政的互动关系,为行政允诺司法审查规则的调整提供内在指引;三是提出了"弱化解释方法",解决了政府规制中形式法治与实质法治的关系问题;四是提出对政府规制的"明显不合理"审查标准,为行政允诺的实体审查提供思路。

总地来说,本案判决极具价值,凝结了行政法官的智慧和思索。一方面为法学理论研究提供宝贵的研究素材,帮助提升行政法学实证研究深度;另一方面能够不断夯实行政审判实践的根基,推进我国行政诉讼制度的完善。新能源汽车生产补助作为一项政策创新,对于推进我国新能源汽车行业的发展具有重大影响。通过本案的审理,该行为的法律定位将进一步明确,促进行政机关提升此项管理制度的法治化水平,从而实现依法管理和有效管理。为此,财政部部长专门就此案作出批示,要求全系统结合本案判决进行研究,不断完善内控管理机制,这也充分体现出一份成功的判决书在提升行政审判影响力,推动法治政府建设,乃至推进国家治理体系和治理能力现代化方面所能发挥的积极作用。

(点评人:单国钧,北京市第一中级人民法院副院长,全国审判业务专家)

(2016)京 01 行初 1321 号裁判文书原文

第六章 行政征缴

13. 湖北汇城置业有限公司和十堰市国土资源局土地出让金补缴决定案[*]

【关键词】

比例原则　正当法律程序　征缴决定

【裁判要旨】

1. 行政机关作出行政行为时应当遵循比例原则，即行政机关在职权范围内行使自由裁量权时，应在衡量公益与私益的基础上选择对相对人侵害最小的适当方式进行。

2. 开发商经批准调整容积率等土地利用条件，需补缴土地出让金，在征收部门未依法履行职责导致未及时收缴的前提下形成的历史遗留问题，应当坚持"实体从旧"和"法不溯及既往"的法律适用原则，以批准调整容积率的时间作为评估地价基准日，更加有利于在兼顾公益与私益的基础上最大限度不损害开发商的合法权益。

3. 行政机关对行政相对人作出补缴并催缴土地出让金的函之前，未听取行政相对人任何陈述和申辩，也未告知其享有的权利和义务，明显违反了正当法律程序原则，属于违反法定程序的情形。

一、简要案情

2003年，湖北汇城置业有限公司（以下简称汇城公司）与十堰市国土资源局（以下简称十堰市国土局）签订国有土地使用权出让合同，约定十堰市国土局将位于北京路黄花沟处8万余平方米土地出让给该公司作为住宅兼商业用地，建筑容积率为1.8。后汇城公司多次配合政府市政工程

---

* （2017）鄂03行初43号。

建设，让出了部分已取得的土地。该公司最终取得十堰市国用（2010）第××××××号国有土地使用权证（土地使用权面积为51 201.30平方米）和十堰市国用（2010）第××××××号国有土地使用权证（土地使用权面积为5009平方米），并在两块地上开发建设上海城项目和汇城大厦项目。2008年，经政府及规划部门审批同意，涉案上海路项目地块的容积率调整为3.73，汇城大厦项目的容积率于2016年4月经规划部门确定为4.34。2016年8月18日十堰市国土局对汇城公司上海城项目出具建设用地竣工验收报告，载明：本次验收面积为51 382平方米，其中超占面积180.7平方米，监察支队已于2016年8月16日作出处罚。该宗地合同约定容积率为1.8，现实际容积率为3.5。十堰市国土局委托湖北大华房地资产评估有限公司出具鄂华（十堰）（2017）（估）字第006号土地估价报告，估价期日为2017年10月10日，估价对象为上海城房地产开发项目用地，截至估价期日，该项目已竣工验收，实际建设总建筑面积为195 639.99平方米，验收实际用地面积为49 225平方米（其中180.7平方米土地为超占），核定实际容积率为3.7。估价结果为确定楼面地价为877.91元/平方米，其中超占180.7平方米土地应补交出让金877.91×3.7×180.7＝58.6962万元，原用地新增计容建筑面积（49 225－180.7）×（3.7－1.8）＝93 184.17平方米，应补交出让金93 184.17×877.91＝8180.7315万元。十堰市"三违"治理办公室已收缴土地出让金3.0365万元。共计应补交出让金＝58.6962＋8180.7315－3.0365＝8236.3912万元。2017年5月，十堰市国土局委托永业行（湖北）土地房地产评估咨询有限公司对汇城公司汇城大厦调整规划补交出让金进行价格评估，该公司于2017年9月18日提交鄂永地〔2017〕（估）字第SY0341号土地估价报告，估价基准日为2017年5月15日，土地面积为5009平方米，根据委托方提供的十堰市规划局出具的十规函〔2016〕234号《关于湖北汇城置业有限公司北京路汇城大厦用地规划情况的函》，待估宗地出让合同原规划容积率为1.8，新规划容积率为4.34，故，待估宗地原1.8容积率下商住用途楼面地价为1689.54元/平方米，新规划4.34容积率下商住用途楼面地价为1663.43元/平方米，则楼面地价择高取值，确定为1689.54元/平方米，最终确定超建筑面积补交出让金额1689.54×（4.34－1.8）×5009＝2149.58万元。2017年11月13日和2017年12月6日，十堰市国土局分别向汇城公司发出

《关于催缴湖北汇城公司改变容积率补缴土地出让金的函》,认定上海城项目实际容积率为3.7,依照原土地出让合同约定,超容积率部分须补缴相应土地出让金8236.39万元;认定汇城大厦项目实际容积率为4.34,依据原土地出让合同约定,超容积率部分须补缴相应土地出让金约2149.58万元。

汇城公司对上述征缴决定不服,向湖北省十堰市中级人民法院提起行政诉讼。该院经审理认为,十堰市国土局在作出被诉征缴决定前未听取汇城公司任何陈述申辩,违反了正当法律程序原则,且在计算土地出让金时存在评估基准日选取不当的问题,侵害了汇城公司合法权益,遂判决撤销原十堰市国土局的上述征缴决定。十堰市国土局不服上诉,湖北省高级人民法院二审判决驳回上诉,维持原判。

二、撰写心得

本案属于开发商开发商品房过程中,房屋经过了规划验收和预售许可,办理了房产证且业主均已入住多年后,因业主迟迟无法办理土地使用权证引发信访问题后,国土部门才启动土地验收程序,就调整合同约定的容积率启动补缴土地出让金程序的情形。在案件审理过程中,就调整合同约定的容积率需要评估确认应当补缴的土地出让金,在评估过程中,需要确认评估基准日,双方就评估基准日如何确认产生了实质争议,开发商认为应当按照规划部门批准调整容积率的时间作为评估基准日,国土部门认为应当按照启动验收程序委托评估时间作为评估基准日。本裁判书的写作重点也是围绕评估基准日的选取问题进行的详细法理分析,这部分也是本裁判文书的主要亮点。通过对2006年、2010年和2013年3个调整容积率如何补缴土地出让金的规范性文件的法律适用问题进行详细论述,就解决类似房地产开发项目提供了统一的裁判尺度和标准,即处理历史遗留问题时,本着尊重历史,照顾现实的原则,行政机关作出行政行为时应当遵循比例原则,行政机关在职权范围内行使自由裁量权时,应在衡量公益与私益的基础上选择对相对人侵害最小的适当方式进行。在原国土资源部2006年和2010年明确规定应当按照批准调整时的土地市场楼面地价核定应补缴的土地出让价款的前提下,适用依法批准调整日期作为地价评估基准日,更加有利于在兼顾公益与私益的基础上最大限度不损害开发商的正当合法权益。文书通过这一法理来论证国土部门选择基准日不当,从而推翻作出补缴决定主要依据的评估报告的合法性。最后文书就被诉行政行为的程序是否合法展开叙述,指出其在作出损益性行政行为时未履行告知和听取陈述和申辩的义务,导致程序违法,最终法院依法作出撤销被诉行政行为的判决。

(宋志彪,湖北省十堰市中级人民法院法官)

三、专家评析

这是一份非常优秀的行政裁判文书。

其优胜之处,首先在于在案件的实质裁判上判得明白,并且对同类案件的裁判具有启示意义。"判得明白"在证据审查、事实认定上均有体现,在说理部分尤其突出。该裁判文书说理部分准确归纳了案件的争议焦点,对每一个争议焦点进行了全面的法理分析,围绕被诉行政行为的合法性和双方的诉辩观点,逐一回应和论述。特别是针对调整容积率如何补缴土地出让金这一历史遗留问题,因政策性强,如何选择适用规范性文件双方分歧很大,判决说理就如何处理历史遗留问题和如何适用法律进行了详细的法理分析,最终作出公正判决,颇具类案裁判参考价值。

其优胜之处,亦源于在文书之形式与表述上写得明白。

该裁判文书格式严格按照一审行政判决的写作规范进行创作,逻辑清晰,层次分明,结构严谨。文书全面列述诉辩双方的主张,全面反映了当事人举证、质证和法院认证的过程。在证据层面,列举证据全面准确,充分反映质证过程,详细阐述认证理由。在事实层面,根据证据认定的事实客观全面,按照事件发生发展的时间顺序全面叙述了案件发生的背景、起因、经过、结果,让人看得明白,达到了案件事实清楚,证据扎实有力的目的。在说理层面,其全面、准确、逻辑严谨之优点,已详上述。这样一份裁判文书,自然能让当事人输赢因果清清楚楚,而且让所有人看得明明白白。

(点评人:李运华,武汉大学教授)

(2017)鄂 03 行初 43 号裁判文书原文

第七章 行政复议

14. 夏某某和山东省威海市人民政府行政复议案[*]

【关键词】

行政复议 行政赔偿 行政诉讼 不告不理

【裁判要旨】

若行政复议机关对被申请复议的行政行为的处理,和对一并提出的行政赔偿请求的处理,载于同一行政复议决定中,彼此可分,公民、法人或其他组织仅就行政复议决定中有关行政赔偿请求的处理提出起诉,则人民法院应遵循"不告不理"原则,不就行政复议决定中有关行政行为的处理进行审理和裁判。

一、简要案情

2003年2月8日,夏某某与盘川夼村某村民签订土地转包合同,约定该村民将50亩承包地转包给夏某某经营林木。2013年,桥头镇政府修建7号公路占用夏某某在盘川夼村的承包地。2014年,桥头镇政府修建金鸡大道占用姚家圈村部分集体土地。

2014年10月30日,夏某某申请行政复议,称桥头镇政府修建7号公路和金鸡大道分别占用其在盘川夼村、姚家圈村承包地并毁掉其栽种的树木,请求确认该镇政府占用其土地的行为违法,责令桥头镇政府限期将违法占用的土地恢复原状,并赔偿因违法占用土地给其造成的财产损失1 701 999元。2015年2月6日,威海市政府作出威政复决字〔2014〕第81号《行政复议决定书》(以下简称81号复议决定)。威海市政府认为:(1)夏某某是盘川夼

---

[*] (2018)最高法行再128号。

村涉案土地的合法承包人，具有合法的土地承包经营权。夏某某以女儿的名义承包姚家圈村的土地，但实际上由其经营管理。故夏某某因涉案承包土地被占用，具有提出行政复议申请的主体资格。（2）桥头镇政府占用盘川夼村和姚家圈村的集体土地进行道路建设，威海市国土资源局经济技术开发区分局对桥头镇政府作出了行政处罚决定，确认属未经批准非法占用土地，该行政处罚决定已经生效。故对夏某某关于桥头镇政府修建道路未办理用地手续，属于违法用地的主张，予以支持。（3）根据夏某某提交的户口簿、土地承包合同书、现场照片及证人证言等证据材料，无法确认其被损坏果树的棵数、种类、大小等具体情况，从而无法确认其是否受到具体行政行为侵害及受到侵害而遭受损失的具体数额，夏某某应承担法律上的不利后果。故对夏某某要求行政赔偿的复议请求，不予支持。根据《行政复议法》第28条第1款第3项、《行政复议法实施条例》第48条第1款第2项之规定，决定确认桥头镇政府的行为违法；驳回夏某某要求行政赔偿的请求。

夏某某不服81号复议决定，向山东省威海市中级人民法院提起行政诉讼，请求撤销该复议决定的第2项复议决定，判令威海市政府限期对其请求责令桥头镇政府恢复土地原状及赔偿损失部分重新审查，重新作出复议决定。威海市中级人民法院认为，桥头镇政府认可其修建7号公路占用夏某某从盘川夼村村民转包的承包地，故夏某某对桥头镇政府修建7号公路占用土地的行为有权申请行政复议。但综合夏某某、桥头镇政府在行政复议程序中提交的证据，威海市政府认定夏某某对桥头镇政府修建金鸡大道占用土地行为具有行政复议申请人资格证据不足，81号复议决定依法应予撤销。据此依照《行政诉讼法》第70条第1项之规定，作出（2015）威行初字第3号行政判决，撤销威海市政府作出的81号复议决定；责令威海市政府重新作出行政复议决定。

夏某某和威海市政府均不服，提起上诉。山东省高级人民法院认为，针对桥头镇政府修建7号公路占用夏某某承包土地的事实，桥头镇政府事实上予以认可，故夏某某针对桥头镇政府修建7号公路占用其承包地提起行政复议，具有行政复议申请人资格。人民法院审理行政机关作出的行政复议决定是否合法正确应当进行全面审查，包括申请人复议资格、复议程序、复议决定的事实认定及结果。综合分析当事人提供的证据，一审法院认为威海市政府认定夏某某对桥头镇政府修建金鸡大道占用夏某某土地行为具有行政复议申请人资格证据不足，并无不当。一审法院判决撤销威海市政府作出的81号复议决定,并责令威海市政府重新作出行政复议决定,事实清楚,程序合法。据此依照《行政诉讼法》第89条第1款第1项之规定,判决驳回上诉,维持一审判决。

夏某某仍不服,申请再审。最高人民法院认为,复议机关对被申请复议的行政行为的处理和对一并提出的行政赔偿请求的处理虽可载明于同一行政复议决定中,但彼此可分,因为这两种处理引起的诉讼相互独立。按照"不告不理"原则,当事人仅起诉其中之一时,人民法院不宜主动审理另外一个。在夏某某只对81号复议决定中有关行政赔偿请求的处理提出起诉的情况下,一审法院对该复议决定中有关行政行为的处理进行审查,撤销该复议决定,有违不告不理原则,超出法定审理范围。且一审法院对本案的处理,使再审申请人行使诉权的结果比不行使诉权更加不利。二审法院以全面审查原则为据,判决理由显有不当。一、二审判决均构成适用法律错误,依法应予撤销。在撤销一、二审判决之后,本案应回到夏某某提起本案诉讼时的状态。夏某某提出的起诉,要求判令威海市政府通过行政复议解决桥头镇政府的行政赔偿责任,不符合法定起诉条件,应予驳回。夏某某可在另案起诉桥头镇政府的诉讼中,解决该镇政府的行政赔偿责任。

本案的争议焦点为:一、二审法院对本案的审理是否超出法定审理范围。

二、撰写心得

实质解决行政争议是《行政诉讼法》的立法宗旨。行政案件的裁判应当忠实地以此立法宗旨为依归。裁判文书是裁判结果的法定载体,应当清晰准确地载明裁判结果,并逻辑严谨地论述裁判理由。本案主要涉及三个方面的问题。

(一)81号复议决定两项内容之间的关系

从一、二审法院对本案争议的审理及夏某某向最高人民法院所提再审主张情况看,一审法院所作判决是否超出夏某某的诉讼请求是本案争议的首要问题。此问题的正确处理将决定如何恰当回应夏某某的根本诉求。夏某某所提第1项复议请求是确认桥头镇政府占用其土地修建7号公路和金鸡大道的行为违法,第2项复议请求是责令桥头镇政府限期将违法占用的土地恢复原状,第3项复议请求是责令桥头镇政府赔偿因违法占用其土地给其造成的财产损失。依照《国家赔偿法》第32条"国家赔偿以支付赔偿金为主要方式。能够返还财产或者恢复原状的,予以返还财产或者恢复原状"的规定,恢复原状和支付赔偿金均是赔偿义务机关承担赔偿责任的方式。故夏某某所提复议请求可归为两类：一是针对具体行政行为提出的复议请求；二是行政赔偿请求。夏某某认为桥头镇政府修建7号公路和金鸡大道占用其土地的具体行政行为违法，在对该行为申请行政复议时一并提出行政赔偿请求符合《行政复议法》第29条第1款和《国家赔偿法》第9条第2款关于在申请行政复议时可以一并提出行政赔偿请求的规定。夏某某所提行政赔偿请求系一并提出，此即意味着其针对第三人修路占地行为提出的复议请求与针对桥头镇政府提出的行政赔偿请求系两种性质不同、相互独立的复议请求，并非与针对桥头镇政府修路占地行为的合法性提出的复议请求性质类似、具有关联关系。相应地，尽管威海市政府形式上仅作出一个复议决定，即81号复议决定，但实质上却是针对夏某某所提两种不同性质的复议请求作出的复议决定：确认桥头镇政府占地修建7号公路和金鸡大道的行为违法；驳回夏某某要求行政赔偿的请求。鉴于此，威海市政府作为复议机关，对被申请复议的行政行为的处理和对一并提出的行政赔偿请求的处理虽载明于同一个行政复议决定中，但彼此可分，相互独立。无论是该复议决定的理由，还是该复议决定的主文，均应一分为二。

（二）"不告不理"原则和全面审查原则的关系

"不告不理"原则是现代各国诉讼法普遍确立或实际执行的一项重要审判原则。通常认为，该项原则，是指对于没有起诉的事项，法院不能进行审判。具体包括两层含义：一是没有原告的起诉，法院的审判程序不得启动；二是原告起诉的范围决定了法院审理和裁判的范围，法院不得对原告未提出诉讼请求的事项进行审理和裁判。法院实行不告不理，是由司法权的中立性、被动性、裁判性特质决定的。[①]《行政诉讼法》虽然没有明确规定该项原则，但从1989年《行政诉讼法》第2条、第11条第1款、第41条第3项、第42条等条款及《最高人民法院关于执行〈中华人民共和国行政诉讼法〉若干问题的解释》第56条等[②]条款看，行政诉讼程序的启动也是依赖于公民、法人或

[①] 全国人大常委会法制工作委员会行政法室编著：《中华人民共和国行政诉讼法解读》，中国法制出版社2014年版，第232页。

[②] 一审法院即山东省威海市中级人民法院于2015年3月19日受理本案，故应适用1989年《中华人民共和国行政诉讼法》。修正之后以上法条对应2017年《行政诉讼法》第2条第1款、第12条第1款、第49条第3项、第51条及第52条等条款及《最高人民法院关于适用〈中华人民共和国行政诉讼法〉的解释》第69条等条款也体现了"不告不理"原则。

其他组织的起诉，人民法院的审判也是围绕被诉行政行为进行，故可以合理地作出推论，该项原则亦是我国行政诉讼的一项基本原则。再反过来看，从"不告不理"原则出发，可以更为透彻地理解我国行政诉讼起诉和审判的相关制度设置。对本案而言，其意义就在于人民法院的法定审理范围是由公民、法人或其他组织的起诉对象所决定的，起诉对象构成行政诉讼的诉讼标的，诉讼标的又决定了人民法院审理和裁判的范围。

全面审查原则长期以来被奉为行政审判的基本原则，对行政审判发挥着统领作用。① 通常认为，该项原则是指人民法院应当对作出被诉行政行为的事实根据、法律依据、行政程序、职责权限以及是否符合立法目的、是否明显不当等进行全面审查，不受公民、法人或其他组织所提诉讼请求和理由的拘束。此原则来源于1989年《行政诉讼法》第5条②明确规定的合法性审查原则。其原因是，既然法院要对行政行为进行合法性审查，那么决定行政行为是否合法的上述多个方面都要进行审查。对上述多个方面进行审查的结果便是全面审查。如此看来，全面审查原则的贯彻系围绕被诉行政行为进行，而非漫无边际地全面审查。

行政诉讼的审查对象是行政行为，"不告不理"原则和全面审查原则并不冲突。对行政行为的审查要以公民、法人或其他组织的起诉为前提，被诉行政行为决定了审判的范围。全面审查是对被诉行政行为进行全面审查，不能超出被诉行政行为进行全面审查。本案中，夏某某提出起诉的是81号复议决定中对其行政赔偿请求处理的部分，对该复议决定中对行政行为处理的部分并未提出起诉。无诉则无判。夏某某对81号复议决定中对行政赔偿请求处理的部分提出起诉，此即为人民法院的法定审理范围；夏某某未对81号复议决定中对行政行为处理的部分提出起诉，人民法院便不能对之进行审查，无适用全面审查原则的空间。一、二审法院以该原则为据，对81号复议决定中对行政行为处理的部分进行审查，构成适用法律错误。

（三）对81号复议决定关于行政赔偿请求的处理不服的恰当救济途径

夏某某在对桥头镇政府占地行为申请行政复议时提出行政赔偿请求系依照《行政复议法》第29条第1款③和《国家赔偿法》第9条第2款的规定一

---

① 我国《行政诉讼法》没有将该项原则作为一项基本原则加以规定，只是在2014年修正《行政诉讼法》时，将该项原则作为二审审查的原则，即"人民法院审理上诉案件，应当对原审人民法院的判决、裁定和被诉行政行为进行全面审查"。
② 对应《行政诉讼法》（2017年修正）第6条。
③ 对应《行政复议法》（2017年修正）第29条第1款。

并提出。既然为一并提出，则与其对行政行为提出的诉讼请求不同，构成另一种独立的诉讼请求。我国行政复议制度和行政诉讼制度之所以能够衔接，根本原因在于审查对象相同，即都是审查直接影响公民、法人或其他组织权利义务的行政行为。此种行政行为不包括行政复议机关对行政赔偿请求作出的处理决定。依照《国家赔偿法》第9条第1款及《最高人民法院关于审理行政赔偿案件若干问题的规定》第4条、第21条等条款的规定，获得行政赔偿的法定诉讼方式是直接起诉赔偿义务机关，通常不包括起诉行政复议机关，即不包括要求人民法院判决行政复议机关就赔偿义务机关的行政赔偿问题作出处理或重新处理。对于夏某某而言，在81号复议决定已经确认桥头镇政府占地行为违法的情况下，应当就行政赔偿责任问题直接起诉桥头镇政府，而非起诉作为行政复议机关的威海市政府。事实上，夏某某确已另案起诉桥头镇政府，要求判令该镇政府承担行政赔偿责任，且该案正在审理中，故夏某某可在该案中实质解决其与桥头镇政府之间的行政赔偿争议。

行政诉讼程序需因公民、法人或其他组织认为其人身权、财产权等实体合法权益受到侵犯而启动。行政诉讼程序的开展亦应服务于实体合法权益的保障，避免形成虚耗资源的循环诉讼。本案中，夏某某的实体合法权益是其林木受损害而依法应得的赔偿权益，赔偿义务机关是桥头镇政府。在查明夏某某已另案起诉桥头镇政府之后，将其对本案的起诉予以驳回，为其在正确的诉讼渠道上实质解决争议清除障碍。

（李纬华，最高人民法院法官）

三、专家评析

本篇文书体例格式规范，语言流畅，事实认定全面清晰，法律适用正确，分析论证透彻，逻辑严谨，裁判主文准确，确实是一篇优秀的裁判文书。具体而言，本篇文书有如下突出特点：一是审和判相得益彰。审理是裁判的基础，也是撰写裁判文书的基础。优秀的裁判文书来源于依法审理和依法裁判。脱离依法审理和依法裁判的文书是空洞无物的语句词汇堆砌。本案争议的核心问题是，不服行政复议机关对一并提出的行政赔偿请求的处理决定，如何依法救济。夏某某对威海市政府不支持其对桥头镇政府一并提出的行政赔偿请求不服，起诉后却被判决其对桥头镇政府的一个占地行为不具有行政复议资格。此种判决结果比其起诉前更为不利。本案的审理抓住了这个核心问题，进行分析论证，指出了恰当的救济途径，顺理成章地作出裁判。二是语言平实简练。裁判权是《宪法》、法律赋予人民法院的审判职权,代表国家对争议作出的具有法律约束力的决定。以事实为根据、以法律为准绳是人民法院审判的基本原则。裁判文书是人民法院代表国家作出的正式公文。这就要求用语规范平实,实事求是,言简意赅,不渲染粉饰,力戒情感抒发。本篇文书达到了这种要求。三是文书结构紧凑。文书整体上分为事实查明,一、二审裁判及理由,再审诉辩情况,再审查明事实,再审裁判及理由等五个部分,遵循文书制作规范,符合争议发生、发展及裁判处理的叙事脉络,根据案情需要,合理规划段落,布局匀称,不冗长芜杂。例如,在再审查明事实部分,对一、二审法院查明事实的确认,简洁表述;对夏某某和威海市政府提交的与本案裁判无关的证据,直接表述为"在本案中不予采纳";对与本案裁判有关的证据,则予以较为详细的叙述。该略则略,当详则详,详略得当。四是裁判论理严谨。在裁判论理部分,首先摆明解决本案争议的核心问题,即一、二审法院对本案的审理是否超出了法定审理范围。通过深入分析论证81号复议决定对行政行为的处理和对一并提出的行政赔偿请求的处理两项内容之间的关系,"不告不理"原则和全面审查原则的关系,得出一、二审法院对本案的审理超出了法定审理范围的裁判结论,呼应了所提出的问题,为本案裁判奠定基础。为实质解决本案行政争议,裁判论理并不止步于此,而是结合夏某某已对桥头镇政府另案提起诉讼的事实,进一步指出对81号复议决定关于行政赔偿请求的处理不服的恰当救济途径,为夏某某和桥头镇政府之间行政争议的实质解决指明了方向。论理逻辑清晰,易读易懂,裁判结论让人信服。

(点评人:梁凤云,最高人民法院行政审判庭副庭长)

(2018)最高法行再128号裁判文书原文

第八章　行政协议

15. 赵某1、赵某2和赵某3、织金县人民政府、织金县城市建设投资(集团)有限公司房屋行政协议案*

【关键词】

行政协议　撤销　妇女权益保障　新旧法律衔接

【裁判要旨】

1. 行政协议作为行政机关行使行政管理职权的替代方式，行政性是第一属性，人民法院对行政协议进行司法审查时应当适用行政法律规范。织金县政府未能提供证据证明其已查明涉案土地权属情况下即签订补偿协议，主要证据不足，应予撤销。

2. 行政协议具有双重属性，应根据争议性质确定起诉期限、除斥期间规则适用。本案系适用《行政诉讼法》予以撤销之规定，未适用《合同法》（已废止，下同）的撤销条款，故不宜适用除斥期间之规定限制一般违法行政协议撤销权的行使。

一、简要案情

赵某3系织金县双堰街道太平社区沙滩组村民，赵某1、赵某2系其兄弟。1980年第一轮土地承包到户时，赵某3等家庭成员以赵某4为户主向原织金县城关镇四方村承包了包含烟登坡在内的土地。之后，家庭成员对承包地进行分配，将烟登坡分配给赵某3承包管理。2015年4月15日，原织金县城市政投资公司［现为织金县城市建设投资（集团）有限公司，以下简称顺

---

* （2019）黔行终1803号。

达公司]与赵某2就烟登坡签订了《金南路房屋拆迁安置协议》，实际签约人为赵某1。2015年5月14日，赵某3在得知被诉协议后，向顺达公司出具《郑重声明》，声明该公司与赵某2签订的协议所涉二地属于赵某3个人管理使用，该协议不具备法律效力。2018年9月1日、2018年10月20日，赵某3分别就被诉协议提起确认无效之诉，人民法院均以该案不属于民事诉讼范围为由裁定驳回起诉。2019年3月5日，赵某3向人民法院提起行政诉讼，请求撤销前述《金南路房屋拆迁安置协议》。

一审法院经审理后判决：撤销《金南路房屋拆迁安置协议》。

赵某1、赵某2不服一审判决，提起上诉，请求撤销一审判决，依法改判或发回重审。

二审法院认为，本案的争议焦点如下。

第一，赵某3是否具有诉讼主体资格。烟登坡系第一轮承包时赵某4户家庭承包地，赵某3系家庭成员，且赵某1、赵某2、陈某（赵某1、赵某2、赵某3母亲）均认可烟登坡承包地经家庭内部分配至赵某3名下，赵某3与涉案土地有利害关系。根据《妇女权益保障法》第33条及《农村土地承包法》第6条、第31条规定的精神，结婚出嫁并非已婚妇女丧失其原先所在农村集体经济组织成员资格的法定条件。基于充分保障妇女合法权益，实行男女平等的基本国策，在赵某3外嫁外地并未分配到土地承包经营权的情形下，其在娘家因家庭内部分配获得的承包经营权不应被剥夺。根据《最高人民法院关于审理行政协议案件若干问题的规定》（以下简称《行政协议规定》）第5条第3项的规定，赵某3具有原告主体资格。

第二，赵某3起诉是否超过起诉期限。根据《最高人民法院关于适用〈中华人民共和国行政诉讼法〉的解释》第64条第1款之规定，赵某3知晓被诉协议系织金县政府委托签订的最早时间可追溯到其收到织金县人民法院作出的（2018）黔0524民初3982号民事裁定书时。本案起诉期限即便从上述案件立案时间2018年9月3日起算，亦未超过1年起诉期限。

第三，被诉协议是否应予撤销以及是否适用除斥期间。织金县政府作为集体土地征收与补偿工作的法定主体，有权代表国家组织实施土地征收，也负有对被征收土地面积、权属等情况组织调查核实，以确保被征收人通过签订协议或者以补偿决定等方式取得公平补偿的义务。涉案土地已经家庭内部分配至赵某3名下，且赵某3户籍仍在沙滩组，织金县政府未能提供证据证明其在查明涉案土地权属情况下签订被诉协议,主要证据不足,一审法院以《行政诉讼法》第 70 条第 1 项之规定,判决撤销被诉协议,并无不当。

另,行政协议既有合同性的一面,又有行政性的一面,应具体根据争议的性质来确定起诉期限、诉讼时效、除斥期间规则的适用。本案适用的是《行政诉讼法》作出行政行为主要证据不足予以撤销的规定,未适用《合同法》第 54 条①撤销条款,故不适用有关除斥期间之规定,上诉人认为本案超过除斥期间之理由,不予采纳。

关于上诉人提出被诉协议签订于 2015 年 5 月 1 日以前,不属于行政协议,不应当纳入行政诉讼受案范围的问题。二审法院认为,一般而言,对于 2015 年 5 月 1 日之前签订的行政协议,按照当时的法律法规处理。但对于 2015 年 5 月 1 日前形成的土地、房屋征收补偿协议,一般是行政机关履行补偿法定职责的方式,应当属于行政行为。且被诉协议经过(2018)黔 0524 民初 3982 号、4651 号民事裁定均认为"不属于人民法院受理民事诉讼的范围",参照《关于审理行政案件适用法律规范问题的座谈会纪要》第 3 条"在存在新旧法律衔接问题的情况下,人民法院审查具体行政行为的合法性时,实体问题适用旧法规定,程序问题适用新法规定,但下列情形除外:……(二)适用新法对保护行政相对人的合法权益更为有利的;……"之规定的精神,为充分保护当事人诉权,应予以受理。

二、撰写心得

本案的审理时间恰在《行政协议规定》施行之初,一方面,司法解释对行政协议相关问题作了明确规定,为行政协议案件的审理提供了方向和指引;另一方面,新的司法解释出台,亦为司法实践带来了更多法律适用上的交叉与挑战,理解与适用仍需要通过大量审判实践提炼问题,分析研判。故本案的审理对厘清行政协议相关问题具有重要意义。

案件审理中,承办法官通过案例分析和比较研究的方法对案件涉及的行政协议撤销问题进行了整理和归纳。一是通过北大法宝、裁判文书网案例筛选功能,对行政协议撤销之诉典型案件进行筛选、梳理、总结、分析,从案

---

① 该条已被《民法典》删除。

例中梳理问题与解决路径;二是查阅了行政协议规定较为完备的德国、日本、我国台湾地区关于行政协议撤销的规定和处理模式,从中汲取有益养分,以资借鉴。

在确认案件基本事实及诉讼请求的基础上,承办法官分析归纳了案件的主要争议焦点,针对各个焦点问题逐一击破,对其中涉及的法律适用、妇女权益保障及利益平衡作了详细研判。

第一,核心问题是行政协议撤销是否可以同时适用民事规范意思表示不真实及《行政诉讼法》一般违法撤销之规定,虽然《行政协议规定》第14条将意思表示不真实适用于行政协议的可撤销判断,但行政协议撤销之诉的司法审查是否可以完全适用民事规范中意思表示不真实的合同可撤销规定,审判实践中存在争议。且该条规定并未言明行政协议可撤销审查是否适用《行政诉讼法》第70条关于一般违法行政行为撤销的规定。该条款虽用了"等"字周延,但运用法律解释,此处周延亦难以得出原告有权依据《行政诉讼法》第70条之规定请求撤销行政协议的结论。司法实践中对此亦存在不同认识。承办法官在前述案例及比较法分析的基础上,从行政协议严守原则与行政行为存续力两个方面入手,对行政协议可撤销事由援用民事法律规范规则以及行政协议一般违法可撤销制度之适用作了研判,明确行政协议的司法审查应首先适用行政诉讼法律规范,再行援用民事法律规范。

第二,案件的处理涉及妇女权益保障问题。本案一审原告赵某3系"外嫁女",涉案土地第一轮承包时,赵某3系家庭成员之一,且其余家庭成员均认可涉案承包地经家庭内部分配至赵某3名下。根据《妇女权益保障法》第33条及《农村土地承包法》第6条、第31条规定的精神,结婚出嫁并非已婚妇女丧失其原先所在农村集体经济组织成员资格的法定条件。承办法官基于充分保障妇女合法权益,实行男女平等的基本国策,在赵某3外嫁外地并未分配到土地承包经营权的情形下,认为其在娘家因家庭内部分配获得的承包经营权不应被剥夺,进而认可了赵某3本案的诉讼主体资格。

第三,行政协议一般违法撤销的利益平衡问题。现行司法实践中,对一般违法行政协议之撤销确实存在不同的认识和处理方式。本案中,第三方赵某3以协议签订主要证据不足为由起诉撤销协议,部分观点认为鉴于协议严守原则和行政行为存续力,不宜在行政诉讼中直接判决撤销行政协议,当事人可通过民事诉讼主张权利;部分观点认为基于行政机关行政管理职能的便利性，其有条件并且应当在协议签订前查明相关情况，行政机关未能查明必要情况即签订协议，属于证据不足作出行政行为，应予撤销。承办法官倾向于第二种观点：一是通过民事途径主张权利可能存在诸多障碍，致使当事人权益保护悬空；二是即便当事人可以通过民事诉讼主张权利，人民法院亦不应以此为由剥夺其通过行政诉讼主张权利的途径，以便尽快解决行政争议；三是如剥夺当事人行政诉讼权利，即意味着剥夺了当事人对诸如行政补偿方式、标准等行政行为异议的权利。只是鉴于协议严守原则与行政行为存续力的双重加持，在给予行政相对人对行政协议一般违法之撤销的救济途径时，应当采取"利益衡量标准"，动态性、系统性地把握行政协议的双重属性，同时考虑行政机关、协议相对人与协议第三人三方主体，兼顾行政机关违法程度与相对方的恶意，衡平国家利益、社会公共利益和私人合法权益，以此判断具体的行政协议是否可撤销。

（黄瑶，贵州省高级人民法院法官）

三、专家评析

本案因行政协议的双重属性和案件办理时新旧法律适用的特殊背景，以及法律关系中涉及"外嫁女"权益保障等，交织着法律适用、关系梳理、救济方式选择和裁判利益平衡等复杂问题。

（一）关于行政协议纠纷救济路径的选择问题

从当事人的诉讼请求和诉讼对象来看，本案因案涉协议签订于2015年5月1日前，依据《行政协议规定》第28条第2款"2015年5月1日前订立的行政协议发生纠纷的，适用当时的法律、行政法规及司法解释"之规定，涉及民事救济途径或行政救济途径的选择问题。若按照该条款文义解释，因行政协议明确纳入行政诉讼受案范围始于2015年5月1日，按照2015年5月1日前适用的法律、行政法规及司法解释，房屋拆迁安置协议不属于行政诉讼受案范围，因此产生的纠纷和矛盾应当寻求民事救济途径。本案在充分尊重和肯定司法解释中关于行政协议纠纷救济路径规定的基础上，从案涉协议签订的法律基础为征收补偿法律关系的实质出发，认定该协议应为行政补偿行为的转化，并结合当事人已经寻求了民事救济路径且未获得相应法律保护的客观实际，依循有利于行政相对人原则，回归立法本意，充分保障了当事人的救济路径选择权，展现了法院的担当。

（二）关于行政协议诉讼的原告主体资格问题

本案为行政协议外的第三人提起的撤销协议诉讼，对于协议外的第三人是否具有原告主体资格往往成为争议焦点之一。有观点认为，行政协议属于订立协议各方意思表示的载体，应尊重和保障其契约属性，因此，协议外的第三人因其并非协议的各方当事人，不得对协议行使撤销权；也有观点认为，行政协议除其契约性外，更应当关注其行政性，尤其是行政行为转化形式的行政协议，在此情况下，与该协议具有利害关系的公民、法人或者其他组织，无论其是否为协议中的当事人，均可就其因协议侵害的合法权益而提起撤销之诉。本案基于原告家庭内部权益分配的基础事实，结合其虽为"外嫁女"，但并未在外嫁地实际取得承包经营权的客观情况，从充分保障妇女合法权益，实行男女平等的基本国策出发，认可了原告的诉讼主体资格，呈现了法院的人文关怀。

（三）关于行政协议司法审查的法律适用问题

因自带契约性和行政性的双重基因，行政协议司法审查中的法律适用问题一直是司法实务中的疑难点，契约属性对应的是民事法律法规，而行政属性又对应着行政法律法规，更多的时候，两种属性互相交织，难免出现法律适用中民事和行政"来回横跳"的特殊情况。《行政协议规定》出台后，法律适用问题得到了一定的解答，即法律适用中存在优先性，需优先适用行政法律法规。但对于矛盾交叉或竞合情形下法律适用问题仍然是难点。一般而言，对于行政协议撤销之诉，法律适用中不可避免涉及《行政诉讼法》第70条和《合同法》第54条①的适用选择问题。本案根据争议的性质，聚焦于行政属性，选择适用了行政法律法规。同时，在最终裁判的选择上，基于行政协议稳定性与当事人权利保障的动态性、系统性利益衡量，在兼顾行政机关违法程度与相对方的恶意，衡平国家利益、社会公共利益和私人合法权益的基础上，依法裁判，体现了法院的权威。

纵观全案，事实脉络查证清楚，法律关系梳理清晰，说理层次分明，裁判得当。但结合案件背景，撤销被诉的房屋拆迁安置补偿协议应并非原告最本质的诉讼目的，仅撤销被诉协议也仍无法实质性解决案涉的行政补偿纠纷和矛盾。因此，对于此类纠纷，建议裁判能在充分尊重当事人诉讼

---

① 该条已被《民法典》删除。

请求的基础上,回归纠纷实质解决目的,进一步就被诉行政机关对案涉矛盾应当作出何种行政行为或履行何种法定职责等一并附带予以评述和裁判。

(点评人:王霞,贵州省高级人民法院副院长、二级高级法官)

(2019)黔行终 1803 号裁判文书原文

16. 武汉祥盛地产集团有限公司和武汉市新洲区人民政府、武汉市新洲区自然资源和规划局、武汉市新洲区土地储备中心土地行政协议案*

【关键词】

行政协议　适格被告　履行　补救措施

【裁判要旨】

行政机关指令其下属机构签订行政协议，但协议约定义务应由该行政机关履行的，由此引发的行政协议诉讼中，该行政机关是适格被告。签订行政协议后，行政机关应当遵循诚信原则的要求及时履行协议义务。其如若没有履行协议义务，协议相对人为促使行政机关履行而实施相关行为，应当界定为履行行为。协议相对人实施了履行行为后，如果因客观原因导致协议被解除或不能继续履行的，依据《合同法》第97条②的规定，行政机关应当承担采取补救措施或赔偿的法律责任。

一、简要案情

2008年1月，武汉市新洲区国土资源局（以下简称区国土局）向社会公开发布P（2008）004号地块的建设用地使用权挂牌文件，净用地面积为553亩。武汉祥盛地产集团有限公司（以下简称祥盛公司）按要求办理了竞买手续，并于2008年1月25日竞得P（2008）004号地块的国有建设用地使用权，同日签订了《成交确认书》。2010年1月11日，新洲区土地储备中心（以下简称区土储中心）与祥盛公司签订《储备土地开发补偿协议书》（以下简称《开发补偿协议》）。该协议第5条约定，该地块内有一处原属隆华生物

---

* （2018）鄂行终964号。

② 对应《民法典》第566条第1款。

公司的土地，其地上仍有建（构）筑物，拆迁安置补偿由区政府负责；第10条约定，因该宗地中包括村民拆迁还建土地等，经区政府、区国土局协商同意，另还同等区位价值地段净用地面积约203.54亩的土地给祥盛公司，还地后再按该地块的净用地面积亩平价结算。次日，祥盛公司与区国土局签订《国有建设用地使用权出让合同》（以下简称《出让合同》），实际出让净用地面积349.5亩，祥盛公司缴纳出让金29 956.2437万元。《出让合同》不含《开发补偿协议》第5条及第10条涉及的地块。2011年7月1日至2012年11月13日，区政府陆续向祥盛公司颁发了《出让合同》项下出让地块的《国有土地使用证》。

区政府、区国土局未对隆华生物公司地块进行拆迁安置补偿。2012年9月5日，为执行另案判决，该宗地的国有建设用地使用权及地上建筑物所有权由武汉市武昌区人民法院委托拍卖，编号为F（2012）228号。2012年10月18日，祥盛公司以1083.06万元的价格竞得该宗地的土地使用权及地上建筑物所有权，并陆续办理了《房屋所有权证》和《国有土地使用证》，其中《国有土地使用证》载明地类（用途）为工业用地。

2015年6月4日，祥盛公司以其实际取得使用权的土地中有69 641.2平方米因规划调整被纳入基本生态控制线，P（2008）004号地块剩余面积不能实现合同目的为由，申请解除《开发补偿协议》《出让合同》，并按当时的市场价退款。区国土局于2015年12月10日回复称，经区规划委员会、土地资产经营委员会同意，整体收回该宗土地使用权，并按出让金、税费、利息合计31 247.15万元有偿收回该地块，解除《出让合同》，注销相关土地使用证。祥盛公司对该回复中的补偿金额不服，与区国土局签订《仲裁协议》并向武汉仲裁委员会提交仲裁申请。武汉仲裁委员会受理后，于2016年1月26日作出（2015）武仲裁字第0001394-1号《裁决书》，确认双方就解除《出让合同》已达成合议，并作出部分裁决，由区国土局向祥盛公司返还出让金1.5亿元。2016年10月11日，祥盛公司与区国土局经调解签订《调解协议》，武汉仲裁委员会作出（2016）武仲调字第0001394号《调解书》，确认区国土局整体收回P（2008）004号地块土地使用权，但未明确对原属隆华生物的F（2012）228号地块如何处理。

祥盛公司于2016年11月24日向区政府提交《申请报告》，请求区政府履行《开发补偿协议》第10条关于补还土地的约定，并将F（2012）228号地块的土地用途由工业用地变更为商服住宅用地。区政府将该报告批转区国土局，该局于 2017 年 7 月 10 日作出回复称，因《出让协议》已经解除，故不再继续履行《开发补偿协议》，但未对祥盛公司关于 F（2012）228 号地块的诉求作出说明或处理。祥盛公司对该回复不服，提起本案行政诉讼，请求确认区政府、区国土局、区土储中心不履行《开发补偿协议》第 10 条约定的行政行为违法，判决区政府、区国土局、区土储中心继续履行《开发补偿协议》第 10 条约定的义务，判决区政府、区国土局、区土储中心对不履行《开发补偿协议》的行为采取补救措施。

另，区政府整体收回 P（2008）004 号地块后，于 2018 年 9 月 29 日将其中大部分重新挂牌出让。祥盛公司此前竞得的 F（2012）228 号地块不在该范围内，但在经调整后的土地利用总体规划中该地块的规划用途为商服住宅用地。

一审法院经审理认为，本案作为行政协议争议，属于人民法院行政诉讼受案范围。区土储中心无权实施土地出让等行为，其与祥盛公司签订《开发补偿协议》的行为应视为区政府、区国土局委托，故区政府、区国土局为本案适格被告。祥盛公司与区国土局就《出让合同》《开发补偿协议》的履行争议经仲裁裁决认定，双方对于解除《出让合同》的意思表示已达成一致，但未对《开发补偿协议》作出处理，故不能产生《开发补偿协议》同时解除的法律后果。区政府、区国土局未履行《开发补偿协议》第 10 条约定的义务，违反了《合同法》第 8 条①的规定，依照《行政诉讼法》第 74 条第 1 款第 1 项、第 78 条，《最高人民法院关于适用〈中华人民共和国行政诉讼法〉若干问题的解释》（已废止）第 15 条的规定，判决责令区政府、区国土局继续履行《开发补偿协议》第 10 条的约定，驳回祥盛公司的其他诉讼请求。

二审法院经审理认为，祥盛公司与区国土局经仲裁调解后，实际已达成解除《开发补偿协议》的合意，因此祥盛公司诉请继续履行该协议缺乏事实根据和合同依据。但在《开发补偿协议》效力存续期间，祥盛公司为促使区政府、区国土局履行协议而实施了竞购 F（2012）228 号地块的行为，该行为应视为祥盛公司的履行行为。在解除协议的情况下，依据《合同法》第 97 条②之规定，祥盛公司有权要求新洲区政府、区资源局对此履行行为采取补救措施。同时，该地块的规划用途也已调整为商服住宅，采取补救措施具备一定客观条件。综上，二审法院撤销一审判决，改判责令区政府、区国土局对

---

① 该条已被《民法典》第 465 条修改。《民法典》第 465 条规定："依法成立的合同，受法律保护。依法成立的合同，仅对当事人具有法律约束力，但是法律另有规定的除外。"

② 对应《民法典》第 566 条第 1 款。

不履行《开发补偿协议》的违法行为采取补救措施，驳回祥盛公司的其他诉讼请求。

二、撰写心得

《行政诉讼法》于2014年11月1日进行第一次修正时，将行政协议争议纳入了行政诉讼受案范围。2015年5月1日该法正式施行，最高人民法院亦于同日公布施行《最高人民法院关于适用〈中华人民共和国行政诉讼法〉若干问题的解释》（已废止），就行政协议案件的审判程序、法律适用和裁判方式作了一定程度的细化，初步搭建起行政协议诉讼的构架。但由于当时行政审判实践层面尚未做好充分准备，对于行政协议的范围和类型，审理行政协议案件应当把握什么原则，如何适用民事法律规范等问题，各地法院在相当长一段时间里都未形成相对统一的做法。在这样一个大背景下，如何对本案这样一起事实经过略显复杂的行政协议争议进行审理和裁判，确实需要一定的民事、行政法律理论知识储备和丰富的审判经验。

撰写判决文书首先要厘清裁判思路，以裁判思路为脉络展开论述。而厘清裁判思路，就必须以对案件事实的全面认定，尤其是对要件事实的重点审查为支撑。本案有四方当事人，每一方都为支持自己的主张及反驳对方的主张而向法院提交了大量证据。一审虽对大部分案件事实作出了认定，但忽略了一些重要要件事实，以致裁判结果缺乏可实现性，三方当事人提起上诉。二审审理过程中，为能准确归纳争议焦点并寻求合理的、可接受的解决路径，合议庭综合考虑本案争议的发展经过，结合各方当事人在起诉状、上诉状及答辩状中提出的诉讼主张，分别就祥盛公司提出的"责令采取补救措施"主张和区政府、区国土局提出的《开发补偿协议》客观上已无法继续履行的主张，依法要求祥盛公司和区国土局补充提交了部分证据，并根据这些证据对F（2012）228号地块及P（2008）004号地块相关事实作出认定，补全了本案要件事实，为后面的裁判说理打下坚实基础。本案证据数量较多，认定过程较为繁琐，故采取了对各方证据进行分类编号的方式，更清晰地反映了证据认定过程。

在客观全面认定案件事实之后，合议庭初步讨论认为，本案在行政协议诉讼的当事人、协议的履行以及协议解除后，相应法律责任的承担等方面，具有较强的典型意义，裁判文书说理的重心亦即裁判主旨应当放在这几点上，但同时也要对各方当事人提出的其他主张予以回应。根据以上裁判思路，承办人按一般逻辑顺序梳理出四个争议焦点，分别展开评述：一是《开发补偿协议》是否属于行政协议及其与《出让合同》是否构成主从关系，亦即本案是否属于行政诉讼受案范围，能否通过行政诉讼方式救济。不回应这个问题，本案判决就是空中楼阁。二是区政府及区国土局是否系本案适格被告，这也是本案进行实体审理的一个必要前提。区政府、区国土局在一、二审中，一直以合同相对性为依据，坚持其不是本案适格被告的观点。承办人对合同相对性问题进行研究后，在本案中采取了较为大胆的探索，基于《开发补偿协议》的约定内容，适度突破合同相对性原则，认定区政府、区国土局系实质的协议当事人及本案适格被告，从一定程度上让行政机关端正态度、把注意力放在如何实质化解争议上。三是仲裁调解是否导致《开发补偿协议》被解除及该协议应否继续履行。这是本案的个性问题，但对本案争议的进一步明确和解决具有重要影响，因此必须予以阐明。四是在解决前面三个问题的基础上，再来分析本案是否存在未履行《开发补偿协议》的行为，应由谁承担什么样的法律责任的问题。关于此点，承办人从本案行政协议争议的双重性角度出发，根据诚信原则和信赖利益保护的要求，将祥盛公司在协议效力存续期间竞购 F（2012）228 号地块的行为定性为履行行为，并参照当时尚未被废止的《合同法》第 97 条①的规定，推导出区政府、区国土局应对其不履行协议的行为承担相应补救措施的责任。根据上述裁判思路和具体分析意见，二审得出了撤销原判并予以改判的结论。在选择裁判方式时，合议庭再次进行了尝试，将《行政诉讼法》第 78 条第 1 款和《合同法》第 97 条②结合在一起，在具体判项里采用了"责令区政府、区国土局对不履行《开发补偿协议》的违法行为采取补救措施"的表述方式，对本案行政协议争议的双重属性予以了重申，对祥盛公司的诉讼请求予以了合理支持。

撰写一篇高质量裁判文书，离不开审判团队的通力合作和倾力支持。在本案庭审、调解、合议（讨论）及文书制作过程中，合议庭成员及书记员给了承办人非常多的帮助，特别是在文书最后的修改交对工作中，提出了大量宝贵建议。这篇文书最终能够获得广泛认可，是整个审判团队共同努力的结果，借此机会向团队各位成员一并致谢。当然，因本判决的篇幅相对较长，当中出现了一些瑕疵，需要在今后的审判工作中加以注意和改进，以求进一

---

① 对应《民法典》第 566 条第 1 款。
② 对应《民法典》第 566 条第 1 款。

步提高裁判文书质量。

（李伟，湖北省高级人民法院法官）

三、专家评析

本案系一起较具代表性的行政协议案件，二审判决事实认定清晰，争议焦点归纳准确，裁判观点表达充分，判决方式恰当，文书写作规范，体现了审判人员的公正与严谨。

（一）对行政协议的识别认定较为精准

2014年《行政诉讼法》进行了第一次修正，将行政协议纳入了人民法院行政诉讼受案范围，但对行政协议概念界定较为模糊，实践中认识不一。案涉《开发补偿协议》并非征收补偿协议、特许经营协议等常见的行政协议类型，为明确其法律性质，二审判决以该协议的签订经过为事实根据，将国有建设用地使用权挂牌出让、竞买、签订成交确认书等前期行为与签订《开发补偿协议》《出让合同》作整体理解，采用目的解释和体系解释相结合的方法，认定《开发补偿协议》属于行政协议，使本案的审理路径得以明确。

（二）在适格被告认定方面具有一定开创性

在当事人制度方面，行政诉讼具有被告恒定的显著特点。传统行政案件中，适格被告一般遵从"谁行为，谁被告"的基本原则，但行政协议案件尤其是本案具有一定特殊性。首先，区土储中心是《开发补偿协议》的一方当事人，但其不具有土地出让、补偿等事务的法定职权；其次，对于该协议中的部分约定义务，区土储中心无法自主履行，而是需要遵从其上级主管机关区国土局以及区政府的指令。据此，二审判决对协议相对性作出适度突破，以行政委托理论及相关法律规定为依据，将《开发补偿协议》的实际义务主体即区政府、区国土局作为适格被告，契合权利救济有效性的要求。但是，二审判决在明确区政府、区国土局为本案适格被告的同时，仍将区土储中心列为被告而未进行相应调整和阐明，是当事人方面的一处不足。

（三）法律适用兼顾了行政协议的行政性与合意性

行政协议具有行政性和合意性。本案中，双方签订《开发补偿协议》后，行政机关未履行约定义务，而祥盛公司为推动协议履行实施了一些行为，由此产生的争议属于合意性的范畴，可以参照适用《合同法》的相关规定。而对于该争议，祥盛公司诉前曾请求区政府、区国土局采取补救措施，区政府、区国土局未予理会，因此该争议又具备一定的行政性色彩。二审判决在综合考虑争议性质的基础上，对判决方式进行了有益探索，即同时适用《合同法》第97条①和《行政诉讼法》第78条第1款的规定，在一个判项中既对区政府、区国土局不履行协议义务的违法行为作出否定性评价，又责令其采取补救措施，较为全面地回应了各方当事人的主张，整个判决主文显得逻辑清晰、行文简洁，是一种有益的尝试。通过这种裁判方式，还为行政机关遵从诚信原则、积极履行协议义务作出了明确指引。

（点评人：林莉红，武汉大学法学院教授、博士生导师）

（2018）鄂行终964号裁判文书原文

---

① 对应《民法典》第566条第1款。

第九章 行政补偿

17. 王某等4人和某区人民政府土地房屋征收行政补偿案[*]

【关键词】

行政诉讼 征收 补偿 男女平等

【裁判要旨】

1. 夫妻间可以互为对方家庭成员是男女平等基本原则在婚姻法律关系中的具体体现,成为对方家庭成员的一方依法应具有同该家庭成员平等的社会权利和义务亦是该规定的应有之义。

2. 农村土地承包采取以农村集体经济组织成员内部的家庭承包为主的方式,家庭成员增加后,不管是否重新签订承包合同或颁发农村土地承包经营权证书,该承包经营权的权利应扩大到整个家庭成员。

一、简要案情

谢某某与王某登记结婚并入赘王家,后将户籍从安徽省迁移至三亚市某村民小组并育有两子女,其四人长期居住、生活在该村民小组,享有村民失地补贴,参加农村合作医疗保险,享有村民选举权和被选举权。王某家庭宅基地于2018年被征收。该片区的征收补偿安置方案规定,集体经济组织成员以户为单位、以50平方米/人标准在风情小镇安置连排住宅(住宅分150平方米、200平方米、250平方米、300平方米四种户型,超出的人口按60平方米/人安置在公寓楼)。某区政府以村民委员会、村民小组未提供王某等4人在其所属村民委员会享有全额村集体经济组织权益分配及具有村集体经济组织的安置资格为安置对象的证明为由,未与王某等四人签订补偿安置协议。王某一家因迟迟未得到补偿安置,提起本案诉讼,请求:(1)判令某区政府履

---

[*] (2019)琼行终339号。

行给王某等四人安置风情小镇 200 平方米连排住宅的安置补偿义务；（2）判令某区政府向王某等 4 人支付临时过渡补助费 7200 元、搬迁费 3000 元、搬迁奖励费 10 000 元，共计 20 200 元。一、二审均支持了王某等 4 人的诉讼请求。

二、撰写心得

（一）关于争议焦点的确定

行政案件审查的是被诉行政行为（作为或不作为）的合法性，其审理思路一般是，首先根据当事人的诉讼请求确定被诉行政行为是什么，然后再确定围绕涉案被诉行政行为所产生的争议是什么，并由此最终确定案件审理的内容，即争议焦点或审查的重点。在行政案件审理过程中，很多法官撰写裁判文书时，归纳争议焦点的做法通常是在确定被诉行政行为后，将争议焦点泛泛归纳为××行政机关作出的××行政行为认定事实是否清楚，适用法律法规是否正确，程序是否合法，而未根据个案的情况确定争议焦点和审查的重点，不利于围绕焦点问题予以论述和说理。本案中，王某等 4 人的诉讼请求是要求对其家庭按村民同等待遇进行安置补偿，由于其 4 人的土地房屋被征收是事实，是否满足安置补偿标准即王某等 4 人是否具有集体经济组织成员资格是本案的审查重点。据此，本案裁判文书撰写时就首先将案件的争议焦点归纳为应否按王某等 4 人所属村的标准对其予以安置补偿，并主要围绕王某等 4 人是否具有集体经济组织成员资格进行了论述和说理。

（二）关于裁判要旨的提炼

裁判要旨是裁判文书最主要的说理部分，亦是裁判文书的灵魂，法官撰写裁判文书时若能结合个案案情提炼出准确、精炼的裁判要旨，不仅能增强裁判文书的说理，而且会让整篇裁判文书给人耳目一新的感觉。本案主要涉及王某等 4 人集体经济组织成员资格的认定。集体经济组织成员资格的认定纠纷多发生在"入赘女婿""外嫁女"及其未成年子女之中，客观上也反映出我国社会的一个现实，即男女平等的法律原则虽早在国家成立之初已确立，但受"男尊女卑"封建残余思想的影响，男女不平等现象在不同的地区和人群中间时有体现，婚姻关系中入赘到女方家庭生活的男方或整个家庭在当地受到歧视的问题时有发生。我国目前有关法律法规尚无集体经济组织成员资格的认定条件的明确规定，但综合我国公民在常住地入户的户籍管理制度、农村集体土地对农民的基本保障功能、社会保障体系实行农村和城镇双轨机制的现状、农村居民外出务工已成为常态等现阶段的国情，为保护妇女儿童的合法权益，认定"入赘女婿""外嫁女"及其未成年子女的集体经济组织成员资格，主要应审查并综合考虑"入赘女婿""外嫁女"及其子女的户籍登记地，对集体经济组织的土地是否享有承包经营权，在原所属农村集体经济组织是否仍享有到土地承包经营权等农民应有的福利（若配偶为非农户口的，需要审查是否被纳入城镇居民社会保障体系）等因素。本案中，谢某某属于"入赘女婿"，婚后已迁户至女方家庭生活居住，《婚姻法》（已废止，下同）对此情形下的男女双方的权利义务规定得很明确，谢某某理应与其他村民应享有同等的权利义务。但涉案土地房屋被征收后，王某等4人迟迟未得到安置补偿，根源还在于征收人未能很好地把握《婚姻法》的相关规定。一审虽然主要处理结果没有问题，但在论述应否对王某等4人按集体经济组织成员予以安置补偿过程中，仅是直接认定其4人具有集体经济组织成员资格，并以其享有村民失地补贴，参加农村合作医疗保险，享有村民选举权和被选举权为由，认定其与其他村民享有同等权利，而未就为什么应认定王某等4人具有集体经济组织成员资格进行充分论证，说理性不强。据此，承办人意识到直接援引《婚姻法》的相关规定，从法律规定的男女平等原则角度提炼出裁判要旨并认定王某家庭成员具有集体经济组织成员资格，并据此判决以村民待遇予以平等补偿，如此论述既较好进行了说理，亦重申了男女平等法律原则，对弘扬家庭美德和维护社会公序良俗有积极意义。

另外，家庭联产承包责任制从根本上体现了我国农民与生产资料的直接结合关系，是社会主义公有制在农村的特殊实现形式，是国家的基本法律制度，也是我国农民主要生产生活方式。虽然随着社会的发展，集体土地对农民的基本保障作用有所弱化，但是其仍是农民最基本或最后的保障，所以坚持和发展家庭承包经营制度对保障民生和经济社会的发展有十分重要的意义。家庭联产承包责任制的主要内容之一为稳定农村家庭土地承包关系，即发包方在承包期限内原则上不得调整承包地的面积。在现实生活中，农户在承包期限内可能会因婚丧嫁娶增加或减少家庭成员，集体经济组织一般并不通过调整承包合同及时增减承包经营权人，但新增加家庭成员对家庭承包土地享有承包经营权是家庭承包经营制度应有之义，故在此情形下未调整承包合同或未进行承包经营权变更登记不能作为否定新增加家庭成员土地承包经营权的条件，也不能作为否定农户家庭成员的集体经济组织成员资格的条件。鉴于在该问题上可能存在模糊认识，承办人撰写裁判文书时，认为有必要就此问题提炼出裁判要旨予以明确，除了反驳某区政府的上诉意见外，还能给行政机关依法行政予以指导，亦给类案裁判予以指引。

（三）关于裁判文书的说理

裁判文书的说理是判断裁判文书质量高低的标准之一，但裁判文书说理说到什么程度是较难把握的，且由于担心个案说理过犹不及可能会引起不必要的舆情或争议，有的法官在此情形下偏向于"能少写就少写""能不写就不写"，导致一些裁判文书在说理上有所弱化。所以，在裁判文书撰写过程中，通过对当事人的主要诉讼意见予以回应的方式加强裁判文书的说理，既是一个增加法官内心确信的案件管理过程，也在一定程度上因裁判理由充分而可能增加当事人服判度，还能在一些社会关注度比较高的案件中引导社会公众回归事实和法律的理性。本案中，某区政府的上诉理由主要有王某等4人的集体经济组织成员资格未经认定，部分家庭成员未承包集体土地和一审判决超出当事人的诉讼请求。二审裁判过程中，承办人对某区政府的上诉理由是否成立，一一予以回应，论述其理由成立与否，更好地增强了裁判文书的说理。

（四）关于二审的审判监督功能

相对于一审来说，二审主要起到审判监督作用，一审的事实认定、法律适用、案件处理结果和审判程序都属二审审查和监督重点，最终的表现形式是二审除对一审裁判作出整体评判外，还应视情况对一审存在的问题予以指出和纠正。本案中，一审判决存在判决超出诉讼请求和适用法律错误的问题，二审判决对上述错误予以说明，并在纠正错误判决的基础上，对适用法律的错误予以指正，有利于指引一审法院今后正确处理类案，也形成了一份充分体现二审审判监督功能的裁判文书。

（黄胜敏，海南省高级人民法院法官）

三、专家评析

本案是一起具有普遍性、时代性的有关"外嫁女"土地房屋征收补偿案件。案件审理过程中事实认定清楚，论理充分，判决书表述清晰，言简意赅，层次分明，逻辑清晰，充分运用法言法语，且展现出法官在处理时代难题与矛盾纠纷中积极、能动的司法态度。本判决书的优点主要体现在三个方面。

（一）事实认定清楚，审理过程清晰完整

首先，判决书围绕事实认定，逐一分析。针对双方当事人法律事实上的争议，即王某等4人是否具属于集体经济组织成员，是否享有村集体经济组织权益分配资格，是否具有安置补偿资格等身份问题进行了认定，结合双方当事人的答辩有针对性地进行了一一说明和理由阐释，最终认定王某等 4 人具有集体经济组织成员资格，符合《海棠湾镇安置工作实施细则》规定的安置对象要求。其次，针对一审判决和双方答辩，纠正错误有理有据。根据本案的诉讼类型及其法律适用问题，抓住诉求和核心问题，准确认定案件属于履行法定职责之诉而非行政赔偿之诉，纠正一审的认定不当和法律适用错误。这有助于发挥上级法院的指导作用，帮助下级法院澄清问题，明晰诉讼请求与判决种类的关系，准确把握土地房屋征收补偿案件的诉讼焦点问题，提高案件审判质量。

（二）坚持明事理、合常理、释法理的论理原则

判决书紧紧抓住应否按照龙海六组村民标准对王某等 4 人予以安置补偿的焦点问题，坚持"外嫁女"能享受与其他村民同等安置补偿待遇的审理态度，以"法律解读＋原则把握＋综合考量"的审理原则和解释思路展开论证。在法律解读上，从平等原则角度对《婚姻法》中家庭成员关系及其权利义务进行解读，认定入赘女婿的家庭成员资格；在原则把握上，根据海南省《关于审理农村集体经济组织土地补偿费分配纠纷案件若干问题的意见（试行）》（以下简称《分配纠纷案件意见》）关于农村集体经济组织成员资格的认定标准和"外嫁女"的认定标准，确认王某不属于"外嫁"情形；在综合考量上，针对农村集体经济组织成员的资格、承包经营权、征收补偿等民行交叉问题，案件审理中充分考虑王某夫妇以被征地农民身份领取基本生活补贴和谢某某户口迁入的事实，认定谢某某及其子女具有土地承包经营权。在该案的审理过程中，法官依据法理、事理和常理，在司法避让与司法能动的选择上全面权衡和考量，采取积极的审理态度，以个案审判推进司法治理的步伐，努力破解"外嫁女"问题上的治理难题。本案在法律适用中的论理思路，符合当下"外嫁女"权益保护的发展方向和趋势，有助于行政机关和司法机关正视问题，最大程度平息矛盾，化解纠纷。

（三）判决彰显司法审判的能动性，助推"海南模式"的推广和应用

"外嫁女"纠纷是发生于我国改革开放时期，具有浓厚本土特色的治理难题。尤其伴随着城市化进程的不断加快，与"外嫁女"相关的农村土地承包及其征地补偿纠纷案件问题愈加突出。在处理这一治理难题过程中，近些年个别地方的审判开始向司法治理的能动性转向。海南省在《分配纠纷案件意见》中关于外嫁女问题的审理规则，在理论研究中被称为"海南模式"。本案

判决则采取了积极的态度,参照《分配纠纷案件意见》的相关规定,充分肯定和保护"外嫁女"及其家庭成员的农村集体经济组织成员资格和权益。这一审判理念和司法态度,在现有法律法规不完善,案件审理标准不统一,"外嫁女"指导性案例和典型案例缺乏的情况下,提高了司法治理的能动性,提升对类似案件审理的指导性与参考性,加快类案审理的"海南模式"的宣传、推广和应用,扩大司法审判的影响力和指引性。

综上所述,本判决书是一篇优秀且具有典型意义和参考价值的行政判决书。

(点评人:赵静波,海南师范大学法学院教授)

(2019)琼行终 339 号裁判文书原文

第十章 行政赔偿

18. 常宁市富坤实业有限公司、常宁市宝山矿业有限责任公司和常宁市人民政府行政赔偿案*

【关键词】

行政赔偿　补偿　先行处理

【裁判要旨】

前案确认行政机关行政行为违法，判决双方签订补偿协议或由行政机关作出补偿方案。行政相对人与行政机关未能就补偿问题达成协议，行政机关亦未作出补偿决定，行政相对人仍然享有提起行政赔偿诉讼的权利；且此种情形下，如果仍然要求行政相对人向行政机关提出赔偿请求方可提起行政赔偿诉讼，不利于畅通赔偿渠道，也不符合《国家赔偿法》的立法宗旨，应当视为赔偿请求已经过赔偿义务机关的先行处理，符合单独提起行政赔偿诉讼的程序条件。

一、简要案情

2008年3月11日，常宁市富坤实业有限公司（以下简称富坤公司）以380万元从衡阳市国土资源局竞得（2008）采字01号采矿权。2011年3月19日，湖南省人民政府批复衡阳市人民政府同意建立常宁市大义山省级自然保护区。2011年8月1日至2014年10月17日，富坤公司成立矿山公司常宁市宝山矿业有限责任公司（以下简称宝山公司），完成相关备案和审批并取得《采矿许可证》。2015年5月6日，环境保护部及国家发展和改革委员会等10部委局联合发布《关于进一步加强涉及自然保护区开发建设活动监督管理的通知》，要求对自然保护区核心区和缓冲区采矿权依法实施退出。2015年8月

---

* （2019）湘行赔终60号。

25 日，富坤公司向常宁市政府提交请求调整大义山自然风景保护区缓冲区规划的报告，常宁市政府遂向上级政府请示调整大义山自然保护区缓冲区规划范围。2016 年 6 月 24 日，衡阳市林业局复函常宁市政府，主张不宜调整大义山省级保护区的功能区规划，对富坤公司等矿产企业要责令其停止生产活动并限期关停。2017 年 4 月 28 日，常宁市政府组织相关部门对富坤公司、宝山公司及其 3 个加工厂的厂房、设备等予以强制拆除。富坤公司、宝山公司于 2018 年 5 月 3 日向衡阳市中级人民法院提起行政诉讼，请求确认常宁市政府强制关停拆除行政行为违法，赔偿其 3920.3 万元经济损失及可采资源损失 510 万元。在该案诉讼中，富坤公司、宝山公司又变更诉讼请求第 2 项为：请求判令常宁市政府在 1 个月内与富坤公司、宝山公司签订补偿协议或者对其作出补偿方案。衡阳市中级人民法院于 2018 年 6 月 21 日作出（2018）湘 04 行初 93 号行政判决，确认常宁市政府强制关闭行为违法，判令常宁市政府在判决生效之日起 60 日内与富坤公司、宝山公司签订采矿权退出补偿协议或作出采矿权退出补偿方案。该判决生效后，因双方对补偿款数额有异议，未能签订补偿协议。

2019 年 3 月，富坤公司、宝山公司以常宁市政府为被告提起行政赔偿诉讼。衡阳市中级人民法院（2019）湘 04 行赔初 2 号行政裁定认为，该院已作出（2018）湘 04 行初 93 号行政判决，被告常宁市政府应当按照该判决履行义务，两原告提起本案诉讼构成重复起诉。经该院审判委员会讨论决定，裁定驳回起诉。

富坤公司、宝山公司不服衡阳市中级人民法院一审行政裁定，向湖南省高级人民法院提出上诉。湖南省高级人民法院经审查认为，衡阳市中级人民法院（2018）湘 04 行初 93 号行政判决确认常宁市政府的行政行为违法，判决双方签订补偿协议或由被告作出补偿方案。富坤公司、宝山公司与常宁市政府未能就补偿问题达成协议，常宁市政府也未作出补偿决定，富坤公司、宝山公司仍然享有提起行政赔偿诉讼的权利，本案的起诉不属于重复起诉。至本案单独行政赔偿诉讼前，常宁市政府和富坤公司、宝山公司曾就补偿问题进行过协商，因补偿款数额问题未能达成协议。双方对补偿问题进行充分协商仍难以处理的情形下，对赔偿问题的处理也无可能，本案应当视为赔偿请求已经过赔偿义务机关的先行处理，符合单独提起行政赔偿诉讼的程序条件。该院遂裁定撤销一审行政裁定，指令继续审理。

二、撰写心得

裁判文书写作能力是审判工作中最基本、最常用、最重要的能力之一。实际上，笔者从事审判工作的时间不长，办案经历不够丰富，对于裁判文书写作的认识和体验尚不够深入，撰写能力与优秀标准和自身期望之间还有很大差距，唯有靠着一些"笨"办法、"好"心态，不断积累和提升。在行政赔偿裁判文书写作中，"笨"办法是：把事实查准确，把思路理清楚，把文字用规范；"好"心态是：不要"烦"，不要"怕"，不要"懒"。

事实、思路和文字是裁判文书的关键要素，也是衡量裁判文书的重要标准。一份优秀的裁判文书，不仅要追求结果正确，还要事实准确、说理充分和语言规范。

一是把事实查准确。任何裁判结果都是在认定事实的基础上作出的，掌握基本事实是裁判文书写作的基点和依托，否则裁判文书写作就是"无米而炊"。一些行政赔偿案件涉及的事实往往时间跨度较大，当事人维权历程较长，涉及的相关诉讼较多，稍有遗漏就会影响事实查明，进而影响到裁判结果。审理这类案件，需要下大工夫把事实搞准、搞细，既要以时间为主线层层梳理事实经过，又要查明当事人维权及行政机关处置进程，还要注意检索、查阅关联案件生效裁判认定的事实和结论。（2019）湘行赔终60号案件涉案事实产生于2008年，侵权行为发生于2015年，期间和之后有多个行政机关介入处理，涉及多份规范性文件、通知、复函，原告及其下属加工厂还曾提起过多起行政诉讼。一审查明了案发和处理经过等主要事实，但遗漏了确认违法诉讼中原告的起诉请求和判决结果，对赔偿请求权的认定产生重大影响。二审通过调阅关联案件案卷，查明确认违法判决中起诉请求和判决结果均为补偿，从而确认了原告赔偿请求权。

二是把思路理清楚。理思路的过程，既是对案件事实和法律适用进行研究、思考、深化的过程，也是对裁判说理的框架结构进行权衡设计使之条理化的过程。想得通才能写得通，思路不清楚，有理都说不好。所以，在掌握事实的基础上，要动脑筋、花气力把说理的思路理清楚。行政赔偿裁判文书的说理思路，既要遵循行政案件说理的一般方法，也要根据赔偿诉讼自身特点及规律进行梳理。首先，要抓住争议焦点。行政赔偿诉讼要解决的争议，简言之就是"是否赔、谁来赔、赔给谁、怎么赔、赔多少"等问题，这是确定争议焦点的总体"框架"。具体案件因案情差异，争议焦点也会有所不同，需要进一步深入提炼。其次，对争议焦点进行分解、展开。这是论证说理具体化的过程，就像把一张桌子支起来，"腿"少了会瘸腿，多了是画蛇添足。"腿"的多少要根据支撑案件争议焦点的需要来决定，够用即可，过犹不及。最后，是划清边界。明确每个分解支点写什么，不写什么，避免说理交叉重复。（2019）湘行赔终60号行政裁定书首先确定了焦点问题为原告起诉是否属于重复起诉和赔偿请求是否经过行政机关先行处理程序，然后根据论证争议焦点的需要，再将其分解为3个层次进行论证说理，取得了较好的说理效果。

三是把文字用规范。裁判文书的文字要求使用法言法语，采用中性、客观语句，尽量避免模糊、主观用语，行文做到严谨、规范、简洁、凝练，不能拖泥带水，不能出现错字和病句。行政赔偿诉讼是处于弱势地位的公民、法人请求处于强势地位的行政机关予以赔偿的诉讼，与民事、刑事诉讼有较大差异，即使是相较于普通行政诉讼，也有其独特之处。行政赔偿诉讼中，法院面对的一方当事人是权利受到侵害的赔偿请求人，文字要尽量采用通俗易懂的语言，让人民群众看得明白，想得清楚。在语气和修辞上也要不偏不倚。笔者在拟制（2019）湘行赔终60号行政裁定书时，尽力采用了白话式的浅显语言，使诉讼双方清楚看到自己的观点、意见采纳与否，被采纳与不被采纳的原因，赢得了当事人的信赖。

裁判者以什么心态对待裁判文书写作，对文书质量和文书写作能力提高有着重要影响。笔者的感受是，做到"三不要"。

一是不要"烦"。现在各级法院受案数量都比较大，而且结案率要求较高，办案人员经常加班加点。特别是各个庭室的业务骨干，既要完成办案任务，又要拟写业务材料。在"烦"的心态下，不可能把裁判文书写好。既然选择从事了审判工作，就应该以积极主动的心态对待。不仅不要厌烦，还要力求从中获得裁判和写作的乐趣。

二是不要"怕"。大部分行政赔偿案件争议大，矛盾纠纷尖锐，信访、申诉率高。这种现状令审判人员产生畏难心理，裁判文书不敢展开说理就作出结论了事，生怕被抓住毛病、找到漏洞。这样的裁判文书更容易遭到当事人怀疑和抵触，完全达不到定分止争的效果。行政赔偿文书写作，一定要敞开思路，放开手脚大胆写。一份法理透彻、详尽说理的裁判文书，才能体现法院的司法形象和公信力。

三是不要"懒"。勤能补拙是良训，一份辛苦一分才，裁判文书写作能力是在审判业务工作和专业学习过程中不断积累形成的。为了提高裁判文书写作能力,要不断鞭策自己克服懒散思想,坚持每天读 1 篇典型案例,每个月对重点法条复习 1 遍,遇有新法律、司法解释通过及时关注学习。拟写每一份裁判文书,都不遗余力,反复琢磨,改到不能再改为止。

(涂勇华,湖南省高级人民法院法官)

(2019)湘行赔终 60 号裁判文书原文

19. 宗某和濮阳市华龙区人民政府行政赔偿案*

【关键词】

土地征收　强制清除　地上附着物　行政赔偿

【裁判要旨】

人民法院审理行政赔偿案件，赔偿请求人和赔偿义务机关对自己提出的主张，应当提供证据证明。因赔偿义务机关的强制清理行为及征地过程中违反正当程序，未依法进行清点、登记、评估等，导致赔偿请求人在诉讼中对损毁财产的种类、数量、价值等举证困难，且赔偿义务机关亦无法举证证明实际损失的，人民法院可以通过正确分配举证责任，充分运用逻辑推理和生活经验，结合涉案证据及当地征地补偿政策，酌情认定损害事实和赔偿数额。

一、简要案情

宗某系濮阳市华龙区某村村民，长子宗某1，次子宗某2。2014年5月23日河南省人民政府作出征地批复，批准征收华龙区某村的集体土地共计35.6441公顷，宗某家庭承包地在征收范围内。2014年6月濮阳市人民政府发布《征收土地方案公告》，2015年12月华龙区国土资源局作出《征地补偿安置方案公告》，2017年7月华龙区国土资源局作出《关于濮阳市2013年度第四批乡镇部分建设用地（新东路东、任丘路北地块）调整征地补偿费用的公告》。征地过程中，华龙区政府有关部门委托评估公司对上述征收范围内宗某地上附着物进行了现场勘查，并先后进行了两次评估，现场勘察记录有评估公司、街道办事处及村委会人员签字，宗某在勘查现场。两次评估报告显示对宗某涉案地上附着物均记载在宗某1、宗某2名下，已评估相关地上附着物价值分别为：果树等种植物7.547亩，评估价值373 927元；铁丝网围墙276平方米，按10元/平方米计算，评估搬迁费2760元；彩钢复合板顶房

---

* （2018）豫09行赔初114号。

28.8平方米，按100元/平方米计算，评估价值2880元。

2017年9月26日，宗某所在村的村委会将征地补偿款共计908 287.31元支付至宗某之子宗某1和宗某2的银行账户。华龙区政府在诉讼中称，908 287.31元款项包括宗某家庭7.547亩承包地征地款520 743元，地上附着物补偿金额353 257元（0.195亩地上附着物评估金额5314元，1.686亩地上附着物评估金额66 091元，2.078亩地上附着物评估金额102 653元，1.861亩地上附着物评估金额91 933元，1.545亩地上附着物评估金额80 186元，0.182亩地上附着物评估金额7080元），水利水电等补助29 433.3元，铁丝网围墙276平方米搬迁费2760元，彩钢复合板顶房28.8平方米2093.76元。涉案批次征收土地补偿费标准为区片综合地价69 000元/亩，按照2011年3月29日濮阳市人民政府办公室印发的〔2011〕28号《濮阳市人民政府市长办公会议纪要》，政府对华龙区国家建设征地范围内，实行定额补助，标准为20 900元/亩，包括水利、电力等农田设施补助1800元/亩，村集体公共支出及公共设施补助2000元/亩，公墓补助100元/亩，附着物补助17 000元/亩。对涉案批次征地地上附着物不需要评估的（每亩地上附着物价值不超过17 000元），按照上述会议纪要每亩定额补偿20 900元，加上地上附着物农作物的种类、收获季节每亩补偿1200元或1400元青苗费；地上附着物需要评估的，按照评估报告确定的价值补偿，同时增加定额补助中的水利电力补助1800元、村集体公共支出公共设施补助每亩2000元和公墓补助费每亩100元。

因宗某对评估补偿数额存在争议，未主动腾退土地，2017年9月26日宗某承包地地上附着物被强制清除，濮阳市中级人民法院于2018年3月28日作出（2018）豫09行初25号行政判决，判决确认华龙区政府清除宗某地上附着物的行为违法，该判决已生效。2018年7月14日宗某向华龙区政府提出行政赔偿申请，2018年9月5日华龙区政府作出（2018）濮华龙不赔字5号不予赔偿决定，决定不予赔偿。宗某不服，向河南省濮阳市中级人民法院提起行政赔偿诉讼。宗某起诉状称其有8.3亩承包地上附着物被强制清除，请求判决撤销华龙区政府（2018）濮华龙不赔字5号不予赔偿决定，赔偿违法行为造成的损失5 377 500元。经释明，宗某当庭将损失赔偿项目、数额进行了明确，当庭明确的请求赔偿数额共计6 508 038元，具体为：（1）桃树5.3亩共450棵，赔偿4 252 500元；（2）苹果树2.5亩共250棵，赔偿1 125 000元；（3）核桃树0.5亩共50棵，赔偿450 000元；（4）苹果树和桃树行间套种金银花2.5亩，赔偿315 000元；（5）两行夏香花，赔偿8000元；（6）桃树 5.8 亩中套种牡丹，赔偿 208 800 元；（7）桃树间种植枣树 4 棵、杏树 2 棵、石榴树 4 棵、柿树 1 棵，赔偿 3600 元；（8）两间看护房 32 平方米，赔偿 76 800 元；（9）看护房内被损毁生产生活用品，电视机、沙发、床、农具等，赔偿 5673 元；（10）铁丝网 528.84 平方米，赔偿 15 865.2 元。

诉讼中，宗某对其主张的赔偿项目、数量及价值未提交任何证据。华龙区政府称，宗某的被征收土地面积包括评估地上附着物土地面积和未评估附着物的土地面积之和，但未能提交宗某家庭被征收土地总面积的证据。

本案主要争议焦点有五个：一是宗某家庭被征收土地涉及征地过程中是否对宗某进行足额补偿的认定，宗某家庭被征收土地面积缺少证据支持，应如何认定。二是宗某家庭种植的果树等种植物属于经济林木，评估程序存在附着物清点未经所有权人现场确认、评估依据错误等问题，在地上附着物价值证据不充分的情况下，如何确定损失赔偿数额。三是华龙区政府认可宗某部分被征收土地地上附着物未经评估，如何确定未经评估地上附着物损失赔偿数额。四是宗某被强制清除看护房、铁丝网等附属设施面积及价值均存在争议，如何确定损失赔偿数额。五是宗某主张的看护房内物品损失无任何证据，如何确定损失赔偿数额。

二、撰写心得

（一）"繁案"要精审，在庭审中形成裁判思路

审判实践中，大多数案件事实是清楚的，裁判规则是明确的，对占绝大部分的"简案"，法官只需将查明的案件事实与裁判规则相对接，即可得出公正的裁判。但有少部分案件事实不易查清，缺少可以直接拿来适用的裁判规则，对这部分"繁案"，则需要法官慎思和明辨，实行精细化审理是最好的选择。获奖文书涉及的是一起土地征收中行政机关强制清除地上附着物引发的赔偿案件，原告主张赔偿项目多、诉求高且未提交任何证据，被告征收补偿中存在问题较多且证据不足，属于典型的"繁案"。

审是判的前提，判是审的归宿。笔者有意识地把裁判文书说理前置到庭审程序中解决，坚持做到案卷看不透不开庭，庭审审不透不罢休，精准设计庭审思路，在庭审中搭建裁判文书说理部分的结构和重心，提高庭审针对性。根据庭审进程对无争议事实当庭及时确认，对有争议的事实迅速确定更深层次、更为具体的争议焦点，合理设置庭审调查顺序和调查问题，步步推进，环环相扣，随着庭审进程逐步对事实认定及裁判方向形成内心确信。如此一

来，庭审结束时，整个裁判文书说理部分的架构即呼之欲出，在撰写裁判理由时只需把庭审涉及相关案情融入裁判文书，既做到了审与判的紧密结合，又能提高裁判的可接受度，有助于达到当事人服判息诉的审判效果。

本案"繁案精审"体现在3个方面：一是精细确定原告赔偿请求，理清审理和裁判方向。当庭释明引导原告从不动产、动产两个方面逐项分解赔偿请求，将赔偿请求细化为10个赔偿项目并列各项损失计算方法。二是精细开展法庭调查，为判决确定赔偿数额支撑点。合理分配举证责任，将原告主张赔偿项目分为已评估财产和未评估财产两类进行举证、质证，详细调查认定各项财产损失价值的合法合理性。三是精细调查缺少直接证据支持的争议事实，为裁量权行使找足依据。案涉原告被征收但未经评估的地上附着物面积缺少直接证据支持，当庭精细推算确定原告被清除但未评估地上附着物的面积，让双方胜败皆明。

（二）说理要透彻，在对话中传达公平正义

在法律知识随手可查、裁判文书公开常态化的今天，社会公众对于裁判理由的兴趣甚至远远超过裁判结果本身。加强裁判文书释法析理，让每一份判决都体现出法的尺度、理的适度和情的温度，是时代所需、民众所盼、司法的大趋势。新时代人民法官必须加强裁判文书释法说理，做到敢于说理、善于说理、把理说透。正义不是神秘的，法官要通过裁判文书释法说理让法律精神易为人知；要敢于回应敏感问题，将自己对立法本意的参悟融入裁判文书中；要敢于打破常规，用法律的精神和原则裁判案件实现真正的价值引领；要将事实与法律有机结合，通过抽丝剥茧、层层递进的论述使最终的结论水到渠成地呈现。

行政案件的一方是公民、法人和其他组织，另一方是行政机关和行政机关工作人员，在监督行政机关依法行政中保障诉讼群众的合法权益是行政审判的特点，行政裁判文书说理应与民事、刑事裁判文书亦应有所区别。近年来，笔者一直学习原最高人民法院行政审判庭李广宇副庭长的裁判文书写作方式，受益颇深，并将李庭长提出的对话式裁判文书写作方法梳理为加强四个方面的对话。这四个方面是：和当事人对话、解开当事人心结；和行政机关对话、指引依法行政；和下级法院对话、统一裁判尺度；和社会大众对话、弘扬法治精神。通过对话式说理，让老百姓看得见、看得懂、感受得到公平正义，达到胜败皆明、胜败皆服的裁判文书写作目的。

本文书的案件审理中，被告关于原告被征收土地面积提交证据不足，在尊重原告提交的村民小组原始分地记录基础上，法官庭审中用了4个小时时间调查计算原告家庭从村民小组分得承包地面积，在裁判文书中不惜笔墨逐步推算原告被征收土地的面积，最终确定原告起诉主张被征收土地8.3亩超出原告庭审认可的分得土地8.0774亩，认定清除原告已征收未经评估附着物土地面积。原告当庭表示法庭推算出的征地面积无异议，解开了双方当事人关于原告被征收土地面积不清的疑惑。

（三）"四理"要兼顾，以裁判文书质量展现审判品质

加强裁判文书释法说理，撰写出更多优秀裁判文书是提高法官办案质量，提升业务素养和公正司法的体现，是人民法院树立法律权威，提升司法公信力有效途径。优秀文书必定具有说理充分的特点，承办法官是裁判文书的第一读者，文书说理只有先说服自己，才能说服别人，撰写文书要有不放过自己的心理，要不惜时间和精力，把案件涉及所有问题都弄懂、吃透、论述到位。

一是讲清法理。要讲清裁判所依据的法律规范以及适用法律规范的理由。在法律规定模糊或抽象时告诉当事人裁判采纳某种理解的理由，在法律规定存在冲突或竞合时告诉当事人所选择的法律规范及理由，在法律存在漏洞时告诉当事人采用填补漏洞的方法及最终适用的法律规范，通过法律论证确保裁判的正当性和可接受性。

二是讲明事理。要讲明裁判认定的案件事实及其根据和理由，对案件的来龙去脉、本来面目和前因后果交代清楚，展示案件事实认定的客观性、公正性和准确性。文书中关于被告提交的证据《评估报告》不应完全作为赔偿依据和证明政府前期补偿数额不足的问题，讲明了行政机关在评估补偿中存在6大问题，并将事理一一阐明，能够有效指引行政机关规范执法行为、尊重法院裁判结果，向原告传达裁判的公平正义，引导服判息诉。

三是讲透情理。情理属于社会道德范畴，说理要体现法、理、情相协调，符合主流价值观，要把法律本身所包含的人情阐发出来，展示法律的可亲、可近，要格外尊重社情和民情，注重通过说理有效引导和化解不当的社会舆论取向。庭审中双方当事人对原告主张的看护房内损毁物品未提交证据，但撰写文书时，法官根据生活常识，确定原告看护房内有一定的必要生产生活用品符合常理，且损失在所难免，遂结合原告当庭陈述的财产购买价值，酌情判决赔偿。

四是讲究文理。文理是说理的语言、形式和技巧，要做到语言规范、表

达准确、逻辑清晰，要按照逻辑学的"三段论"进行说理，遵循规范严谨的法律逻辑，遵循全面回应当事人诉求和理由的诉讼和审判逻辑，合理运用说理技巧，增强说理效果。本文书说理分为两大部分，第二大部分分为两个较大层次，第二大层次中又有 4 项，共有 24 个自然段，说理层层递进、逻辑严谨。

裁判文书是法官的名片，法官职业注定是一个不断追求卓越的职业，每位法官也都应当有写出伟大裁判文书的梦想，这是一个没有终点的追求过程，相信在最高人民法院的大力倡导下，全国法院优秀裁判文书将层出不穷，更加精彩。

（贾向阳，河南省濮阳市中级人民法院法官）

三、专家评析

本案所涉赔偿项目繁复且原被告双方举证均不充分，本判决结合行政诉讼证明规则基本原理，综合考虑果木生长规律、物品折旧等相关因素及生活常识，就案涉违法强制清理行为引发的赔偿与征收补偿的衔接、被征收土地面积的认定、评估程序的审查、附属物数量及赔偿标准的核定等核心问题逐项进行剖析，并遵循全面赔偿、赔偿不低于补偿、就高不就低等原则，化繁为简，条理清晰，有理有据，论证充分，既充分保障了被征地农民的合法权益，又彰显了实质化解行政争议的责任和担当。现就其中的重点问题进行评析。

（一）准确适用诉讼类型及裁判方式

本案被告强制清理原告地上附着物的行为已被生效判决确认违法，其应依法赔偿相关物品损失。原告向被告申请赔偿后，被告作出不予赔偿决定，引发诉讼。原告的诉讼请求是撤销被告不予赔偿决定，判决被告赔偿原告因违法强制清理行为给原告造成的财产损失。原告提出了地上附着物清单，明确了赔偿项目、数额及计算方法。原告虽然诉求撤销被告不予赔偿决定，但本案系行政赔偿诉讼，在诉讼类型上属给付之诉，法院应遵循给付之诉的审查内容和方式作出裁判，其诉讼标的不再是不予赔偿决定的合法性，而是赔偿请求能否成立，以及如何对具体的赔偿方式、项目、数额等内容作出实体判决。该判决定位准确，在查明案件事实的基础上，适用给付之诉审理模式公平合理认定赔偿数额，有利于及时化解实质争议，避免程序空转。

（二）正确把握和运用双方举证均不充分情况下行政赔偿诉讼的证明规则

在行政赔偿案件中，原则上由原告证明损害情况，因被告的原因导致原告无法举证的，则由被告承担举证责任，但对于此时双方当事人均无法充分证明时如何处理，法律规则并不十分明晰。由于被告在强制清理过程中未详细核查涉案土地面积，案件审理中又未具体举证证明，该判决综合考虑分地情况、土地分布情况、前期占地情况、勘查草图、评估报告记载面积、双方陈述等现有证据，根据适当有利于被强拆人的原则确定涉案土地面积，并参考已评估附着物占地面积合理推算出被征收土地面积及未评估附着物占地面积，说理充分，逻辑严密。同时，法院并非简单机械地拒绝接受庭审后各方提供的证据材料。考虑到案件的复杂性且双方举证均不充分，为最大限度查明案件事实，法院在第一次庭审后允许双方继续补充证据材料，并依职权调查后重新组织质证。这充分体现了审判人员认真负责的态度，也为赔偿数额的认定奠定了更为扎实的基础。

（三）全面遵循了违法须赔偿、赔偿要全面及赔偿价值不得低于补偿的处理违法强拆案件的原则和精神

由于地上附属物已由被告强制清除，果木及产品数量直径等数据不明确，客观上无法进行价值评估。该判决综合各方证据，运用逻辑推理和生活经验、生活常识等，本着赔偿不低于补偿、全面赔偿的原则酌定对已评估附属物按照评估价上浮30%的比例确定损失数额，并在扣减被告已经支付原告补偿款后明确其应最终承担的赔偿数额。对室内必要生产生活用品、铁丝网等价值损失有理有据的认定，反映出审判人员无比的细心和耐心。同时，该判决正确处理了强拆赔偿与征收补偿之间的关系，根据当地政策规定将相应土地、水利、水电等补助款一并计算，能够较大限度地弥补原告损失。这既对被告违法行为起到了一定的制裁效果，又体现了及时全面赔偿、实质化解纠纷的司法宗旨。

（点评人：宋雅芳，郑州大学法学院教授，中国法学会行政法学研究会理事、河南省法学会行政法学研究会副会长）

（2018）豫 09 行赔初 114 号裁判文书原文

20. 鲲鹏养殖场和蚌埠市龙子湖区人民政府行政赔偿案*

【关键词】

财产损失 举证责任 双方过错

【裁判要旨】

1. 行政赔偿诉讼案件中，一般应当由行政相对人就其财产损失承担举证责任，但其举证客观上存在困难，且这种困难系行政机关违法实施行政强制拆除行为时未依法清点、公证、交接而造成时，在行政相对人已就其财产损失的事实提供初步证明的情况下，即发生举证责任转移，由行政机关就其强制拆除未造成物品损失的主张承担举证责任。

2. 法院经调查后有关损失数额事实仍然无法确定时，应当充分运用逻辑推理和生活经验，根据行政相对人的生产经营状况、生活经济状况等因素，综合判断行政相对人损失主张的合理性。行政相对人所主张的损失如系由其自身过错和行政机关的违法行为共同造成的，应当考虑行政相对人的过错行为和行政机关的违法程度，根据双方过错合理确定赔偿比例。

一、简要案情

2011年12月31日，安徽省人民政府作出《关于蚌埠市2011年第1批次纳入增减挂钩试点管理使用先行复垦建设用地指标的批复》，2011年2月25日，蚌埠市人民政府依据省政府批复，发布蚌政通〔2011〕11号征地通告，原告鲲鹏养殖场所使用的集体土地在本次征收范围内。2014年8月20日，蚌埠市龙子湖区城市管理行政执法局经调查，认为原告鲲鹏养殖场所使用的集体土地上有违章建设，该违章建设未办理规划许可，用地也未经审批，同年10月21日遂向原告下达《龙子湖区违法建设拆除通知书》，同年11月18日，鲲鹏养殖场被拆除部分房屋。2015年1月4日，龙子湖区城市管理行政执法

---

* （2018）皖03行赔初1号。

局又作出（龙）城管（规划）强决〔2015〕001号行政强制执行决定书，决定于2015年1月5日对原告违章建设予以拆除，并最终于当日拆除完毕。

另查明，原告鲲鹏养殖场系个体工商户，经营者为王某，组织形式为个人经营，登记经营场所位于蚌埠市李楼乡汪圩村，经营范围及方式为梅花鹿驯养，繁殖销售。2015年1月5日鲲鹏养殖场被拆除时，李楼乡及龙子湖区政府（以下简称区政府）相关领导出具说明一份，载明"王某户鹿场在二次拆迁中造成的物品损失和鹿的损失，将按实际情况予以补偿"。在鲲鹏养殖场被拆除后，王某曾与区政府负责人沟通补偿事宜。原告于2015年2月、2016年5月从李楼乡各分别领取100万元，共计200万元。两次发放款项表均载明"高铁东广场企业拆迁赔付款发放表"，2015年2月的发放表中备注内容为"暂付企业补偿款"，2016年5月发放表备注内容为"根据龙政纪要〔2016〕15号，暂付企业补偿款"。2016年2月3日印发的龙政纪要〔2016〕15号会议纪要为《龙子湖区、蚌投集团高铁新区拆迁安置项目有关问题专题会议纪要》，会议召开时间为2016年1月20日，该会议纪要中载明"春节前对高铁东广场王某的养殖鹿场先期支付补偿款100万元，对其反映的鹿场拆迁问题由龙子湖区住建局介入，参与解决问题，在以后会议再行议定补偿"。据此，法院于2017年9月21日作出（2017）皖03行初24号行政判决，确认被告未就拆除养殖场对原告予以全面补偿的行为违法。2017年11月2日，原告蚌埠市鲲鹏鹿业养殖场向被告区政府邮寄行政赔偿申请，在法定期限内，被告未予答复，原告遂于2018年1月8日向蚌埠市中级人民法院提起行政赔偿之诉。

再查明，鲲鹏养殖场在拆除前，与龙子湖区李楼乡人民政府共同委托蚌埠市天平房地产评估咨询有限公司（以下简称天平评估公司）对房产及相应附属物品进行了初步评估，初步评估价格为2 634 696元（包括房产、附属物、搬迁费）；2014年11月18日第1次拆除时当场死亡8头梅花鹿；2015年1月5日第2次拆除时当场死亡8头梅花鹿，转移至禾泉山庄死亡4头梅花鹿（鹿的身量大小未记载）。

二、撰写心得

（一）确定养殖场是否是违法建设，是确定应否赔偿和赔偿范围、赔偿标准的前提

区政府在庭审中举证称，经过龙子湖区城市管理行政执法局的调查取证，

证明原告在集体土地上所建房屋未经过规划许可和用地批准,属于违法建设;原告认为根据当时国家政策,原告在集体土地上办养殖场应按照农用地进行管理,不存在违法建设问题,且区政府未按照法定程序予以认定和拆除,故应予赔偿。经蚌埠市中级人民法院审理认为,国土资发〔2007〕220号《关于促进规模化禽养殖有关用地政策的通知》提出,规模化养殖按照农用地管理,不需要办理农用地转用审批手续,但必须向县级国土局办理用地备案手续;其中,"生产设施及绿化隔离带用地占用耕地的,应签订复耕保证书,附属设施用地涉及占用农用地的,应按照规定的批准权限和要求办理农用地转用手续"。国土资发〔2010〕155号《国土资源部农业部关于完善设施农用地管理有关问题的通知》再次要求农业设施的建设与用地由经营者提出申请,乡镇政府申报,县级政府审核同意;国土资发〔2014〕127号《关于进一步支持设施农业健康发展的通知》中也强调经营者要签订用地协议,并要向县及国土资源部门报备,"生产设施、附属设施和配套设施用地直接用于或者服务于农业生产,其性质属于农用地。按农用地管理,不需要办理农用地转用审批手续"。从以上出台的养殖用地政策能够确定,经营养殖场的用地行为一般按照农用地进行管理,但仍需要向所在地国土资源部门报备并经政府同意。涉案养殖场从2000年一直经营至拆除前,虽然其未向所在地国土资源部门申报用地情况,但李楼乡政府对原告在辖区内租赁集体土地并进行经营养殖的事实是知情的,在养殖场所在集体土地未被征收前,各级部门也从未对原告用地行为予以查处或要求其按照规定补办相关手续;从区政府提交的证据来看,区政府职能部门龙子湖区城市管理行政执法局在对原告养殖场进行拆除时,亦未依照法定程序对原告养殖场的房屋及附属物的性质予以认定,更未依照行政强制的要求依法予以拆除;此外,拆除前,区政府职能部门李楼乡政府认可原告房屋及相应附属物品的合法性,并与原告共同选择评估机构对养殖场及附属物进行了初步评估。综上,根据以上的国家出台的养殖用地政策,结合考虑原告长期养殖的过程等因素,不宜认定原告建造的养殖场为违法建设,区政府认为原告养殖场是违法建设的意见不予采纳。

(二)确定养殖场厂房及附属物品补偿标准问题

案涉损失如果经依法有评估资质的评估机构进行了评估,应按评估价格给予赔偿。依据蚌政〔2009〕2号《关于印发蚌埠市市辖区征地拆迁补偿安置暂行规定的通知》第15条规定:"拆迁集体土地上生产企业或单位的房屋,由负责实施拆迁的区人民政府与生产企业或单位共同委托有评估资质的评估机构进行评估,按不含土地价值的评估价格给予货币补偿。"本案在拆除前,原告与具体实施部门李楼乡政府已共同委托评估机构进行评估,评估公司对原告的房屋、养殖棚及附属物品等进行了清点,双方均签字予以确认。但由于原告一直与区政府未达成补偿意见,区政府仅将上述初评结论告知原告,未将正式评估结果予以送达,现由于评估机构已被注销,无法出具正式评估结论,虽双方同意再次评估,但由于涉案房屋、养殖场及附属物品均已拆除,已不具备重新评估的可能。鉴于鲲鹏养殖场、区政府对初评结果双方均认可,故对该评估报告中涉及原告经营性用房及附属物部分金额 2 634 696 元,区政府应予以赔偿。

(三)行政机关拆除行为违法,所涉行政赔偿诉讼中财产损失有争议时举证责任的分配及行政机关粗暴执法导致行政赔偿诉讼中对财产损失情况无法查明难以确定损失数额时,裁判中如何运用证明标准和合理原则的问题

首先,原告对损害事实的举证责任以及行政赔偿诉讼中对原告损害事实的举证责任不适用行政诉讼的"被告负举证责任"的原则,而应参照民事诉讼的证据规则,即"谁主张,谁举证"。原告要对损害事实客观存在初步举证。

其次,《行政诉讼法》第 38 条第 2 款规定:"在行政赔偿、补偿的案件中,原告应当对行政行为造成的损害提供证据。因被告的原因导致原告无法举证的,由被告承担举证责任。"原告虽依法应当就财产损失承担举证责任,但其举证客观上存在困难,且这种困难系被告违法实施行政强制拆除时未依法清点、公证、交接而造成。在原告已就其财产损失的事实提供初步证明的情况下,根据上述法律规定,即发生举证责任的转移,被告应当就其强制拆除未造成物品损失的主张承担举证责任。

最后,《最高人民法院关于行政诉讼证据若干问题的规定》第 54 条规定:"法庭应当对经过庭审质证的证据和无需质证的证据进行逐一审查和对全部证据综合审查,遵循法官职业道德,运用逻辑推理和生活经验,进行全面、客观和公正地分析判断,确定证据材料与案件事实之间的证明关系,排除不具有关联性的证据材料,准确认定案件事实。"本案双方当事人对提交的证据以及法院依法调取的证据予以质证,法院进行逐一审查和全部证据综合审查后,对负有举证责任的诉讼主体是否运用证据证明争议事实、论证诉讼主张,充分运用逻辑推理和生活经验,进行全面、客观和公正地分析判断,以确定证据材料与案件事实之间的证明关系,排除不具有关联性的证据材料,准确认定案件事实。在确定本案赔偿数额时,法院根据原告的生产经营状况、生活的经济状况等因素,综合判断原告损失主张的合理性,对某些夸大的损失,不应支持;同时,法院对原告所主张的损失如系由其自身过错和行政机关的违法行为共同造成的,依据各方行为与损害结果之间有无因果关系及各方行为在损害发生和结果中所起作用的大小,合理确定行政机关的赔偿责任。即应该考虑行政相对人的过错行为及行政机关的违法程度,如果由于原告自身原因导致损失扩大的,对该部分损失就不能由行政机关全额赔偿,而应根据双方过错合理确定赔偿比例。

结合本案,原告从2000年起实际经营养殖场至今,其诉请赔偿清单中所列物品有衣物、澡堂用具、厨房内用具等生活用品,也有桌椅、木柜、电脑、电话等办公设施,还有饲料、粉碎机、铡草机等生产、养殖企业生产经营所必须的物品,还有不属于生产生活用品的观赏树木、花卉、紫砂盆等。本案所涉各项损失范围广、类型多,故需对所涉财物进行分类,以品类来分配举证责任是确定损失数额的合理路径。被告对养殖场实施拆除时,虽对原告屋内物品进行了清点并制作了"固定资产统计表",但列表中未包含原告部分衣物、澡堂用具、厨房内用具、电器等生活用品及部分生产设备、饲料等;被告又未充分举证证明原告罗列清单中的物品不存在或未在强制拆除时致使物品损坏。综合考虑原告实际经营时间、物品保管使用年限及折旧等情况,本案在审理中对原告所列物品损失清单中载明的生活用品进行分类并按比例确定赔偿数额。其一,对清单中一般生活用品即衣物、澡堂用具、厨房内用具等,因属于养殖场正常生活使用,法院对原告要求赔偿的意见予以支持,酌情赔偿38 829元(64 715元×0.6)。其二,对于原告物品损失清单中载明的办公用品的认定。此类物品为养殖场经营所必须,被告在"固定资产统计表"上有部分记载,法院对原告要求赔偿的意见予以支持,酌情赔偿25 320元(42 200元×0.6)。其三,对于原告物品损失清单中载明的家用电器类物品,即太阳能2台价值5000元、格力空调柜机3台价值21 000元、格力空调挂机2台价值6400元、保险柜大中小各1台价值15 200元、冰柜4台价值14 520元、洗衣机1台价值4080元等,合计66 200元,原、被告在评估前对该类物品有清点记录,故应予认定并酌情赔偿39 720元(66 200元×0.6)。其四,对于原告物品损失清单中载明养殖生产经营物品价值889 895元的认定。其中，太阳能路灯 12 个价值 45 960 元、铁制楼梯 3 个价值 3600 元、铁大门 2 个价值 9400 元、监控设备 1 套价值 5800 元、二道大门 1 个价值 2500 元、店门 1 个价值 2000 元、鹿舍铁门 12 个价值 5400 元、鹿舍围栏价值 74 520 元、电动卷闸门 3 个价值 8400 元。以上合计 157 580 元属于房屋内装饰装修组成部分，已在初评报告的附属物中包含并予以计算，故应予从赔偿总额中扣除；剩余生产设备及饲料等酌情赔偿 403 389 元（672 315 元×0.6）。其五，关于原告提出的花木、观赏鱼、奇石价值合计 124 200 元的认定。原、被告在评估前对该类物品有清点记录，在初评报告的附属物中对各类树木已经进行了评估，计 1110 元，故应予从赔偿总额中扣除。另外，对于观赏鱼及花缸、鱼缸等酌定赔偿 20 000 元。另外，邮票、纪念币因不属于生活类用品，对此原告未提供证据予以证实物品存在，被告清点物品清单中也未予记载，故原告所主张的此类损失不予认定。

（四）人民法院依法主动调查取证的适用

《行政诉讼法》第 40 条规定："人民法院有权向有关行政机关以及其他组织、公民调取证据。但是，不得为证明行政行为的合法性调取被告作出行政行为时未收集的证据。"根据上述法律规定，人民法院只是在当事人举证不能，且证据存疑、相互矛盾无法采信的情况下才主动进行一定的调查取证，本案中，法院进行调查是为了确定损失赔偿标准，而非为证明行政行为的合法性才调取证据。原告从事梅花鹿养殖，这在当地非常少见，拆除前被告未对原告生产经营中梅花鹿、鹿茸等予以评估鉴定，无法确定损失数额，且诉讼中，原被告分别提供了吉林省鹿业公司、山东省鹿业公司关于梅花鹿价格的证明，但各自确定的梅花鹿价格数额差距大，为此法院前往东北梅花鹿产地对梅花鹿的价格进行了询价，并对一般养殖场梅花鹿群中公鹿、母鹿、仔鹿的比例进行了咨询。长春市双阳区鹿业协会出具了"2015 年鹿茸、鹿只指导价格"，内容如下："通过对全区梅花鹿养殖企业、经销商的调研走访及今年市场行情的预测，初步确定今年鹿茸及鹿只的价格，现公布如下：鹿茸价格：二杠鲜茸一等茸 1300 元/市斤、二等茸 1100 元/市斤、三等茸 950 元/市斤；三权鲜茸一等茸 900 元/市斤、二等茸 700 元/市斤、三等茸 500 元/市斤。鹿只价格：公鹿分生产 10000 元/只、育成 6000 元/只、幼仔 4000 元/只；母鹿分生产 4500 元/只、育成 3000 元/只、幼仔 2400 元/只。"故，法院参照咨询内容来确定梅花鹿、鹿茸的损失数额。

综上所述，本案在处理过程中除了运用举证责任分配的原则、合理原则，并经人民法院依法调查取证外，在不违背法律规定的前提下，为了实质上化解争议，法院多次组织调解，为双方创建沟通平台，来核对损失清单，确定具体损失情况。

（顾倩，安徽省蚌埠市中级人民法院法官）

三、专家评析

人民法院审理行政赔偿案件，应当遵循全面赔偿和公平、合理赔偿的原则，既要体现对行政机关违法行为的惩戒，也要确保赔偿请求人的合法权益得到充分保障。本起赔偿案件的裁判，即体现了对赔偿请求人权益的全面保障。法官对可评估物品价值的确定依据评估报告，对因客观原因无法鉴定的财物的损失，运用逻辑推理、生活经验和生活常识等综合考量，酌情确定该部分损失，最终确定了行政机关赔偿行政相对人的损失总额，充分保护了赔偿请求人的合法权益，也体现了审判人员的裁判技巧和司法智慧。

（点评人：邵华，安徽省蚌埠市中级人民法院审委会专职委员）

（2018）皖 03 行赔初 1 号裁判文书原文

21. 夏某和长春汽车经济技术开发区管理委员会房屋行政赔偿案[*]

【关键词】

房屋　行政赔偿　直接损失　给付判决

【裁判要旨】

行政机关基于合法行政行为造成他人损失产生的是行政补偿责任，反之，因违法实施行政行为造成他人损失产生的是行政赔偿责任。对于土地、房屋征收过程中的行政赔偿案件，确定受害人的直接损失也即应予赔偿项目和数额时的基本原则是，赔偿数额应不低于受害人依照安置补偿方案可以获得的全部征收补偿权益，以体现赔偿诉讼的惩戒性和对受害人的关爱与体恤。行政相对人和行政机关均不能提供有效证据证实违法行为造成的直接损失，且已无法对房屋及其他财产损失进行评估时，人民法院可以结合在案证据和实际情况，运用逻辑推理和生活经验、生活常识等，全面、充分考虑受害人的各项损失，酌情确定赔偿数额。

一、简要案情

夏某分别于1996年和2000年通过招商引资的形式与长春市东山工业公司签订协议，约定夏某承租村集体的土地建房。夏某将房屋及附属设施建成后用于出租他人经营饭店及自营养殖、加工等业务。2013年，长春汽车经济技术开发区管理委员会（以下简称汽开区管委会）将夏某房屋拆除，2015年，夏某提起行政诉讼，请求确认拆除行为违法。长春市中级人民法院经审理认为，汽开区管委会强制拆除的主要证据不足、程序违法，判决强制拆除行为违法。夏某于2017年2月向汽开区管委会邮寄了行政赔偿申请书，未得到答复。2017年6月，夏某提起行政赔偿诉讼，请求将房屋恢复原状或赔偿房屋经济损失人民币2 321 400元及其他各项经济损失人民币1 019 600元，

---

[*]（2018）吉行赔终1号。

合计人民币3 341 000元。

一审法院认为，争议焦点有三个。

关于对夏某房屋性质的认定。本案夏某在向汽开区管委会申请行政赔偿及向人民法院提起行政赔偿诉讼前，汽开区管委会的拆除行为因主要证据不足及程序违法已被法院的生效判决确认违法。在没有相关职能部门对夏某的房屋作出违法建筑认定的情况下，不宜认定夏某的房屋系违法建筑。

关于赔偿责任及数额的认定问题，即原被告的举证责任及举证不能的后果的问题。行政赔偿与征收补偿案件不同，行政赔偿的举证责任及举证不能的后果应适用调整行政赔偿案件的相关规定。《国家赔偿法》第15条第1款规定："人民法院审理行政赔偿案件，赔偿请求人和赔偿义务机关对自己提出的主张，应当提供证据。"《最高人民法院关于行政诉讼证据若干问题的规定》第5条也规定："在行政赔偿诉讼中，原告应当对被诉具体行政行为造成损害的事实提供证据。"根据上述法律规范的规定，在行政赔偿诉讼中，原告应当就行政行为是否造成损失，具体损失数（金）额（以下统称损失金额）多少承担举证责任。本案审理过程中，夏某不能提供房屋建造成本、房屋内物品数量和价值及附属设施种类和价值等相关证据，导致法院无法对被告提供的拆迁评估结果明细表中的内容是正确还是虚高作出正确判断，也无法通过其他方式计算出房屋等的价值。因此夏某应承担举证不能的不利后果。其要求按照其赔偿请求的数额进行赔偿的主张，在现有情况下无法得到支持。关于汽开区管委会主张按照拆迁评估结果明细表确定的数额进行赔偿的主张，因该明细表系咨询性估价，该咨询结果仅供征收部门掌握当时资产公允价值参考，不能作为赔偿确定数额的依据，故对汽开区管委会的此点主张亦不予支持。因该房屋现在已被拆除，附属设施及屋内物品、设备等已不存在，不具备鉴定的条件。汽开区管委会在拆除前也未按法定程序委托评估机构出具有效的评估报告，故汽开区管委会应负有按征收补偿程序结合本区征收补偿标准对夏某房屋及附属物等进行补偿的责任。

关于本案的解决方式及救济途径问题。即征收补偿义务与行政赔偿责任同时存在如何解决的问题。在征收补偿过程中，在不能达成补偿协议的情况下，征收部门既有依照法律法规对补偿具体数额作出结论支付补偿款的义务，也有对因采取强制措施不当给被征收人造成的其他财产损失依法给予行政赔偿的责任。由于征收补偿与行政赔偿的范围有所不同，为保护被征收人的合法权益，不能简单按照行政赔偿的直接损失计算标准计算赔偿数额，被征收人的补偿利益,还应按照征收补偿方案进行计算。对于在诉讼中不能通过举证得出结论的,需要行政机关依照征收补偿程序进行处理的,应责成征收人依照法定程序履行义务。本案中,汽开区管委会应比照征收补偿程序,在前期现场勘查、核算的基础上,通过完成评估或其他方法得出补偿结论。夏某有权对评估意见申请复估,对补偿结论申请复议或提起行政诉讼。法院依照《行政诉讼法》第69条、《最高人民法院关于审理行政赔偿案件若干问题的规定》第33条的规定,判决:(1)汽开区管委会应于判决生效之日起60日内,参照征收补偿程序履行对夏某房屋及附属设施等的补偿问题与夏某达成补偿协议或依职权作出补偿结论的义务;(2)驳回夏某要求汽开区管委会为其恢复房屋原状或赔偿其房屋及附属设施等各项经济损失人民币3 341 000元的诉讼请求。

二、撰写心得

在行政单独赔偿案件中,通常情况下,当事人经确认诉讼后向行政机关提出赔偿申请,赔偿问题仍未得到有效解决才又再提起单独赔偿诉讼。赔偿义务机关不积极履行赔偿义务,赔偿问题长时间不能得到实质解决,是该类案件的显著特点。本案即是如此,夏某的房屋2013年被汽开区管委会征收集体土地过程中强拆,2015年强拆行为被法院生效判决确认违法,但是,直至2017年赔偿问题也未得到有效解决。

夏某提起本轮行政赔偿诉讼,一审认为,夏某对其主张的财产损失未能提供充分证据,应承担举证不能的不利后果,判令由汽开区政府参照征收补偿程序与夏某达成补偿协议或依职权作出补偿结论,无异于把争议又重置于征收土地程序的起点,至少有两点不妥:一是行政机关难以操作,案涉房屋及附属物已经被拆除4年之久,失去了重新评估和鉴定的基础;二是如果行政机关自行确定赔偿范围和数额,势必难以得到受害人的认可,赔偿决定即使及时作出,难免又会引发新一轮的行政诉讼。而且,本案系行政赔偿法律关系,而非征收补偿法律关系,即使不能作出给付判决,人民法院也应判令赔偿义务机关作出赔偿决定或对赔偿问题作出处理,不应是"参照征收补偿程序对夏某房屋及附属设施等的补偿问题与夏某达成补偿协议或依职权作出补偿结论"。

本案二审过程中,承办法官秉持全面赔偿即赔偿数额至少应不低于依照安置补偿方案可以获得的全部征收补偿权益的理念,对当事人提交的证据进行详细分析,结合当事人的主张,对夏某合法权益受损害情况逐项进行分析论证确定赔偿数额,对于确因客观原因无法评估或鉴定的部分,运用逻辑推理和经验常识,酌情确定赔偿数额,最后作出给付判决,彻底解决争议,作到案结事了。

二审对夏某赔偿问题主要从三个方面进行考量。

(一)坚持全面赔偿的理念

行政机关基于合法行政行为造成他人损失产生的是行政补偿责任,反之,因违法实施行政行为造成他人损害产生的是行政赔偿责任。行政补偿与行政赔偿系不同的行政法律关系,行政机关的行政行为合法与否,随之承担的法律责任亦不相同。在汽开区管委会强拆行为已经被确认违法的情况下,一审法院认为"被告应负有按征收补偿程序结合本区征收补偿标准对原告房屋及附属物等进行补偿的责任",混淆了行政补偿与行政赔偿的法律关系。由于行政赔偿案件不仅要确保赔偿请求人的合法权益得到充分保障,还要体现对行政机关违法拆除行为的惩戒,对《国家赔偿法》第36条中"直接损失"的理解,理应包括其作为被征收人所可能享有的全部房屋征收安置补偿权益,同时,以侵权时点的财产损失数额为基数至实际给付之日产生的孳息,也属于受害人的直接损失。换言之,行政赔偿受害人获得的赔偿数额不会低于通过合法补偿所获得的补偿数额。

(二)对于应予赔偿的直接损失要体现赔偿诉讼的惩戒性和对受害人的关爱,对于不属于直接损失范畴的应明确不予赔偿的理由

案涉土地系租赁取得,夏某主张被强拆房屋按有照房屋给予产权调换或按判决时周边房地产市场价格赔偿无法律依据,但房屋1996年建设后一直用于养殖、租赁,至强制拆除前未经有权机关确定为违法建筑,夏某就案涉房屋享有相应补偿权益,应以强拆行为发生时2013年5月16日作为确定赔偿数额的赔偿时点。就案涉房屋出具评估报告的吉林融创地产估价有限责任公司系汽开区管委会单方确定,且评估结果未依法送达,评估报告无法予采信。汽开区管委会在一审时还提供了案涉房屋周边其他被征收人的评估结果和补偿协议,鉴于其中部分房屋与案涉房屋构造和客观情况相似,因此,以2013年5月16日时间相近的评估结果作为确定案涉房屋直接损失的参考依据,更有益于保护夏某的合法权益。

关于案涉附属设施和室内物品的直接损失。由于汽开区管委会未能提交强拆时依法采取相关证据保全措施的依据,应承担举证不能的不利后果。夏某一审时提供了案涉附属设施和室内物品损失清单，包含有围墙、地面等附属设施和电视机、茶几等室内物品，基于正常人的生活经验判断，夏某主张的附属设施和室内物品绝大部分符合常理，应当给予适当赔偿。结合当地生活消费水平，酌情确定赔偿 220 000 元。

至于夏某主张的租房、收益、生产设备等其他损失。由于案涉房屋并非农村宅基地上具有合法证照的住房，夏某未提交房屋被强拆时被用于经营的合法证照，亦未能提供证据证实生产设备损失真实存在且与强拆行为有因果关系，对其上述主张，均不属于《国家赔偿法》规定的应予赔偿的"直接损失"范畴，故二审对夏某该项主张未予支持。

（三）关于利息损失问题

根据《国家赔偿法》第 2 条第 2 款规定，赔偿义务机关应当及时履行赔偿义务。本案中，汽开区管委会强拆案涉房屋行为被确认违法后，理应及时履行赔偿义务，尽快支付违法损害赔偿金，以使赔偿金的孳息尽早归于受害人，尽可能减少受害人的损失。若违法损害赔偿金不计付利息，则会使受害人的直接损失无法得到全部赔偿，甚至可能促使加害人拖延履行赔偿义务。故未及时支付赔偿金所产生的利息亦属于《国家赔偿法》规定的直接损失范围，依法应予赔偿，不属于司法裁量范畴。

（孔德岩，吉林省高级人民法院法官）

三、专家评析

就行政诉讼的原告而言，其提起行政诉讼的最终目的是实质解决行政争议。2014 年修正的《行政诉讼法》将"解决行政争议"确立为行政诉讼的 4 个立法目的之一，既是对行政诉讼基本功能的准确定位，也是对当事人诉求的正面回应。如何将立法目的落到实处，及时保障人民合法权益，尽快稳定行政法律关系，彻底化解行政争议的裁判，此案的二审裁判作出了指引。

司法实践中，因行政强制拆除行为被确认违法引发的行政赔偿案件中，赔偿数额的确定是重点和难点问题。尽管《国家赔偿法》确立了"对财产权造成其他损害的，按照直接损失给予赔偿"这样一个原则，但法律对直接损失的确定并没有作出具体规定。特别是在此类案件中，一方面，由于行政机关强制拆除前有时未依照法定程序做好证据保全，当事人对被损害财产的种类、数量等往往争议较大；另一方面，对被损毁的房屋、土地等不动产或特殊动产的价值确定标准和途径也因相关规定不明确而成为裁判的难点。过去相当长的时期内，司法实践中，按照"行政首次裁决""司法谦抑"等基本原则和理念，在行政机关尚未先行作出赔偿决定的情况下，人民法院往往采取在确认被诉行政行为违法的同时，判决行政机关限期作出赔偿决定的履责裁判。按照《行政诉讼法》的规定，人民法院处理类似行政争议中，具备裁判时机的，应当依法作出内容确定的给付判决。就本案而言，二审法官根据当事人的主张，结合在案证据，合理分配举证责任，运用逻辑推理和经验常识，确定赔偿数额，在此基础上作出赔偿数额确定的给付判决，真正实现了行政争议的实质化解。体现出一名行政法官的理论功底、综合运用证据能力和司法裁判水平。

本案二审在坚持依法赔偿理念的基础上，改判作出给付判决，有三点值得肯定。

（一）充分运用在案证据对直接损失进行论证

对于房屋等不动产评估报告不能采信的情况下，本案法官突破了多数法官审理此类案件时一定"先评估再定价"的惯性思维，参照征收范围其他类似房屋的评估和补偿情况，并选取了其中评估价格较高的评估结果作为确定案涉房屋价格的依据，这种采信证据的方法，也受到受害人和赔偿义务机关的认可，体现了承办法官的智慧。

（二）大胆适用举证责任倒置进行裁判

《行政诉讼法》第38条明确规定，在行政赔偿、补偿的案件中，因被告的原因导致原告无法举证的，由被告承担举证责任。而适用举证责任倒置的关键在于"推定"，基于赔偿义务机关没有履行法定程序进行强制拆除，特别是对室内物品未履行登记、妥善保管的义务，受害人无法直接举出关于现场是否存在争议及争议财产是否在拆除过程中损害的证据的情况下，法官基于生活经验和常识，可以推定哪些争议财产受到了损害并应予赔偿，而不能以原告举证不能或证据不足拒绝裁判。

（三）坚持依法赔偿的底线

行政赔偿案件中，违法致害行为造成受害人的直接损失属于《国家赔偿法》的赔偿范畴，对于应予赔偿的项目要体现赔偿诉讼的惩戒性，对于受害人赔偿主张中不属于直接损失的，也应在裁判文书中分析论证不予赔偿的理由。本案二审裁判文书对于夏某要求产权调换或按照判决时周边房地产市场价格赔偿以及租房、收益、生产设备等其他损失的主张，均逐项阐述了不予以赔偿的理由和依据，据了解，判后也得到了受害人的认可，其未申请再审。

总之,本案二审判决通过改判,作出内容确定的给付判决,公平、合理地弥补了夏某的相关损失,做到案结事了,节约了行政资源和司法资源,取得了法律效果和社会效果,对于行政赔偿案件有很好的借鉴意义。

(点评人:李红厂,吉林省延边朝鲜族自治州中级人民法院审判委员会专职委员)

(2018)吉行赔终1号裁判文书原文

第十一章 不履行法定职责

22. 朱某某、高某和南通市妇幼保健院不履行法定职责案[*]

【关键词】

出生医学证明 新生儿命名 有效身份证件

【裁判要旨】

1. 为新生儿命名是监护人的义务,当新生儿父母就新生儿姓名无法形成一致意见时,应以"最有利于被监护人"原则,确定为新生儿命名的主体。

2. 相关法律规范要求,医疗机构签发《出生医学证明》时,需要求申请人提交新生儿父母有效身份证件原件,其目的是审核确认父母身份信息。当新生儿母亲因客观原因无法提供新生儿父亲身份证件原件时,所提供的载有新生儿父亲身份信息的法院裁判文书,能够证明新生儿父亲的身份信息,可以作为证明身份的有效依据,医疗机构不能以未提供身份证件原件为由拒绝签发《出生医学证明》。

一、简要案情

2015年8月25日,高某在南通市妇幼保健院生育一子。南通市妇幼保健院向高某出具了《〈出生医学证明〉首次签发登记表》,记载了产妇姓名,新生儿性别、出生时间以及出生孕周、体重、身长、出生地点、医疗机构等分娩信息。同时记载了母亲高某及父亲朱某某的年龄、国籍、民族、住址、有效身份证件类别、有效身份证件号码等信息。

2016年7月11日,高某因与朱某某感情不和,向南通市崇川区人民法院

---

[*] (2018)苏06行终711号。

提起诉讼，请求判令高某与朱某某离婚，婚生子由高某抚养等。同年9月18日，南通市崇川区人民法院作出（2016）苏0602民初3726号民事判决，准予高某与朱某某离婚，双方婚生子随高某共同生活。朱某某不服，向南通市中级人民法院提起上诉。2017年3月29日，南通市中级人民法院作出（2017）苏06民终86号民事判决，维持一审判决，另判决朱某某可每月探望婚生子两次，高某应给予必要协助。

因朱某某与高某就新生儿姓名无法协商一致，朱某某以书面方式告知南通市妇幼保健院，须在朱某某本人到场的情况下方可签发《出生医学证明》，同时向南通市妇幼保健院提供了本人身份证件复印件及照片复印件。

2018年1月，高某向南通市妇幼保健院申请为其子办理《出生医学证明》，提交了《生育一孩服务通知单户口申报联》、《分娩证明》、《〈出生医学证明〉首次签发登记表》、（2016）苏0602民初3726号民事判决书、（2017）苏06民终86号民事判决书。南通市妇幼保健院答复高某，需提供朱某某的居民身份证件原件，否则不予办理。高某不服，向南通市港闸区人民法院提起诉讼。

南通市港闸区人民法院经审理后认为，医疗机构出具《出生医学证明》的行为属于法律赋予医疗机构确认新生儿出生的法律事实及与生母、生父之间血亲关系的一种行政证明行为。只要行政主体依法需要确认的事实有充分的证据加以证明，行政机关即应当依法积极履行行政证明职责，而不得推诿拒绝。本案中，为填写新生儿父亲信息，南通市妇幼保健院要求高某提供朱某某的身份证件原件。但从生效裁判文书来看，高某、朱某某已经法院判决准予离婚，双方对新生儿的姓氏等问题相持不下，朱某某拒不向高某提供身份证件原件以办理《出生医学证明》。高某为此提供了载有朱某某身份信息的人民法院生效裁判文书，南通市妇幼保健院坚持要求高某提供朱某某的身份证件原件实质上为案涉新生儿获取《出生医学证明》设置了障碍。在生效裁判文书对朱某某的身份信息已经确认的情况下，南通市妇幼保健院以高某未提供居民身份证件原件而拒绝出具《出生医学证明》属于机械执法。2018年8月6日，南通市港闸区人民法院作出（2018）苏0611行初251号行政判决，责令南通市妇幼保健院在判决生效之日起20日内为高某于2015年8月25日所生之子出具母亲为高某、父亲为朱某某的《出生医学证明》。南通市妇幼保健院、朱某某均不服，向南通市中级人民法院提出上诉。

南通市中级人民法院经审理认为，本案实际上存在两个争议：一是发生在高某与朱某某之间的争议，即双方无法就新生儿姓名形成一致意见；二是发生在高某与南通市妇幼保健院之间的争议，即南通市妇幼保健院拒绝向高某出具《出生医学证明》。

二、撰写心得

裁判文书确定和分配当事人的权利义务，同时也承载法官的专业和道德价值追求。作为一名法官，注定要与裁判文书终身为伴，但写好每一份裁判文书，却似乎又是天下最难做到的事情。笔者结合本案的审理，从主体、形式和内容三个方面，谈撰写行政裁判文书的体会。

（一）文书的撰写者、受众和旁观者

法官是案件的亲历者、纠纷的裁断者、裁判文书的撰写者以及文书质量的责任承担者。法官在下笔之时，必须明白，所撰写的文书，究竟谁会认真地阅读。真正认真阅读的，恐怕主要还是案件的当事人，以及与案件的审理结果有利害关系的第三人。因此，撰写文书的方法与技巧、用词与达意，都要首先服务于案件的当事人这个受众。裁判文书要明明白白地说服当事人，"治愈"当事人的各种"不服"，不仅要围绕其诉讼请求说理、裁判，还要用当事人看得懂、能理解的语言说理、裁判，不仅要体现法律的专业化，还要体现法律的大众化，用通俗的文字阐述晦涩的法理。

随着裁判文书上网的普及，一篇裁判文书的读者早已不局限于案件的当事人，更多的读者是与案件并无利害关系的社会公众——案件的旁观者。他们不可避免会更多依据自己习得的知识，而非法官所认定的法律知识，解读、评判裁判，形成了当代中国法治实践中的"法民关系"。在这一关系中，法官或者法律职业共同体并不独断地享有对法律解读的权利，相反，对法律解读的权利是由社会公众与法官所分享的。个案中的法律关系是具体特定的，但个案中的法民关系却会产生总体性和普遍性的实践意义，公众意见对司法既有正向的推动作用，但有时也会走向反面。如果一起案件遭到社会公众的强烈质疑，形成公信危机，可能会形成人们关于整个司法系统的负面评价。法官应更为审慎地行使裁判权，综合考虑法律依据和政策依据、法律推理和常识判断、法律真实和客观真实、法律效果和社会效果。

本案的被诉行政行为是医疗机构拒绝签发《出生医学证明》这一行政不作为，引发诉讼的原因是夫妻双方对新生儿取名问题争执不下。法律争议来源于社会生活，从社会学的角度看，因新生儿取名引发家庭矛盾的社会现象

大量存在。由于一方不提供必要的身份信息,不配合另一方为新生儿办理出生证明、户籍登记的情形时有发生,而医院等经办机构碍于对法律语义的理解,认为只有在夫妻双方同时提交身份证件原件等身份证明时,才能为新生儿办理出生证明,但这显然会影响到新生儿姓名权及相关人格身份利益。因此,本案的裁判需要考虑的是,《出生医学证明》的性质是什么,医疗机构对相关法律政策的理解是否准确,如何及时保障新生儿的姓名权等合法权益。一般情况下,夫妻双方应当按照法律的明确指引,向《出生医学证明》经办机构提供必要的身份信息原件;而在特殊情况下,因客观原因申请办理一方难以提供另一方身份证件原件,但能够提供有效证据证明其身份信息的,也应当允许其为新生儿办理出生医学证明。这样区分处理,更契合社会的一般观感和现实生活需要,能够减少与之相关的一类矛盾和争议。案件裁判以后,南通市中级人民法院还专门提请南通市政法委召集南通市公安局、卫生健康委员会及相关医疗机构,就签发《出生医学证明》形成会议纪要,指出《出生医学证明》在法律上是记载新生儿出生状况和血亲关系的重要凭证,同时也是公安部门办理户籍登记的重要依据,新生儿父母一方因夫妻关系解除等原因无法提供另一方身份证件原件的,可以提交其他足以证明身份信息的有效材料,并视为新生儿父母信息齐全。会议纪要出台以后,此类问题得到了有效解决。

(二)文书的语言、结构与规范

裁判文书是法官价值取向、法律素养、文字功底的集中反映,是衡量法官法律素养的重要标准,是法官的"名片"。同时,裁判文书还是对争议事实进行法律上的描述与判断并给出处理方案的公文。裁判文书的公文属性,决定了文书语言和结构的规范性。最高人民法院先后制定出台了《人民法院民事裁判文书制作规范》《民事诉讼文书样式》和《行政诉讼文书样式(试行)》,对文书中举证、质证、事实认定、裁判理由内容及相关格式、排版等均作了统一规定,为裁判者提供标准化文本。一份优秀的裁判文书,应当具备格式统一、要素齐全、结构完整、繁简得当、逻辑严密、用语准确等特点,使司法分配正义的功能以看得见的形式展现。

行政行为合法性审查原则决定了法官不仅要针对原告的诉讼请求裁判,更要基于依法行政原则,从职权、程序、证据等各个方面审视行政行为的合法性。由于行政诉讼是对行政行为的监督之诉,行政裁判文书是对行政决定的"复审决定",因而,更应注重文书语言的规范与严谨,文书结构的严密与完整。但是，一份优秀的裁判文书，也并非从一开始就像它最终所呈现出来的那样，以一种条理井然、概念清晰、层次分明的方式叙述案件，它有时是从残缺甚至是混乱的状态开始的，形成的过程中也经常少不了裁判者内心激烈的论辩与反复。

就本案而言，审查的是"医疗机构拒绝出具《出生医学证明》是否合法"，可进一步概括为"提交新生儿父母有效身份证件原件并留存复印件"之"有效身份证件"的理解与适用问题。但是，本案裁判在归纳和解决这一争议焦点之前，还增设了一个争议焦点即"如何理解新生儿命名的冲突问题"。将之列为争议焦点之一，乃是行政诉讼依职权审查以及实质性化解行政争议的需要。本案所反映的一个社会现象是，一种普遍的观点认为，给新生儿命名是父母的一项权利，而非一项义务。法院并不否认，人类自诞生以来，就有着给下一代命名的古老传统，但是，命名不仅仅是给人以某种标识或符号，更在于对人格和身份利益进行保护，没有人格和身份，人就会寸步难行。因此，从保障新生儿权利的角度，而非基于父母双方权利的角度，应当尽可能早地给新生儿命名，以此尽早地保障其合法权利。但是，正是由于父母将取名视为一项权利，而非一项义务，才会形成不主动命名、不配合新生儿出生登记等现象。正是因为本案所涉及的问题不仅是一个个案问题，还是一类社会问题，因此，法院认为有必要对新生儿命名在法律上的意义予以阐明并作出评判，以此纠正社会上与之相关的一类错误认识和行为。

（三）文书的法理、事理与情理

法律是一门精英学科，法律概念、法律逻辑、法律推理、法律教义，都需要加以专门研习。但是，法律也并不神秘，它来源于社会生活，是社会生活经验的总结；它服务于普通社会公众，需要由最广大社会群体所了解；它构建的是一般社会生活秩序，而非为某一类人所独享。因此，法理与事理、情理常能相互沟通、相互协调并相互补充。裁判文书如果只专注法理而漠视事理，法律就会变得专制；裁判文书如果只专注法理而漠视情理，法律就会变得冷酷。

因此，裁判文书应当关注法理与事理、情理的契合，在精英话语与大众话语之间恰当平衡。裁判说理无论如何严密，如果违反常识，都会导致致命的错误。在刚开始从事法官工作的时候，可能会将注意力都放在法律法规、政府规章和案例上，以至于忘记使用最重要的工具之一，那就是常识。法官应当经常扪心自问，"我所撰写的判决是否符合生活常识"，并习惯于用常识常理检验裁判结果,这样,即使有所不当也一定不至于错得离谱。

同时,裁判文书应当关注力度与温度的契合。裁判文书的力度,就是要彰显规则的力量,表达法律规则倡导什么,反对什么。在法律规定模糊或者留白时,通过准确理解法律规定的目的,解释和续造法律规则,填补规则的空缺,通过这种方式支持守法,保护合法,惩罚违法。法官应勇于和善于用裁判文书发声,传递法律的声音和规则的力量。解决一个纠纷,明确一条规则,确定一个导向,使全社会一体遵循。法律并不是冷冰冰的条文,背后有情有义。法官应有人文情结、悲悯情怀,裁判文书的温度,就是法官人格的缩影,体现的是对社会的人文关怀和体恤。通过裁判文书,向社会传递正义的力量和社会主义核心价值观。有温度的裁判,其语言才有感染力,思想才有感召力,而这亦需要对文书措辞反复拿捏,长期学习和修炼。

本案所涉关键内容为如何理解"提供新生儿父母有效身份证件原件",从规则语义来看,医疗机构主张《出生医学证明》申请人提供父母双方的身份证件原件,无可厚非。但是,适用这一解释的后果是,在父母一方未取得相对方身份证件原件的情况下,新生儿将难以获得出生证明以及难以及时获得户籍登记。显然,新生儿在何时何地出生是一个事实问题,出生证明的作用也主要是为了对新生儿出生这一事实加以官方证明,即只要医疗机构知晓与新生儿出生相关的事实,即可以作出证明,而无须附加其他条件,更无须带有任何价值判断。但是,法律要求提供父母双方的身份证件原件,其目的主要在于新生儿出生证明的相关记载事项中,需要填写父母的姓名等相应信息。但是,要求同时提交父母双方身份证件原件,实际上极大地限缩了新生儿的范围。依其预设,只有出生在父母双方对命名没有分歧的双亲家庭的新生儿,才能获得证明,但是,为什么出生在单亲家庭,以及父母双方对命名存在分歧的新生儿,就不能得到证明呢?可见,如果按照语词的字面意思加以理解,并不符合签发《出生医学证明》的客观规律性,并且破坏了法律面前人人平等原则。同样的道理,医疗机构将要求《出生医学证明》申请方提交父母双方的身份证件原件,视作父母双方同意申请证明的前提条件,但是,难道父母有一方不同意,新生儿就不会出生吗?这样的解释并不符合社会常识,也同样不能成为医疗机构不签发《出生医学证明》的正当理由。从常识出发,需要法官对"提供新生儿父母有效身份证件原件"作出更为合理的解释。当然,其中也必定饱含法官对嗷嗷待哺的新生儿的怜爱之心。

裁判虽然可以定义为解释和适用法律之过程,但达致合理解释的路径,却是从常识、常理和常情开始的。

(刘羽梅,江苏省南通市中级人民法院法官)

三、专家评析

依法审理行政案件是《行政诉讼法》赋予人民法院的重要职责,是监督行政机关依法行使职权的重要抓手,更是保护公民、法人和其他组织合法权益的重要方式。法律源于社会又规范社会,但以有限的法律语言描摹无限的社会现实,即使将人类理性发挥到极致,也无法确保法律条文的规范作用实现全方位覆盖。面对变动不居的社会实践,法律时常出现空白和滞后,这就决定了法院需要通过创新性适用法律来保障立法目的的实现,法律亦由此得以不断发展,这也是为什么"法官不得以法无明文规定为由拒绝裁判"之旨趣所在。

在"出生医学证明案"中,南通市中级人民法院正是在"为新生儿命名是父母的权利还是义务""新生儿父母无法就新生儿姓名形成一致意见时,如何打破僵局""医疗机构能否以新生儿姓名无法协商确定为由,拒绝出具出生医学证明"等诸多问号和争议之中,在原则性与灵活性之间寻求了平衡,厘清了为新生儿命名的行为属性,顺应了权利保护的理念,为面临同类境遇的当事人确立了解决问题的规则。本案裁判的深层次意义在于,实现了以行政审判监督依法行政、以典型裁判"反哺"执法实践的良性互动,有助于从源头上预防行政争议,推动社会治理不断进步。

(一)明确了法理

裁判文书要以法为据,义正辞严明确法理。涉及《出生医学证明》的规范性文件制定时间较早,位阶层级较低,内容过于原则,总体上显得零散、不系统,加之《出生医学证明》的管理涉及多个部门,一定程度上导致了实践操作中衔接不畅。本判决明确了为新生儿命名是监护人的义务,不得随意抛弃;当新生儿父母无法就新生儿姓名形成一致意见时,需要考虑新生儿的成长条件、受抚养及教育情况,以"最有利于被监护人"的原则,综合选择确定为新生儿命名的主体;在新生儿母亲因客观原因无法提供新生儿父亲身份证件原件的情形下,如能提供载有新生儿父亲身份信息的法院裁判文书等身份证明文件,应当视为具有与身份证件原件同等的法律效力,医疗机构不能以未提供身份证件原件为由,拒绝签发《出生医学证明》。

(二)顺应了情理

裁判文书要以情感人,感同身受顺应情理。医疗机构通常认为,有效身份证件只能是身份证件原件,并且能够提交身份证件原件,才体现新生儿父母对申领《出生医学证明》形成了合意。同时,医疗机构还将颁发《出生医学证明》看作了一种行政权力,机械地要求申请人提交所有符合形式要件的材料才予以"审批"。本判决明确了,《出生医学证明》的出具影响到新生儿及其父母的正常生活,是新生儿人身权能否受到保护的重要依据。作为法律的执行机关,医疗机构行使法律赋予的权力,既是职能,更是职责,颁发出生医学证明是一种证明行为而非审批行为,将有效身份证件仅理解为居民身份证件原件,系对法律规范的僵化理解,割断了新生儿获取《出生医学证明》的路径。行政机关应采取便捷、高效的为民服务举措,对于符合条件的申请主动核发证明,而非施加不必要的限制,严格审查条件,否则与服务行政相背离。

(三)引导了事理

裁判文书要以理服人,循循善诱引导事理。本案二审判决作出后,为更好保障新生儿合法权益,从根本上、制度上规范《出生医学证明》核发工作,在南通市委政法委组织下,法院、公安、卫生健康委员会等单位就做好《出生医学证明》签发工作,进行了专题研究,并形成了会议纪要。纪要明确了《出生医学证明》的法律属性,理顺了《出生医学证明》的签发要件,优化了《出生医学证明》的签发流程。有效规范了全市《出生医学证明》的签发工作,体现了法院裁判在规则引领、典型示范上的准绳作用,实现了法律效果与社会效果的统一。

(点评人:王克稳,苏州大学特聘教授,苏州大学东吴公法与比较法研究所所长,江苏省高校哲学社会科学重点研究基地苏州大学公法研究中心主任,宪法学、行政法学专业博士点负责人)

(2018)苏 06 行终 711 号裁判文书原文

23. 沭阳县农业委员会不履行法定职责案*

【关键词】

行政公益诉讼　林业管理　不履行法定职责

【裁判要旨】

刑事责任和行政责任均是公法上的责任，但其性质不同，现行法律法规均未规定对于同一违反行政法上义务的违法行为在追究刑事责任后，不得再追究行政责任。因刑事制裁是最严厉的制裁措施，且本案第三人仲某某违法盗伐林木的刑事责任已先行承担，故刑事责任中罚金和追缴违法所得责任应吸收其所应承担行政责任中罚款和没收违法者盗伐的林木或者变卖所得责任，但对于《森林法》第39条第1款和第3款①规定的，责令违法者补种盗伐株数10倍的树木，且在违法者拒不补种树木或者补种不符合国家有关规定时，林业主管部门代为补种后，再向违法者追缴费用这两项行政责任，不能为同案刑事责任所包含和吸收。

---

* （2017）苏1302行初348号。

① 该两款已被《森林法》（2019年修订）第76条和第81条修改。《森林法》（2019年修订）第76条第1款规定："盗伐林木的，由县级以上人民政府林业主管部门责令限期在原地或者异地补种盗伐株数一倍以上五倍以下的树木，并处盗伐林木价值五倍以上十倍以下的罚款。"《森林法》（2019年修订）第81条第1款规定："违反本法规定，有下列情形之一的，由县级以上人民政府林业主管部门依法组织代为履行，代为履行所需费用由违法者承担：（一）拒不恢复植被和林业生产条件，或者恢复植被和林业生产条件不符合国家有关规定；（二）拒不补种树木，或者补种不符合国家有关规定。"

一、简要案情

经沭阳县人民政府批准，沭阳县人民政府办公室于2010年6月28日印发《沭阳县农业委员会主要职责内设机构和人员编制规定》，明确设立沭阳县农业委员会（以下简称沭阳农委），挂沭阳县林业局牌子，为沭阳县政府工作部门，原先沭阳县农业农村局的职责整合划入沭阳县农业委员会。2016年1月至3月，第三人仲某某在江苏省沭阳县7处地点盗伐林木444棵，立木蓄积为122余立方米。其中，沭城镇××村××组柴沂河北侧田地、龙庙镇××村沂河堆边、龙庙镇××村9组344省道西、扎下镇××口村3组坟地等4处地点在沭阳县林地保护利用规划范围内，被盗伐杨树合计253棵。江苏省宿迁市宿城区人民法院（以下简称宿城法院）作为承担宿迁全市范围内一审环境资源案件集中管辖职责的人民法院，于2017年3月7日以盗伐林木罪判处仲某某有期徒刑七年六个月，并处罚金30 000元，追缴违法所得24 000元。2017年9月19日，江苏省宿迁市人民检察院作出宿检发民字〔2017〕12号《关于〈关于沭阳县农业委员会怠于履职案管辖权的请示〉的批复》，同意由江苏省宿迁市宿城区人民检察院（以下简称宿城检察院）管辖该案，依法履行公益诉讼诉前程序，向有关单位发送督促履职检察建议。2017年9月29日，宿城检察院向沭阳农委邮寄送达了检察建议书，建议沭阳农委对仲某某盗伐林木行为依法处理，确保受侵害林业生态得以恢复，另要求沭阳农委在收到检察建议书后一个月内依法办理，并将办理情况书面回复宿城检察院。沭阳农委工作人员于2017年10月16日和12月15日两次电话反映该委无权对第三人履行行政职责。2017年10月31日，宿城检察院到涉案地点勘验检查，确认涉案地点林地生态环境未得到恢复。2017年12月12日，宿城检察院向第三人仲某某核实，沭阳农委未对仲某某盗伐林木行为进行行政处理。宿城检察院认为沭阳农委不履行林业监督管理法定职责，于2017年12月18日向宿城法院提起行政公益诉讼。宿城法院于同日立案后，于2017年12月21日向沭阳农委送达了起诉书副本及应诉通知书。因仲某某与案件处理结果有法律上的利害关系，宿城法院依法通知其作为第三人参加诉讼。诉讼期间，沭阳农委于2018年3月27日在龙庙镇××村沂河堆边被盗伐地点补植127棵白蜡树苗，在扎下镇××村×组坟地被盗伐地点补植30棵白蜡树苗，在××街道沭阳县人民医院北侧被盗伐地点补植23棵白蜡树苗。本案争议焦点是：（1）宿城检察院提起本案行政公益诉讼是否符合行政公益诉讼的起诉条件；

（2）第三人承担刑事责任后，沭阳农委是否还需要根据《森林法》第39条①的规定履行法定职责；（3）沭阳农委是否存在怠于履行法定职责情形。

二、撰写心得

生态文明建设关系中华民族永续发展，关系亿万中国人民的福祉。党的十八大以来，以习近平同志为核心的党中央把生态文明建设作为统筹推进"五位一体"总体布局和协调推进"四个全面"战略布局的重要内容，谋划开展一系列根本性、开创性、长远性工作，推动生态文明建设和生态环境保护从实践到认识发生历史性、转折性、全局性变化。同时，生态文明建设面临的形势仍然严峻，正处于压力叠加、负重前行的关键期，已进入提供更多优质生态产品以满足人民日益增长的优美生态环境需要的攻坚期，也到了有条件有能力解决生态环境突出问题的窗口期。一直以来，良好的生态环境是宿迁市最宝贵的城市资源、最大的后发优势，也是最普惠的民生福祉。宿迁市委坚持把"生态立市"作为第一发展战略，加强生态保护治理，加快发展生态经济，谋求环境保护与生态建设的互利共赢。为推进宿迁市"生态立市"战略的实施，宿迁市中级人民法院报请江苏省高级人民法院批准，于2013年10月将宿城法院确定为全市范围内生态资源类案件集中试点管辖法院，挂牌成立了全国基层人民法院首家生态保护审判庭，自2013年12月21日起，集中受理全市范围内涉及环境及资源类的刑事、民事、行政一审诉讼案件和非诉行政执行案件。2017年10月18日，党的十九大召开，制定了决胜全面建成小康社会，夺取新时代中国特色社会主义伟大胜利的宏伟蓝图，对加强生态文明建设，建设美丽中国作出了全面部署。打好污染防治攻坚战是决胜全面建成小康社会的三大攻坚战之一，关系到全面建成小康社会能否得到人民认可，经得起历史检验。宿城法院生态保护审判庭作为全市唯一承

---

① 该条已被《森林法》（2019年修订）第76条和第81条修改。《森林法》（2019年修订）第76条规定："盗伐林木的，由县级以上人民政府林业主管部门责令限期在原地或者异地补种盗伐株数一倍以上五倍以下的树木，并处盗伐林木价值五倍以上十倍以下的罚款。滥伐林木的，由县级以上人民政府林业主管部门责令限期在原地或者异地补种滥伐株数一倍以上三倍以下的树木，可以处滥伐林木价值三倍以上五倍以下的罚款。"《森林法》（2019年修订）第81条规定："违反本法规定，有下列情形之一的，由县级以上人民政府林业主管部门依法组织代为履行，代为履行所需费用由违法者承担：（一）拒不恢复植被和林业生产条件，或者恢复植被和林业生产条件不符合国家有关规定；（二）拒不补种树木，或者补种不符合国家有关规定。恢复植被和林业生产条件、树木补种的标准，由省级以上人民政府林业主管部门制定。"

担全市环境资源案件司法初审职责的专门审判机关,在一定意义上已成为宿迁市生态保护的"最后一道防线",其生态司法保护的能力与水平,在很大程度上决定了法治权威能否得到有效维护,全市生态红线能否得到切实坚守。

宿城检察院诉沭阳农委不履行林业监督管理法定职责行政公益诉讼案,是2017年《行政诉讼法》修正时建立行政公益诉讼制度后,宿迁全市首例行政公益诉讼案件,由于此前尚未有法院审理过类似案件,行政公益诉讼的立案条件、审理程序和文书写作均处于司法空白,而且该案涉及刑事责任和行政责任交叉问题,在理论和实践中均有较大争论,案件审判结果对辖区内行政执法机关具有很强的示范和导向意义。在庭审前,宿城法院认真收集查阅了相关法律、司法解释、司法文件及理论文章;认真审阅了双方当事人提交的证据材料,特别是针对第三人所盗伐的7处地点444棵林木中,哪些属于具有生态公益性的林木,法院要求沭阳农委向法庭提供了沭阳县林地保护利用规划,进行详细比对甄别。为进一步放大庭审效果,充分发挥本案对行政执法与生态环境保护的教育、指引、警示、评价功能,宿城法院主动与宿城市司法局对接,组织省、市、县三级10位人大代表和政协委员及全市120余家行政执法机关150名工作人员旁听庭审。庭审过程中,审判长着重围绕案件的三个争议焦点组织公益诉讼起诉人、被告沭阳农委和实施滥伐林木违法犯罪行为的第三人进行充分举证质证及辩论,并当庭宣判。

针对本案第一个争议焦点:宿城检察院提起本案行政公益诉讼是否符合行政公益诉讼的起诉条件问题。宿城法院评议认为,被告沭阳农委作为沭阳县林业主管部门,根据《森林法》第10条①、第13条②的规定,应对发生在沭阳县辖区内的盗伐林木等违法行为负有监督和管理的行政职责。林木具有涵养水源、保持水土、防风固沙、护堤护岸护路、调节气候、改善和美化环境、提供林产品、为野生动物提供栖息场所等生态效益和功能。本案中,第三人仲某某所盗伐的7处地点444棵林木中,4处地点计253棵杨树处于沭阳

---

① 该条已被《森林法》(2019年修订)第9条修改。《森林法》(2019年修订)第9条规定:"国务院林业主管部门主管全国林业工作。县级以上地方人民政府林业主管部门,主管本行政区域的林业工作。乡镇人民政府可以确定相关机构或者设置专职、兼职人员承担林业相关工作。"
② 该条已被《森林法》(2019年修订)第66条修改。《森林法》(2019年修订)第66条规定:"县级以上人民政府林业主管部门依照本法规定,对森林资源的保护、修复、利用、更新等进行监督检查,依法查处破坏森林资源等违法行为。"

县林地保护利用规划范围内，为保证"采育结合、永续利用"目的的实现，依法应当实行限额采伐。因此，第三人仲某某未办理林木采伐审批手续，擅自砍伐林地保护利用规划范围内他人所有的林木行为不仅侵害他人林木的所有权，也损害了林木的生态效益和功能等社会公共利益。被告沭阳农委不能仅以该被盗伐的253棵杨树不属于省级以上生态公益林而否定其具有的社会公共利益。检察机关作为国家法律监督机关，通过提起环境公益诉讼可以调动其他适格主体积极行使公益诉权，督促行政机关依法履职，确保国家利益和社会公共利益得到有效保护。环境公益诉讼在实现环境公共利益普惠性、共享性的诉讼目的和裁判效果上，体现了对环境资源生态功能价值的救济。修订后的《行政诉讼法》第25条第4款已明确赋予了人民检察院在履行职责中发现生态环境和资源保护、食品药品安全、国有财产保护、国有土地使用权出让等领域负有监督管理职责的行政机关违法行使职权或者不作为，致使国家利益或者社会公共利益受到侵害的，应当向行政机关提出检察建议，督促其依法履行职责的权力。该法还赋予了人民检察院在上述行政机关不依法履行职责时依法向人民法院提起诉讼的权力。《最高人民法院、最高人民检察院关于检察公益诉讼案件适用法律若干问题的解释》对检察机关如何正确履行公益诉讼职责已有明确规定。本案中，宿城检察院在对仲某某涉嫌犯盗伐林木罪审查起诉中发现其盗伐林木行为破坏生态环境，经上级人民检察院同意后，该院依法履行公益诉讼诉前程序。2017年9月29日，宿城检察院向沭阳农委送达检察建议书，督促沭阳农委对仲某某盗伐林木行为依法处理，确保受侵害林业生态得以恢复，另要求沭阳农委在收到检察建议书后一个月内依法办理，并将办理情况书面回复宿城检察院。沭阳农委仅安排工作人员于2017年10月16日和12月15日两次电话反映该委无权对第三人履行行政职责，并未将处理情况书面回复宿城检察院，亦未对第三人仲某某作出任何处理决定。宿城检察院经实地勘验及向仲某某核实，确定沭阳农委在收到检察建议书之日起两个月内未依法履行行政职责，遂于2017年12月18日向宿城法院提起行政公益诉讼。据此，宿城检察院在履职过程中发现行政公益诉讼案件线索，依法履行了诉前程序，提起诉讼符合行政公益诉讼的起诉条件。被告沭阳农委提出的案件诉前程序尚未结束的主张没有事实和法律根据，宿城法院决定不予采信。

针对本案第二个争议焦点：第三人仲某某承担刑事责任后，沭阳农委是否还需要根据《森林法》第 39 条①的规定履行法定职责的问题。法院评议认为，刑事责任和行政责任均是公法上的责任，但其性质不同，现行法律法规均未规定对于同一违反行政法上义务的违法行为在追究刑事责任后，不得再追究行政责任。对于此种情形下行政责任与刑事责任的具体适用，应当区别对待，即当行政责任内容与刑事责任内容具有相同的法律效果时，因刑事责任是最严厉的制裁措施，如行政责任已先行承担，则在刑事责任中应予以折抵；如刑事责任已先行承担，则刑事责任吸收行政责任。当行政责任内容的法律效果与刑事责任内容的法律效果不同时，行政责任与刑事责任应分别适用。《森林法》第 39 条第 1 款和第 3 款②规定，盗伐森林或者其他林木的，依法赔偿损失，由林业主管部门责令补种盗伐株数 10 倍的树木，没收盗伐的林木或者变卖所得并处盗伐林木价值 3 倍以上 10 倍以下的罚款。拒不补种树木或者补种不符合国家有关规定的，由林业主管部门代为补种，所需费用由违法者支付。据此，林业主管部门对实施盗伐林木行为的违法者应履行的法定职责有：责令违法者补种盗伐株数 10 倍的树木；没收违法者盗伐的林木或者变卖所得；对违法者处盗伐林木价值 3 倍以上 10 倍以下的罚款；如违法者拒不补种树木或者补种不符合国家有关规定的，林业主管部门代为补种，再向违法者追缴代履行费用。具体到本案，第三人仲某某因盗伐林木行为已被追究的刑事责任有有期徒刑、罚金、追缴违法所得。宿城法院认为，罚金的法律效果与行政罚款的法律效果相同，追缴违法所得的法律效果与没收违法者盗伐的林木或者变卖所得的法律效果相同，因刑事责任是最严厉的制裁措施

---

① 该条已被《森林法》（2019 年修订）第 76 条和第 81 条修改。《森林法》（2019 年修订）第 76 条规定："盗伐林木的，由县级以上人民政府林业主管部门责令限期在原地或者异地补种盗伐株数一倍以上五倍以下的树木，并处盗伐林木价值五倍以上十倍以下的罚款。滥伐林木的，由县级以上人民政府林业主管部门责令限期在原地或者异地补种滥伐株数一倍以上三倍以下的树木，可以处滥伐林木价值三倍以上五倍以下的罚款。"《森林法》（2019 年修订）第 81 条规定："违反本法规定，有下列情形之一的，由县级以上人民政府林业主管部门依法组织代为履行，代为履行所需费用由违法者承担：（一）拒不恢复植被和林业生产条件，或者恢复植被和林业生产条件不符合国家有关规定；（二）拒不补种树木，或者补种不符合国家有关规定。恢复植被和林业生产条件、树木补种的标准，由省级以上人民政府林业主管部门制定。"

② 该两款已被《森林法》（2019 年修订）第 76 条和第 81 条修改。《森林法》（2019 年修订）第 76 条第 1 款规定："盗伐林木的，由县级以上人民政府林业主管部门责令限期在原地或者异地补种盗伐株数一倍以上五倍以下的树木，并处盗伐林木价值五倍以上十倍以下的罚款。"《森林法》（2019 年修订）第 81 条第 1 款规定："违反本法规定，有下列情形之一的，由县级以上人民政府林业主管部门依法组织代为履行，代为履行所需费用由违法者承担：（一）拒不恢复植被和林业生产条件，或者恢复植被和林业生产条件不符合国家有关规定（二）拒不补种树木，或者补种不符合国家有关规定。"

且刑事责任已先行承担，故刑事责任中罚金和追缴违法所得应吸收行政责任中罚款和没收违法者盗伐的林木或者变卖所得，因此沭阳农委不应再对第三人盗伐林木行为作出没收违法所得和罚款的行政处罚决定。但对于责令违法者补种盗伐株数十倍的树木，且在违法者拒不补种树木或者补种不符合国家有关规定时，林业主管部门代为补种后，再向违法者追缴费用这两项行政责任，不能为本案刑事责任所包含和吸收。责令补种盗伐株数10倍树木这种行政处理方式，更侧重于恢复性和教育性而非制裁性与惩罚性，其目的是要求违法者消除不良后果、修复被破坏的生态环境，该行政行为的属性是行政命令而非行政处罚。被告和第三人将其理解为财产性行政处罚缺乏法律和理论依据，对其主张法院决定不予采信。因《森林法》第39条第1款①明确规定，盗伐森林或者其他林木，由林业主管部门责令补种盗伐株数10倍的树木，故责令补种树木这种行政命令系羁束性行政行为，林业主管部门在具体实施该行为过程中关于补种的倍数不具有裁量空间。本案中，第三人仲某某盗伐沭阳县林地保护利用规划范围内253棵杨树的事实清楚，被告沭阳农委应当对第三人仲某某作出责令补种盗伐253棵杨树株数十倍树木的行政处理决定。但对于责令补种树木的树种、规格、补种时节、补种地点等，属于被告沭阳农委的专业判断范围。

针对本案第三个争议焦点：沭阳农委是否存在怠于履行法定职责情形的问题。宿城法院评议认为，沭阳农委收到宿城检察院检察建议书后，未在检察建议书要求的1个月内书面回复，也未在《最高人民法院、最高人民检察院关于检察公益诉讼案件适用法律若干问题的解释》规定的两个月内书面回复，且未责令仲某某补种树木。沭阳农委举证其在2017年11月中旬异地补种2700余株白蜡树无相关研究决定记录，该批苗木采购协议载明的购苗目的也与仲某某盗伐林木案件无关。沭阳农委答辩意见认为原地无法补种，但2018年3月又于审理期间在部分盗伐地点补种树苗，故不能证明该批异地种植的2700余株白蜡树苗系因仲某某盗伐林木而代为补种。至于第三人仲某某正在服刑且无实际履行能力，也不能成为被告不依法定程序履行法定职责的阻却事由。沭阳农委于2018年3月27日在三处盗伐地点所补种的180株白蜡

---

① 该款已被《森林法》（2019年修订）第76条和第81条修改。《森林法》（2019年修订）第76条第1款规定："盗伐林木的，由县级以上人民政府林业主管部门责令限期在原地或者异地补种盗伐株数一倍以上五倍以下的树木，并处盗伐林木价值五倍以上十倍以下的罚款。"

树苗的株数和代履行程序亦不符合《森林法》第39条①的规定，不能证明被告已及时、正确、完全履行了法定职责。

本案宣判后，沭阳农委收到判决书后表示服从判决，在法定上诉期限内未提起上诉，本案一审发生法律效力。本案的审判及后续监察处理，在宿迁全市党政机关形成较大震动，此后再没有发生一起不履行检察机关公益司法建议的案件。为进一步放大该起典型案例对法治建设的推动作用，有关机关又编写了说法案例。本案例被教育频道《法治天下》栏目专题采访播出。2019年3月，本案入选最高人民法院发布的"生态环境保护十大典型案例"。作为承担生态环境案件专门审判职责的法官，在审判工作中法官除了要严格司法，公平、公正地审理好每一件生态环境类诉讼案件外，还必须站在环境区域治理的至高点来定位自身的职能，既要捍卫法律权威，扮演好区域生态红线守护者的角色，还要主动作为，担当区域生态保护的推动者，环境法治的弘扬者。这首先要求裁判者要跳出本级行政辖区，始终把生态环境审判工作放在全省江淮生态经济区建设的大格局和宿迁"生态立市"的大战略的背景下加以思考和谋划，应势而动、乘势而上、顺势而为，在全省乃至全国法院生态环境审判工作中创先争优，为守护碧水蓝天作出司法工作者应有的贡献！

（耿辉，江苏省宿迁市宿城区人民法院法官）

三、专家评析

2017年6月27日，第十二届全国人大常委会第二十八次会议表决通过了关于修改《民事诉讼法》和《行政诉讼法》的决定，首次以立法形式确立了检察机关提起公益诉讼的制度。修订后的《行政诉讼法》自2017年7月1日施行。《最高人民法院、最高人民检察院关于检察公益诉讼案件适用法

---

① 该条已被《森林法》（2019年修订）第76条和第81条修改。《森林法》（2019年修订）第76条规定："盗伐林木的，由县级以上人民政府林业主管部门责令限期在原地或者异地补种盗伐株数一倍以上五倍以下的树木，并处盗伐林木价值五倍以上十倍以下的罚款。滥伐林木的，由县级以上人民政府林业主管部门责令限期在原地或者异地补种滥伐株数一倍以上三倍以下的树木，可以处滥伐林木价值三倍以上五倍以下的罚款。"《森林法》（2019年修订）第81条规定："违反本法规定，有下列情形之一的，由县级以上人民政府林业主管部门依法组织代为履行，代为履行所需费用由违法者承担：（一）拒不恢复植被和林业生产条件，或者恢复植被和林业生产条件不符合国家有关规定；（二）拒不补种树木，或者补种不符合国家有关规定。恢复植被和林业生产条件、树木补种的标准，由省级以上人民政府林业主管部门制定。"

律若干问题的解释》于 2018 年 2 月 23 日由最高人民法院审判委员会第 1734 次会议、2018 年 2 月 11 日由最高人民检察院第十二届检察委员会第 73 次会议通过，自 2018 年 3 月 2 日起施行。而本案受理于 2017 年 12 月 18 日，公开开庭宣判于 2018 年 4 月 2 日。可以说此案对承办法官而言，属于全新类型的案件，在审理方式、文书格式、裁判说理、法律适用和判决方式等方面都具有挑战性。

就审理方式而言，首先，由于《行政诉讼法》和《最高人民法院、最高人民检察院关于检察公益诉讼案件适用法律若干问题的解释》均规定了诉前程序，诉前程序作为行政公益诉讼的法定前置程序，意味着检察机关在提起行政公益诉讼之前，必须先向行政机关提出检察建议，没有这个程序，就不能提起行政公益诉讼；诉前程序的目的是督促行政机关依法履行职责，只有在行政机关不履行职责时，才可以启动诉讼程序。所以，法庭必须依职权先行审理该诉前程序是否依法履行，案件是否符合行政公益诉讼的受理条件，举证责任应分配给检察机关。其次，由于本案检察机关提起环境行政公益诉讼的主要目标在于矫正环境行政机关的违法行为和督促行政机关履行法定职责，法庭既要按照行政不作为类案件的审查被告是否具有相应法定职责，是否存在不履行或怠于履行法定职责的情形，还要审查实施违法行为的第三人是否已经承担了相应的刑事、行政责任。最后，上述审查方式都需要在裁判文书中全面加以体现。

就本篇行政判决书的文书格式和裁判说理而言，一是其准确写明了公益诉讼起诉人、被告、实施违法行为第三人的地位及案件受理、审判经过。二是其在当事人诉辩之前，简要叙述了检察机关诉前程序的情况。三是其在阐述当事人的诉辩意见后，详细列明了起诉人、被告提交的证据及拟证明的事实。四是其公开记载了当事人的质证意见及法庭认证情况。五是其在充分质证和认证基础上，以居中的语言陈述查明的案件事实。六是其准确归纳案件三大争议焦点，将争议焦点转化为具体法律问题，运用法言法语对涉案的法律条文和概念进行精确阐述，通过分段递进式的说理，得出能为公众所理解的裁判结果。总体而言，本篇行政判决书具有规范性、创新性、公开性、法律性和准确性的特点，使判决的各个构成要素之间相辅相成、有机联系，形成统一的整体，是一篇优秀裁判文书。

就法律适用而言，本案法律适用最大的难点和争议点在于同一违法行为既违反行政法义务，又构成犯罪的情况下，该违法行为在被依法追究刑事责任后，行政主管机关是否还需要根据情况追究其行政责任。由于现行法律、法规对此规定得并不明确，理论界和实务界对此也有不同认识。本案承办法官紧扣被诉行政机关的法定职责，结合涉案违法行为触犯的《刑法》和《森林法》条文，从立法目的、适用法律效果等方面展开论述，得出沭阳农委未准确理解和适用《森林法》第39条第1款和第3款①规定的结论，在对法律的适用上是正确的。生态环境损害是不同于传统的民事侵权损害的新型的损害形式，行政主管机关向违法行为人发出相关补救性行政命令，扮演着重要的生态环境保护者角色。首先，生态环境损害是一种公共利益的损害。环境污染和生态破坏是一种二元性的侵权行为，其在侵害他人的人身、财产、环境等私人利益的同时，也造成生态环境公共利益的损害。对生态环境这一公共利益损害的救济，是行政机关职责所在，因此运用其所享有的补救性行政命令权来进行生态环境损害的救济，在法理上是顺理成章的。其次，生态环境损害是一种针对生态的损害，其救济具有专业性和技术性。保护生态环境的相关行政主管机关在人员、装备等技术力量上具有优势，由其通过补救性行政命令来进行救济，能够更好地达成生态环境损害救济的目标。最后，从补救性行政命令的主要内容来看，其要求违法行为主体停止违法行为，履行法定义务，消除违法所造成的不良后果和恢复违法行为实施之前的状态这四种主要的命令形态，在生态环境损害救济中可以具体化为责令停止侵害，责令履行防止损害扩大的义务，责令消除环境污染风险等不良后果，责令进行生态修复等行政命令形态，这些行政命令在生态环境损害救济中是可以适用的。

就判决方式而言，虽然我国环境案件诉讼的数量越来越多，制度越来越丰富完善，但尚未成为一种具有独立性性质与内容的诉讼类型，而需被纳入既有的诉讼机制予以处理。环境行政公益诉讼在性质、程序与判决形式上均需要以现行《行政诉讼法》为法律依据。从案件类型层面审视，我国环境行政公益诉讼案件的受案范围主要是不作为类案件，案件的判决形式主要是确认违法和责令履行职责。确认违法判决倾向于形式主义。《行政诉讼法》第

---

① 该两款已被《森林法》（2019年修订）第76条和第81条修改。《森林法》（2019年修订）第76条第1款规定："盗伐林木的，由县级以上人民政府林业主管部门责令限期在原地或者异地补种盗伐株数一倍以上五倍以下的树木，并处盗伐林木价值五倍以上十倍以下的罚款。"《森林法》（2019年修订）第81条第1款规定 "违反本法规定，有下列情形之一的，由县级以上人民政府林业主管部门依法组织代为履行，代为履行所需费用由违法者承担：（一）拒不恢复植被和林业生产条件，或者恢复植被和林业生产条件不符合国家有关规定；（二）拒不补种树木，或者补种不符合国家有关规定。"

74条分别列举规定了"人民法院判决确认违法，但不撤销行政行为"以及"不需要撤销或者判决履行的，人民法院判决确认违法"这两种类型适用的具体情形。从环境行政公益诉讼制度实践特殊性来考察，在某些特殊情形下，行政机关在诉前程序中未能按照检察建议要求履行法定职责可能属于"客观不能"，也有些情形下，行政机关虽然在诉前程序阶段未能履行法定职责，但却在诉前程序结束至提起行政公益诉讼的起诉审查阶段，或在检察机关提起行政公益诉讼至人民法院开庭审理之前，纠正违法行为或者履行法定职责。在这些情形下，被诉行政机关已经纠正违法行为或者依法履行法定职责，环境行政公益诉讼的制度目标已经实现。作为公益诉讼人的检察机关往往变更诉讼请求，请求确认行政行为纠正之前的行为违法，无需请求责令其继续履行法定职责。而本案结合查明的案件事实看，本案被告沭阳农委不存在客观不能履行法定职责情形，无论其在诉前补栽树木行为还是诉讼中补栽树木行为，均不能认定其已经实际依法履行了相关行政职责。故法院在判决确认其违法行为的同时，还应作出责令其继续履行职责的判项。本判决书第2项，判令被告沭阳农委于本判决生效之日起60日内，依照《森林法》第39条①的规定对第三人仲某某作出责令补种盗伐253棵杨树株数十倍树木的行政处理决定。该判项改变了以往类似判决有些笼统的表述，具有明确可执行的具体内容，便于该判决书的履行和强制执行。

（点评人：周辉，江苏省宿迁市中级人民法院副院长，江苏省审判业务专家）

（2017）苏1302行初348号裁判文书原文

---

① 该条已被《森林法》（2019年修订）第76条和第81条修改。《森林法》（2019年修订）第76条规定："盗伐林木的，由县级以上人民政府林业主管部门责令限期在原地或者异地补种盗伐株数一倍以上五倍以下的树木，并处盗伐林木价值五倍以上十倍以下的罚款。滥伐林木的，由县级以上人民政府林业主管部门责令限期在原地或者异地补种滥伐株数一倍以上三倍以下的树木，可以处滥伐林木价值三倍以上五倍以下的罚款。"《森林法》（2019年修订）第81条规定："违反本法规定，有下列情形之一的，由县级以上人民政府林业主管部门依法组织代为履行，代为履行所需费用由违法者承担：（一）拒不恢复植被和林业生产条件，或者恢复植被和林业生产条件不符合国家有关规定；（二）拒不补种树木，或者补种不符合国家有关规定。恢复植被和林业生产条件、树木补种的标准，由省级以上人民政府林业主管部门制定。"

24. 宜昌市西陵区人民检察院和利川市林业局不履行法定职责公益诉讼案*

【关键词】

不履行法定职责　行政公益诉讼　环境污染

【裁判要旨】

由于同一环境污染行为常常出现一因多果的因果关系,从而涉及不同行政机关之间的职能范畴。本案通过诠释《森林法》和《大气污染防治法》的相关规定,明确了当同一违法行为对不同性质的环境、资源造成损害后果时,不同行政部门应针对各自的管辖范围承担各自的监管之职,既相互独立,又相互配合,对特定资源负有监管职责的行政机关推诿塞责,单纯将案件移送其他部门处理的行为亦属于行政不作为的范畴。

一、简要案情

2012年10月11日至2014年10月31日期间,利川市溜子湾矿业有限责任公司(以下简称溜子湾公司)经审批后在利川市毛坝镇池坪村"马口"(地名)、毛坝镇和平村"溜子湾"(地名)临时占用林地开采露天碳质页岩燃烧煤矸石。两年临时占地期满后,溜子湾公司在申请续办使用林地手续尚未获得审批期间,仍违法占用林地进行开采,并继续采用露天焚烧煤矸石的生产工艺,直接向空气中排放大量气体污染物,导致开采区及周边影响区林木死亡及受损。但利川市林业局仅针对采矿区作出了一系列行政执法活动,却未针对因煤矸石露天焚烧熏死的影响区林木履行监管职责。

经调查,溜子湾矿区影响区面积为58 419平方米(87.7亩),林木蓄积57.9立方米。其中涉及国家2级公益林面积为3345平方米(5亩),蓄积10

---

* (2017)鄂0502行初1号。

立方米；国家3级公益林面积为43 396平方米（65.1亩），蓄积21.2立方米。枯死的主要树种为杉木、柳杉及少量日本落叶松，其枯死由烧矿所产生的有害物质导致。为督促利川市林业局依法履行职责，利川市人民检察院于2016年10月14日向利川市林业局发出利检行建字〔2016〕001号《检察建议书》，建议利川市林业局对森林、林木造成毁坏的行为依照《森林法》《森林法实施条例》的规定予以处理，并督促溜子湾公司对违法占用林地和毁坏的林地恢复山林植被并加强监督和管理等。

2016年11月14日，利川市林业局对《检察建议书》作出书面回复，表示将责成相关部门办理。同时，利川市林业局认为，其曾经针对采矿区的破坏行为向涉案公司下达过《停止违法行为通知书》《恢复林业用地及造林通知书》《责令限期恢复植被通知书》等文书，并将该案涉及非法占用林地罪的刑事案件依法移送公安机关，后又将该案作为大气污染案件移交利川市环境保护局办理，故其已履行了职责。但《检察建议书》下达后，利川市林业局却仍未针对影响区林木的损毁依法履行监督和管理职责，溜子湾开采区燃烧的煤矸石至诉讼时仍未熄灭，且持续向周边林木散发有害气体，影响区内仍有大片被有害气体熏死的林木。2016年12月28日，公益诉讼起诉人宜昌市西陵区人民检察院经湖北省人民检察院指定管辖，向宜昌市西陵区人民法院提起行政公益诉讼。

湖北省宜昌市西陵区人民法院一审认为，溜子湾公司露天烧矿的行为致使影响区森林资源受到毁坏，涉及生态环境和林业资源保护，应属于国家和社会公共利益受到侵害；利川市检察院发出《检察建议书》履行诉前程序后，被告仍未履行其监管职责，焚烧煤矸石的火源仍未熄灭，并持续向空中散发有害气体，导致国家和社会公共利益持续处于受侵害的状态。据此，公益诉讼起诉人提起行政公益诉讼符合相关法律法规的规定。根据《森林法》第13条①规定："各级林业主管部门依照本法规定，对森林资源的保护、利用、更新，实行管理和监督。"第23条第1款②规定："禁止毁林开垦和毁林采石、

---

① 该条已被《森林法》（2019年修订）第66条修改。《森林法》（2019年修订）第66条规定："县级以上人民政府林业主管部门依照本法规定，对森林资源的保护、修复、利用、更新等进行监督检查，依法查处破坏森林资源等违法行为。"

② 该款已被《森林法》（2019年修订）第39条第1款修改。《森林法》（2019年修订）第39条第1款规定："禁止毁林开垦、采石、采砂、采土以及其他毁坏林木和林地的行为。"

采砂、采土以及其他毁林行为。"第 44 条第 1 款①规定:"违反本法规定,进行开垦、采石、采砂、采土、采种、采脂和其他活动,致使森林、林木受到毁坏的,依法赔偿损失;由林业主管部门责令停止违法行为,补种毁坏株数一倍以上三倍以下的树木,可以处毁坏林木价值一倍以上五倍以下的罚款。"根据《森林法》和《大气污染防治法》相关规定,因露天焚烧煤矸石分别造成大气污染和森林、林木受到毁坏的,系违反不同法律规定,造成不同损害后果,理应由林业主管部门和环境保护主管部门各司其职,依法履行其相应的管理和监督的职责。本案影响区的森林属于利川市林业局的管辖范围,监管该片被毁林地及督促植被恢复系利川市林业局的职责。溜子湾公司焚烧煤矸石产生的物质与影响区林木的死亡存在因果关系,利川市林业局仅就采矿区作出处理,却未针对被毁坏的影响区林木作出任何林业行政管理和监督的行为,而仅仅将之移送环保部门查处,即为怠于履行监管之职。宜昌市西陵区人民法院作出判决:"一、确认被告利川市林业局对利川市溜子湾矿业有限责任公司非法烧矿毁坏森林的行为未依法履行职责违法。二、责令被告利川市林业局在本判决生效后六一日内对利川市溜子湾矿业有限责任公司非法烧矿毁坏森林的行为依法履行职责。"宣判后,双方均未提起上诉。

二、撰写心得

本案是《人民检察院提起公益诉讼试点工作实施办法》(已废止)实施以来,湖北省宜昌市西陵区人民法院受理的第一起跨区域的环境污染行政公益诉讼案件。本案案情复杂、证据繁杂、争议焦点众多,在双方当事人均举出大量证据,尤其是重复证据的情况下,承办人细致梳理全部证据,依法运用证据规则,对双方出现矛盾的证据效力作出了认定;在满足行政裁判文书行文要求的前提下,摒除重复证据,化繁为简,厘清了公益诉讼时效、诉前程序、行政职责分工和衔接等问题。

(一)合理解决环境行政公益诉讼时效问题

本案被告提出,利川市森林公安局在 2015 年 10 月 27 日已作出《起诉意

---

① 该款已被《森林法》(2019 年修订)第 74 条第 1 款修改。《森林法》(2019 年修订)第 74 条第 1 款规定:"违反本法规定,进行开垦、采石、采砂、采土或者其他活动,造成林木毁坏的,由县级以上人民政府林业主管部门责令停止违法行为,限期在原地或者异地补种毁坏株数一倍以上三倍以下的树木,可以处毁坏林木价值五倍以下的罚款;造成林地毁坏的,由县级以上人民政府林业主管部门责令停止违法行为,限期恢复植被、林业生产条件,可以处恢复植被和林业生产条件所需费用三倍以下的罚款。"

见书》并移送至公诉机关。《行政诉讼法》规定的起诉期限是6个月，公益诉讼起诉人知道或者应当知道国家和社会公共利益受侵害的时间最迟也应当是2015年10月27日，本案于2016年12月起诉，已远远超过了起诉期限。

对起诉期限的相关法律规定有如下几条。《行政诉讼法》第46条规定："公民、法人或者其他组织直接向人民法院提起诉讼的，应当自知道或者应当知道作出行政行为之日起六个月内提出。法律另有规定的除外。"《人民检察院提起公益诉讼试点工作实施办法》（已废止）第28条第1款规定："人民检察院履行职责中发现生态环境和资源保护、国有资产保护、国有土地使用权出让等领域负有监督管理职责的行政机关违法行使职权或者不作为，造成国家和社会公共利益受到侵害，公民、法人和其他社会组织由于没有直接利害关系，没有也无法提起诉讼的，可以向人民法院提起行政公益诉讼。"第30条规定："人民检察院提起行政公益诉讼案件的办理，由民事行政检察部门负责。"

因此，公益诉讼起诉人起诉的期限应当从确认以下3项事实之日起开始计算：（1）行政机关有怠于履行职责的行为；（2）国家和社会公共利益受到侵害；（3）二者具备因果关系。本案中，公安机关于2015年10月27日立案侦办的是溜子湾公司非法占用林地的刑事案件，其内容、性质和侦办部门均不同于本案。2016年5月12日，利川市人民检察院案件管理办公室将本案线索移送至该院民事行政检察部，但移送案件线索并不表明必然起诉。经委托调查，恩施州林业调查规划设计院于2016年9月方才出具《利川市溜子湾矿业有限责任公司元堡溜子湾矿区开采页岩矿损毁林地调查报告》，证实露天烧矿与影响区林木损毁的因果关系及影响区实情，则应自此起算6个月的起诉期限，且影响区林木的损毁仍处于持续状态，公益诉讼起诉人于2016年12月28日向本院提起诉讼并未超出法律规定的期限。

解决了起诉期限的问题，有利于检察机关进行调查和充分收集公益诉讼证据。

（二）创造性地解决诉前程序的内部程序与外部程序认定问题

被告在诉讼中提出，《人民检察院提起公益诉讼试点工作实施办法》（已废止）第32条第1款规定："经审查认为生态环境和资源保护、国有资产保护、国有土地使用权出让等领域负有监督管理职责的行政机关违法行使职权或者不作为可能损害国家和社会公共利益的，应报请检察长批准决定立案，并到案件管理部门登记。"第53条第1款规定："地方各级人民检察院拟决定向人民法院提起公益诉讼的,应当层报最高人民检察院审查批准。"但公益诉讼起诉人并未出示上述规定的审批文件及手续,不能证明起诉的审批合法性。故认为公益诉讼起诉人的起诉不具备法定条件。

《行政诉讼法》第49条规定:"提起诉讼应当符合下列条件:(一)原告是符合本法第二十五条规定的公民、法人或者其他组织;(二)有明确的被告;(三)有具体的诉讼请求和事实根据;(四)属于人民法院受案范围和受诉人民法院管辖。"《人民检察院提起公益诉讼试点工作实施办法》(已废止)第44条规定:"人民检察院提起行政公益诉讼应当提交下列材料:(一)行政公益诉讼起诉书;(二)国家和社会公共利益受到侵害的初步证明材料。"公益诉讼起诉人的起诉符合上述法律规定,法院即依法予以受理,而被告所指的审批程序系检察机关内部程序,并非法律规定的起诉要件,不能扩大适用。内部流程无需举证,亦不影响起诉条件的成立。

解决诉前程序问题,确认被告所指的审批程序系检察机关内部程序,并非法律规定的起诉要件,可以解决法律规定与司法解释、单位内部程序与法定程序的关系,对今后正确处理诉讼中的类似问题具有较大的参考价值。

(三)利用《最高人民法院关于行政诉讼证据若干问题的规定》中的证据认定规则对双方存在矛盾的证据的可信度、证明力大小予以评判

公益诉讼起诉人在庭审中提交了证明国家和社会公共利益仍然处于受侵害状态的证据:(1)利川市人民检察院于2017年1月13日所作的现场勘验笔录、照片。证实利川市毛坝镇小竹村、利川市溜子湾公司开采区现场原被熏死的树木已被砍伐,现场遗留有大量的树桩、树枝,补种了一些树苗,但并未将全部影响区恢复植被;现场堆放的煤矸石至今仍未熄灭,仍有大量有害烟雾散发到空气中。(2)利川市人民检察院于2017年1月13日拍摄的现场堆放的煤矸石仍未熄灭的视频,通过视频可以看到影响区仍有大片灰色的被熏死的林木存在,证实被告对国家和社会公共利益的侵害行为仍在持续中。

被告辩称公益诉讼起诉人称其"补种了一些树苗"与事实不相符,被告进行了实地验收,被熏死的树木已经被砍伐,影响区的植被已经全部恢复,国家和公共利益不再处于受侵害状态,并提交了一组相反的证据:利川市林业调查规划设计队于2017年1月17日作出的《利川市溜子湾矿业有限公司恢复林业生产检查验收报告》(以下简称《检查验收报告》)复印件1份,证实利川市林业局对开采区和影响区恢复植被及恢复林业生产条件依法履行了职责,利川市林业调查规划设计队于2017年1月14日对和平村、池坪村、小竹村、溜子湾区域进行了抽样检查，其检查结果是：溜子湾公司恢复林业生产造林 182.2 亩，面积保存率 90.8%，成活率 96.8%，株行距密度 2 米 × 3 米。

由于该两组证据是公益诉讼起诉人和被告双方在庭审之前对现场情况作出的拍照（拍摄）、现场勘验、检查等相应的工作，双方的证据中虽存在一些矛盾之处，但也无法以庭审中实地勘查的方式来恢复确认证据认定当时的实际情况，更不能直接认定哪一方证据为不予采信的虚假证据，故以证据采信的规则来认定哪一方的证据的证明力更大。

由于双方的证据均形成于 2017 年 1 月中旬，故不存在苗木生长期的影响。公益诉讼起诉人提交的视频、照片和勘验笔录等证据清晰直观地表明焚烧煤矸石的火源并未熄灭，并持续向空中散发有害气体，影响区仍有大片枯死的林木存在；且公益诉讼起诉人提交的《利川市溜子湾矿业有限责任公司元堡溜子湾矿区开采页岩矿损毁林地调查报告》亦有清晰照片和调查结论证实影响区尚未恢复植被；利川市人民检察院于 2017 年 1 月 9 日、1 月 10 日对利川市红椿林场场长王某某、溜子湾公司法定代表人朱某某所作的调查笔录，亦可证明利川市林业局对溜子湾公司燃烧煤矸石熏死矿区周边林木的行为未提出过任何处理要求；利川市环境保护局在 2017 年 3 月 1 日《关于溜子湾矿业有限公司环境污染一案的回复》中亦仍然要求被告督促溜子湾公司对烧矿毁坏的林地进行恢复，上述证据均可相互佐证。而被告提交的《检查验收报告》系其所属单位利川市林业调查规划设计队作出，制作单位与被告具有利害关系，且该验收报告仅含有文字表述和人工绘制的地图，并无相关视频或照片佐证，对影响区林木的恢复状态仅此一份孤证。《最高人民法院关于行政诉讼证据若干问题的规定》第 56 条规定："法庭应当根据案件的具体情况，从以下方面审查证据的真实性：（一）证据形成的原因；（二）发现证据时的客观环境；（三）证据是否为原件、原物，复制件、复制品与原件、原物是否相符；（四）提供证据的人或者证人与当事人是否具有利害关系；（五）影响证据真实性的其他因素。"第 63 条规定："证明同一事实的数个证据，其证明效力一般可以按照下列情形分别认定：……（二）鉴定结论、现场笔录、勘验笔录、档案材料以及经过公证或者登记的书证优于其他书证、视听资料和证人证言……（九）数个种类不同、内容一致的证据优于一个孤立的证据。"故公益诉讼起诉人提交的证据的证明效力大于被告提交的证据，对公益诉讼起诉人的证据及证明目的予以采纳。

（四）在一因多果的行为之下，确定不同行政机关针对不同后果均具有行政管理职责，不存在行政受案的排他性，简单地将行政案件移送了之、推诿塞责亦是行政不作为的情节之一

本案中，被告人对其应否承担法定职责提出了几项辩称意见和证据：（1）利川市环境保护局于 2017 年 3 月 1 日作出的《关于溜子湾矿业有限公司环境污染一案的回复》复印件 1 份，回复中称："涉及林木枯死是否属于煤矸石燃烧后的有毒有害气体所致，我局已经认定溜子湾煤矿焚烧行为与周边林木死亡存在因果关系，并将按照《排污费征收使用管理条例》第十二条的规定依法补核该公司排污费。涉及溜子湾煤矿排放废气导致周边林木枯死后植被恢复的问题，依据《森林法》第四十四条的规定，请你单位督促溜子湾煤矿对毁坏的林地进行恢复。"（2）利川市市级权责清单复印件一份。证实利川市林业局没有对非法烧矿毁坏森林的行为进行监管和处罚的职能，本案影响区林木枯死的原因是大气污染，大气污染防治应属于利川市环境保护局的职责。

该问题的争议焦点实则是：监管和处罚溜子湾公司违法烧矿毁坏影响区林木的行为是否属于被告的职责范围；被告是否存在怠于履行监管职责的事实。

首先，监管和处罚溜子湾公司违法烧矿毁坏影响区林木的行为是否属于被告的职责范围。《森林法》第 13 条①规定："各级林业主管部门依照本法规定，对森林资源的保护、利用、更新，实行管理和监督。"本案中不管是开采区还是影响区的森林，均属于利川市林业局的管辖范围，利川市林业局均具有管理和监督的职责。《森林法》第 23 条第 1 款②规定："禁止毁林开垦和毁林采石、采砂、采土以及其他毁林行为。"第 44 条第 1 款③规定："违反本法规定，进行开垦、采石、采砂、采土、采种、采脂和其他活动，致使森林、

---

① 该条已被《森林法》（2019 年修订）第 66 条修改。《森林法》（2019 年修订）第 66 条规定："县级以上人民政府林业主管部门依照本法规定，对森林资源的保护、修复、利用、更新等进行监督检查，依法查处破坏森林资源等违法行为。"
② 该款已被《森林法》（2019 年修订）第 39 条第 1 款修改。《森林法》（2019 年修订）第 39 条第 1 款规定："禁止毁林开垦、采石、采砂、采土以及其他毁坏林木和林地的行为。"
③ 该款已被《森林法》（2019 年修订）第 74 条第 1 款修改。《森林法》（2019 年修订）第 74 条第 1 款规定："违反本法规定，进行开垦、采石、采砂、采土或者其他活动，造成林木毁坏的，由县级以上人民政府林业主管部门责令停止违法行为，限期在原地或者异地补种毁坏株数一倍以上三倍以下的树木，可以处毁坏林木价值五倍以下的罚款；造成林地毁坏的，由县级以上人民政府林业主管部门责令停止违法行为，限期恢复植被和林业生产条件，可以处恢复植被和林业生产条件所需费用三倍以下的罚款。"

林木受到毁坏的，依法赔偿损失；由林业主管部门责令停止违法行为，补种毁坏株数一倍以上三倍以下的树木，可以处毁坏林木价值一倍以上五倍以下的罚款。"《森林法》对毁林形式的描述采用了不完全列举的方式，因人为污染环境致使森林、林木受到毁坏的应属于其他毁林行为，因该行为分别造成大气污染和森林、林木毁坏的，系违反不同法律规定，造成不同损害后果，理应由林业主管部门和环境保护主管部门各司其职，依法履行其相应的管理和监督的职责，故被告关于影响区林木毁坏不属于其职责范围的辩驳意见，不应采纳。其次，被告是否存在怠于履行监管职责的事实。经庭审查明，被告虽然曾要求溜子湾公司熄灭开采区内焚烧煤矸石的火源并补种树苗，但并未针对影响区内被毁坏的林木履行任何行政管理和监督的职责，而是将之移送环保部门查处。《大气污染防治法》第99条①规定："违反本法规定，有下列行为之一的，由县级以上人民政府环境保护主管部门责令改正或者限制生产、停产整治，并处十万元以上一百万元以下的罚款；情节严重的，报经有批准权的人民政府批准，责令停业、关闭：（一）未依法取得排污许可证排放大气污染物的；（二）超过大气污染物排放标准或者超过重点大气污染物排放总量控制指标排放大气污染物的；（三）通过逃避监管的方式排放大气污染物的。"故环保部门仅能针对大气污染的行为进行查处，并无管理和监督被毁林地及督促植被恢复的职责，且利川市环境保护局在其给被告的回复中亦明确表示督促恢复林木毁坏区域植被的职责应由被告负责。换言之，无论林地因何种方式遭受毁坏，均不能改变林地的性质；环保部门对大气污染的行政处罚行为，亦不能免除林业主管部门对被毁林地的管理和监督之职。被告未针对被毁坏的影响区林木作出任何林业行政管理和监督的行为，即为怠于履行监管之职。

本案通过诠释《森林法》和《大气污染防治法》的相关规定，明确了当同一违法行为对不同性质的环境、资源造成损害后果时，不同行政部门应各自承担监管之职，对特定资源负有监管职责的行政机关推诿塞责、单纯将案

---

① 该条对应《大气污染防治法》（2018年修正）第99条。《大气污染防治法》（2018年修正）第99条规定："违反本法规定，有下列行为之一的，由县级以上人民政府生态环境主管部门责令改正或者限制生产、停产整治，并处十万元以上一百万元以下的罚款；情节严重的，报经有批准权的人民政府批准，责令停业、关闭：（一）未依法取得排污许可证排放大气污染物的；（二）超过大气污染物排放标准或者超过重点大气污染物排放总量控制指标排放大气污染物的；（三）通过逃避监管的方式排放大气污染物的。"

件移送其他部门处理的行为亦属于行政不作为的范畴。

（龚瑜，湖北省宜昌市西陵区人民法院法官）

三、专家评析

本案是一起典型的环境行政公益诉讼案件。本案在依法认定被告利川市林业局对溜子湾公司非法烧矿毁坏森林的行为未依法履行管理和监督职责的前提下，判决确认被告未依法履行职责违法，并责令被告在判决生效后60日内依法履行职责。认定事实清楚，适用法律准确，判决结果正确。一审宣判后双方当事人均未提出上诉，做到了政治效果、法律效果和社会效果的有机统一。由于案涉地点位于长江支流清江上游，本案的判决也充分体现了绿色发展理念，完全契合习近平总书记考察长江沿线时提出的"共抓大保护，不搞大开发"[1] 理念，是人民法院贯彻实施《长江保护法》的具体生动实践。

判决书结构合理，格式规范。作为行政公益诉讼（新类型）案件，在案件的由来，公益诉讼起诉人诉称、认为、举证，被告答辩、举证，双方质证，法院认证，认定事实，归纳焦点，本院认为（说理），得出裁判结论等内容方面，文书的逻辑顺序合理，显示出作者清晰的审判思路和文书合理的结构形式。

判决书文字简洁、精练，语言朴实。文书对公益诉讼起诉人起诉的事实和理由、质证意见、法院对证据的分析与认定、案件基本事实、本院认为部分（说理部分）的叙述都体现了简洁、精练、朴实的特点与文风，让人读起来轻松、流畅、易懂，体现出作者对语言文字运用的娴熟与自如；同时，似乎显示出作者平易近人、朴实无华、简洁明快、干练高效的工作作风和处事风格。

判决书以理服人，说理充分。法之魂在法之理。文书围绕公益诉讼起诉人起诉的事实、理由和请求是否成立这一焦点问题，针对双方当事人的举证、质证意见，认定本案基本事实。同时文书根据双方当事人的诉辩意见，归纳本案的争议焦点：公益诉讼起诉人起诉的程序是否符合要求，被告是否存在怠于履行监管职责的事实，被告的行为是否造成国家和公共利益持续受到侵害。然后再针对争议的焦点问题，结合本案事实和法律法规规定，对诉

---

[1] 《习近平：走生态优先绿色发展之路　让中华民族母亲河永葆生机活力》，载《人民日报》2016年1月8日，第1版。

辩双方的理由逐一进行论证，进而认定公益诉讼起诉人起诉的事实、理由和请求成立，得出被告利川市林业局对溜子湾公司非法烧矿毁坏森林的行为未依法履行管理和监督职责的结论。最后，根据《行政诉讼法》及相关司法解释的规定，判决确认被告未依法履行职责违法，并责令被告在判决生效后60日内依法履行职责。文书层层递进，思路清晰，说理充分、深入、透彻。可以说，本案给社会公众和行政机关上了一堂依法行政和环境保护的普法公开课。

（点评人：张辅伦，湖北省高级人民法院环境资源审判庭三级高级法官，湖北省审判业务专家）

（2017）鄂0502行初1号裁判文书原文

第二编　国家赔偿类

25. 贾某某申请山西省高级人民法院国家赔偿案[*]

【关键词】

判处缓刑　超期监禁　刑事赔偿　宣判　送达　判决生效时间

【裁判要旨】

二审刑事判决判处被告人缓刑后没有及时送达，判决书上的落款时间与宣判送达时间相距较大，导致被告人实际被羁押天数多于判决所确定的有期徒刑时间，导致后续的缓期执行期限亦随之顺延，给被告人造成了一定影响，因裁判文书宣判或者送达后生效，故所谓多出的羁押天数不属于超期羁押，亦不产生国家赔偿责任。但此种情况属于较为严重的审判工作瑕疵。

一、简要案情

被告人贾某某因涉嫌犯受贿罪于2014年2月28日被刑事拘留，2014年3月17日被执行逮捕。山西省阳泉市中级人民法院于2016年4月22日作出（2014）阳刑初字第17号刑事判决，判决被告人贾某某犯受贿罪，判处有期徒刑五年，并处没收个人财产人民币30万元。贾某某不服该判决，上诉至山西省高级人民法院。该院于2016年12月20日作出（2016）晋刑终181号刑事判决，撤销阳泉市中级人民法院（2014）阳刑初字第17号刑事判决对贾某某的定罪处刑部分；判决上诉人贾某某犯受贿罪，判处有期徒刑三年，缓刑四年，并处没收个人财产人民币30万元。受山西省高级人民法院委托，阳泉

[*] （2019）最高法委赔17号。

市中级人民法院于2017年4月11日向贾某某送达终审判决。同日，贾某某被释放。2017年4月11日，阳泉市中级人民法院作出（2017）阳刑二执字第1号执行通知书，通知太原市万柏林区司法局，贾某某缓刑考验期间自2017年4月11日起至2021年4月10日止。

赔偿请求人贾某某认为终审判决判处其有期徒刑三年，缓刑四年，由于终审判决作出后没有及时宣判，导致其实际被羁押的时间已经超过了三年，超期羁押45天，因此，向山西省高级人民法院申请国家赔偿，请求赔偿超期羁押期间的人身自由赔偿金并撤销缓刑考验期。

本案的争议焦点有二：一是终审判决判处被告人有期徒刑三年，缓刑四年，由于判决书送达时间晚于判决书的落款时间近四个月，导致被告人被释放时，其实际被羁押的时间超过了三年有期徒刑刑期，超过的时间是否属于超期监禁，是否应当向其赔偿人身自由赔偿金；二是由于判决书迟延送达，导致被告人的实际被羁押时间和缓刑考验期均相应延长，在此情况下是否应当撤销缓刑考验期。

二、撰写心得

需要说明的是，本案涉及的情况在司法实践中比较少见，本案赔偿请求人因犯受贿罪被判处有期徒刑三年，缓期执行四年，判决书落款时间为2016年12月20日，当时其被羁押尚不满三年，但是至2017年4月11日宣判和赔偿请求人被释放时，间隔近4个月，赔偿请求人已被羁押三年零四十五天。本案中赔偿请求人的赔偿请求是对所谓的"超期监禁"给予赔偿，并要求撤销缓刑考验期限。因相关刑事案件生效判决认定被告人构成犯罪，因此，本案并不属于典型的无罪羁押赔偿案件。判断赔偿义务机关是否应当承担国家赔偿责任，核心问题是要分析本案赔偿义务机关的行为是否构成了《最高人民法院、最高人民检察院关于办理刑事赔偿案件适用法律若干问题的解释》第6条规定的"超期监禁"，这也是本案审理和文书制作过程中始终围绕的主线。

第一，根据审理查明的事实，本决定书主要从以下三个方面对本案是否存在超期监禁进行了分析：一是根据《刑法》的规定，判决执行以前先行羁押的时间可依法折抵有期徒刑的刑期，而本案中赔偿请求人被判处的是缓刑，因没有执行确定的有期徒刑的执行刑期，故并不存在先行羁押时间折抵刑期的问题。二是虽然终审判决落款时间是2016年12月20日，但因为该案不存在当庭宣判或者定期宣判后未及时送达裁判文书的问题,该终审判决应当自宣判或送达之日发生执行效力。因此,虽然赔偿义务机关于2017年4月11日进行了宣判,并将赔偿请求人释放,时间晚于判决书落款时间,但并不违反《刑事诉讼法》的相关规定。三是《最高人民法院、最高人民检察院关于办理刑事赔偿案件适用法律若干问题的解释》第6条规定的超期监禁情形是指"数罪并罚的案件经再审改判部分罪名不成立,监禁期限超出再审判决确定的刑期"的情形,而生效刑事判决认定本案赔偿请求人只犯有受贿罪,是单一罪名,一、二审判决都是有罪判决,不同之处在于二审减轻了对被告人对刑罚处罚,因此,不能适用该司法解释规定认定本案的情形属于超期监禁。

第二,终审判决生效后并没有依法定程序予以撤销,所判处的缓刑仍需要进行执行,因此,赔偿请求人通过国家赔偿程序主张撤销缓刑考验期,没有法律依据。但是,由于宣判时间滞后于生效判决的落款时间较长,客观上造成了本案赔偿请求人被羁押天数超过了生效判决所确定的有期徒刑刑期,此时继续对被告人执行缓刑,进行社区矫正,没有充分体现判处缓刑的刑事从宽司法政策精神。有鉴于此,本决定书虽然没有支持赔偿请求人的赔偿请求,但在充分论述申请国家赔偿条件、判决生效时间、缓刑的执行等问题的同时,亦没有回避矛盾,在决定书中直接指出这种情况属于人民法院审判工作中的瑕疵,并要求赔偿义务机关应当认真总结教训,避免在今后工作中再发生此类情况。

(高珂,最高人民法院法官)

三、专家评析

刑事审判工作是关乎被告人人身自由、生命健康和政治、民主权利的重要工作,人民法院不仅要重视诸如查明事实、适用法律以及裁判结果是否公正,裁判文书质量等"大事",对于审判过程中的细节同样应当给予高度关注。本案是由于人民法院审判工作中没有及时宣判、送达法律文书而引发的一起国家赔偿案件,案件涉及的认定事实和适用法律问题并不复杂,但揭示的问题值得各级人民法院高度重视。本决定书对于刑事裁判文书的宣判、送达以及生效时间,是否构成超期监禁,判处缓刑的执行等问题进行了充分论述,特别是在阐述本案不符合《国家赔偿法》规定的刑事赔偿范围的同时,没有简单就事论事,而是明确指出了相关法院在宣告刑事判决和送达裁判文书环节存在的瑕疵,对赔偿请求人因此而受到的影响表示高度关注,对赔偿请求人提出的赔偿请求、理由以及所反映的其他问题给予了相应的回应,同时要求相关人民法院在工作中注意总结教训,避免在今后工作中再发生此类情况。

此篇国家赔偿决定书格式规范,结构清晰,叙述案件基本事实清楚,归纳争议焦点准确,适用法律正确,文字简明,说理充分,逻辑性强,是一篇高质量的裁判文书,值得各级人民法院在制作此类裁判文书时参考。

（点评人：祝二军，最高人民法院第二巡回法庭副庭长）

(2019) 最高法委赔 17 号裁判文书原文

26. 王某2、王某3申请保定市公安局国家赔偿案*

【关键词】

国家赔偿　职务侵权行为　虐待致死

【裁判要旨】

犯罪嫌疑人在羁押期间突发疾病死亡，赔偿义务机关不存在《国家赔偿法》第17条有关违法行使职权致犯罪嫌疑人损害的行为，且收押犯罪嫌疑人过程中不存在未履行监管责任等怠于履行职责情形的，赔偿义务机关不承担赔偿责任。

一、简要案情

2018年7月9日，王某1因涉嫌非法经营罪被保定市公安局竞秀区分局刑事拘留，羁押于保定市看守所。入所当日的健康检查表记载其既往病只为冠心病及高血压。同日，保定法医医院法医鉴定中心对王某1进行了体检，检查项目中的心电图检查结果为临界正常。2018年7月10日，保定市公安局竞秀区分局决定对王某1延长羁押期限，羁押期间为2018年7月13日至2018年8月8日。根据当日的在押人员疾病治疗登记表记载，针对王某1冠心病及高血压病情，医生为其开具了相关药物。2018年7月18日1点20分到2点，同监室在押人员方某某与王某1一起在监室中值班，期间未见王某1有异常。值班后，王某1回床休息。3点53分，王某1下床倒水服药。3点55分回床铺休息。至4点4分，王某1再次起身，喝水后躺下。期间，同监在押人员王某4询问过王某1身体不舒服是否需要报警，王某1说吃完药一会儿就好了，不用报警。4点15分，王某1起身将床铺移到靠近监室门口的地板上休息。期间，同监在押人员李某某询问王某1是否需要报警，王某1仍称吃了药了不用报警。4点22分，在王某1的要求下，值班人员从王某1的衣服中为其拿了药，王某1服下。4点34分，王某1坐起，值班人员为其倒

---

* （2019）冀委赔28号。

了水，王某1喝下。4点46分，王某1突然坐姿仰面摔倒。同监室人员随即报警。4点50分，看守所干警进入监室。4点53分，值班医生进入监室，之后为王某1做了胸外按压、心电图、吸氧等抢救措施，同时呼叫了120。5点22分，120医务人员进入监室，查看了瞳孔对光，做了心电图，进行了相应的救护。之后，王某1被送往清苑创伤医院抢救。根据抢救记录记载：王某1入院时一切生命体征已经消失，经抢救30分钟评估为无效，复查ECG仍呈直线。结合患者已经超过90分钟无自主呼吸恢复及心脏复跳情况，当前已无抢救意义。因暂时无法与患者家属进行沟通，经请示院方领导后停止抢救。王某1于2018年7月18日7点被宣布临床死亡，死亡原因"考虑心源性猝死"。

争议焦点：（1）保定市看守所收押王某1是否违法。（2）保定市看守所在王某1被羁押期间是否存在未履行监管职责的情况。（3）王某1病发后，保定市看守所是否存在怠于履行救治职责的问题。

赔偿决定：保定市公安局以王某1系突发疾病正常死亡，未发现看守所民警有违法行为为由，决定不予赔偿。河北省公安厅复议后决定予以维持。

河北省高级人民法院赔偿委员会经审理认为争议焦点有三个。

关于争议焦点一。王某1因涉嫌犯罪被刑事拘留后送至保定市看守所。该所于同日对其进行了健康检查。对于《看守所执法细则》中要求的健康检查项目及问诊项目，均包括在《保定法医医院法医鉴定体检结果及诊断》及《入所健康检查表》中，且检查结果未见有不予收押的情形。保定市看守所依法对王某1进行了健康检查并依据检查情况予以收押并不违反上述相关规定。

关于争议焦点二。在王某1被收押时，保定市看守所向其明确告知了在押人员的权利和义务，其中包括"患病时获得及时治疗""生病及时报告，如实陈述病情，积极配合医生治疗，不准私藏药品，不准抗拒治疗，不准自伤、自残、绝食或者装病"等内容。看守所针对王某1冠心病及高血压病情，为其开具了相应药品，且能够按规定对其进行跟踪教育，及时掌握其思想动态及身体健康情况，对其入所前就已出现的病症也给予了相应诊治，应当认定履行了相应的监管职责及注意义务。

关于争议焦点三。王某1突然摔倒后，同监室人员随即报警。4点50分，看守所干警进入监室。4点53分，值班医生进入监室，之后对王某1采取了抢救措施，同时呼叫了120。5点22分，120医务人员进入监室，也进行了相应的救护。之后，王某1被送往清苑创伤医院抢救，到达医院后，王某1此时"一切生命体征已经消失"。从以上情况看，保定市看守所干警及医生在王某1病发后，及时进入监室并积极救治，并通知120急救，不存在怠于履行救治职责且导致王某1被延误治疗的行为。另外，根据监室视频影像资料显示，王某1以坐姿仰面摔倒在客观表现上具有突发性。王某1在摔倒前并未表现出明显异常，而且从其感觉身体不适主动下床喝水吃药到将床铺移到地上休息，整个过程中，其身体活动并未受限，完全具备报警能力，在同监室人员询问其是否需要报警时，其也未应允。在王某1对于自身病情的严重程度及发展状况也未能作出准确判断的情况下，客观上看守所干警缺乏能够预见其将要出现生命危险状况并及时送医的条件。

综上，赔偿义务机关保定市公安局不存在《国家赔偿法》第17条所规定的违法行使职权致人损害的行为，该局在羁押王某1的过程中也不存在怠于履行职责行为。王某2与王某3的国家赔偿请求事由不成立，河北省高级人民法院赔偿委员会不予支持。河北省公安厅复议决定结论正确，并无不当。据此决定：维持河北省公安厅复议决定。

二、撰写心得

就本裁判文书的撰写方法及经验谈几点体会。

（一）充分认识国家赔偿审判的重要意义，实际工作中把握好国家赔偿案件特点，是能够写好案件裁判文书的前提

众所周知，国家赔偿案件从绝对数量上来说远不如民事、刑事等案件，但是国家赔偿审判的重要程度却丝毫不低。国家赔偿审判可以说是司法工作的"晴雨表"，是发现司法工作源头性问题和实质性问题的重要渠道，且在相当程度上发挥着倒逼民事、刑事等案件不断提高审判质效的作用。我国国家赔偿制度自建立以来，多年的实践已经证明我国《国家赔偿法》是一部充分体现党的以人为本、执政为民理念的重要法律，是一部符合中国国情、适应社会主义民主政治和法治建设需要的好法律。而人民法院国家赔偿审判工作是执行《国家赔偿法》，落实《宪法》关于维护国家法制统一和尊严、法律面前人人平等、国家尊重和保障人权等庄严承诺的司法保障。法院要想完成好国家赔偿审判任务，保证裁判质效双优，必须充分认识到该项工作的重要意义，才能为切实化解矛盾、扎实开展审判工作提供动力源泉。近年来，国家赔偿案件呈现出申请数额大、舆情热度高及复杂疑难案件不断出现等特点，审判人员对此只有精确把握，才能在实际工作中做到有的放矢，以事实为基

础准确适用法律及相关裁判规则，有力保障赔偿请求人的合法权益，监督国家机关依法行使职权。

(二) 重视审判过程的各个环节，为准确裁判奠定基础

裁判文书应当说是审判人员根据相关法律规定履职尽责地开展审判工作，对案件发表裁判意见的书面文件，是向案件当事人提交的最终工作成果。因此，裁判文书的撰写在全部审判工作中占有重要地位。国家赔偿审判工作与其他案件类型的审判一样也是环环相扣的，主审法官从了解赔偿申请及赔偿义务机关的答辩意见开始，通过对双方当事人进行询问，进而准确归纳争议焦点并确定庭审的重点，至最终以案件事实为基础准确适用法律及司法解释予以裁判，其中的每一环节都不可偏废，对审理过程中出现的重要问题都应予以高度关注。也只有这样，审判人员才能根据相关证据作出职业判断，清楚地表达对案件审理的意见，并最终落实到裁判文书这一载体上。文书写作前的各项工作如果粗糙不达标，如该查明的事实未能查明，关键证据未能提取，当事人双方相互矛盾的解释未能得到合理解决，到裁判文书的撰写阶段发现还遗漏了重要的工作，那么要写出符合要求的裁判文书就变得不切实际。应当说裁判文书是对审判人员审判任务完成情况及其结果所作的总结，它表明了审判工作的质量并明确审判人员的责任，因此，审判人员务必重视审判过程的各个环节，为准确裁判奠定基础。

(三) 不断学习和实践，提高理解、判断和思维能力，提高写作水平

要想写出高质量的裁判文书，不仅需要审判人员带着公平和责任去审理案件，更需要审判人员具备较好的分析问题、思考问题的能力和准确的语言表达能力。应当说这是个长期积累的过程，为此需要我们在平时的工作中加强这方面的学习，除向身边的前辈学习外，还要借鉴中国裁判文书网上其他法官撰写的相关的裁判文书，看到自身的不足，明确努力的方向。也只有通过不断的学习和实践，才能全面提高和改变自己的理解能力、判断能力及思维方式。

(四) 遵循写作要求，叙事清楚，证据充分，依法裁判

本案中，王某1从被送押至看守所到死亡，不到10天的时间。其亲属由于始终无法接受这一事实，情绪异常激动，与赔偿义务机关的对立情绪高，且坚持认为保定市公安局从决定对王某1刑事拘留，至送押至看守所均存在严重过错，应对其死亡结果承担全部赔偿责任。由此可见，本案的审理及矛盾化解均存在一定的难度。为审理好该案，主办人调取了案发时的视频录像

及收押相关档案材料,通过庭审质证,查清了案件事实。本案最终经河北省高级人民法院赔偿委员会审查认定王某1的死亡确系突发疾病造成。公安机关提供的证据能够证明其监管行为的合法性,不存在《国家赔偿法》所述的职务侵权行为及应当承担国家赔偿责任的问题。在撰写国家赔偿决定书的过程中,主办人严格遵循了最高人民法院国家赔偿案件文书的写作要求,清楚叙述了案件事实,列明了本案相关证据。特别是在论证说理部分,对于焦点问题主办人进行了准确的评判,详细论述了赔偿义务机关如需承担国家赔偿责任应当满足的三个递进条件,即存在侵权行为,造成了损害结果,以及侵权行为和损害结果之间具有的法律上的因果关系。以此基础上,依据现行法律及司法解释,进行了准确裁判。

裁判文书的写作并无止境,此次评选虽然取得了一点成绩,但仍有许多不足。笔者作为一名从事国家赔偿审判业务的员额法官,近年来亲历了国家赔偿审判工作的不断发展,也看到了在新形势下人民法院国家赔偿审判迎来的前所未有的重大发展机遇。笔者深感光荣和肩上责任的重大,尽管前进的路上充满了挑战与压力,仍然会不忘初心,牢记使命,争取取得更大的成绩。

(李建勇,河北省高级人民法院法官)

三、专家评析

本案系犯罪嫌疑人在看守所羁押期间死亡引发的国家赔偿案件,从赔偿申请事项及赔偿义务机关答辩情况看,属于诉讼各方争议较大的案件。此类涉及监管机关是否存在违法行使职权致人损害的国家赔偿案件通常具有赔偿请求数额高,案情较为敏感等特点,予以准确裁判并写出符合要求,双方当事人均可接受的国家赔偿决定文书有一定的难度。从裁判文书分析,承办法官在办理过程中能够把握好审判的关键环节,准确地归纳争议焦点,并围绕争议焦点准确适用国家赔偿举证责任中的"举证责任倒置"规则,即被羁押人在羁押期间死亡的,赔偿义务机关的行为与被羁押人的死亡是否存在因果关系,赔偿义务机关应当提供证据。案件的裁判文书能够结合诉讼各方举证、质证及法庭调查核实的证据等情况,对裁判所认定的案件事实予以详细叙述,充分展示了案件事实认定的客观性、公正性和准确性。裁判文书的释法说理部分,较好地把握了合法性、正当性、针对性及必要性原则。文书通过对焦点问题的分析评判,充分阐明了裁判结论的形成过程,排除了监管机关存在违法行使职权的情况。文书撰写中严格遵循了《人民法院国家赔偿案件文书样式》规定的技术规范标准，语言表述较为准确和简练，严谨有序。从案件办理效果看，较好地实现了法律效果和社会效果的有机统一，能够体现出国家赔偿裁判行为的公正度和透明度，发挥了定分止争和价值引领作用。

（点评人：甄树清，河北省高级人民法院副院长）

（2019）冀委赔 28 号裁判文书原文

27. 孟某某申请唐山市中级人民法院国家赔偿案[*]

【关键词】

执行错误　合法权益损害　国家赔偿责任

【裁判要旨】

人民法院因执行错误产生赔偿责任应当具备3个要件：人民法院存在执行错误，赔偿请求人的合法权益受到侵害并造成损失，人民法院的错误执行行为与赔偿请求人的合法权益受损之间存在因果关系。申请执行人因人民法院的错误执行行为而获得执行期待利益，经正当程序将该错误执行行为的后果消除后，申请执行人因执行期待落空申请执行法院给予国家赔偿，其主张的损害不属于合法权益受到损害，该赔偿请求不应支持。

一、简要案情

2016年3月17日，河北省唐山市路北区人民法院（以下简称路北法院）作出（2016）冀0203民初705号民事调解书，确认孟某某与贾某某自愿达成如下协议：贾某某于2016年5月1日前偿还孟某某借款本金人民币30万元及利息人民币6万元，如贾某某未按上述期限履行金钱给付义务，应按照《民事诉讼法》第253条[①]之规定加倍支付延迟履行期间的债务利息。

因贾某某未在民事调解书规定的期限内履行给付义务，孟某某向河北省唐山市中级人民法院（以下简称唐山中院）申请强制执行。在强制执行过程中，孟某某于2016年7月21日提交书面申请，以刘某某与贾某某系夫妻关系，唐山市鼎晔机械制造有限公司（以下简称鼎晔公司）的法定代表人为刘某某，股东为贾某某为由，申请追加刘某某、鼎晔公司为该案的共同被执行人。

---

[*]（2019）冀委赔31号。

[①]对应《民事诉讼法》（2021年修正）第260条。

2016年8月5日，唐山中院作出（2016）冀02执7585号执行裁定及协助执行通知书，查封鼎晔公司在唐山文丰山川轮毂有限公司（以下简称文丰轮毂公司）和唐山文丰机械设备有限公司（以下简称文丰机械公司）的全部债权，自2016年8月5日始至2017年8月4日止。

唐山中院未将上述查封裁定送达鼎晔公司，亦未告知该公司。

2016年8月8日，陈某与鼎晔公司签订债权转让协议，将鼎晔公司在文丰轮毂公司、文丰机械公司的所有工程款和货款及相关权益转让给陈某，并于当日将债权转让通知邮寄给文丰轮毂公司及文丰机械公司，二公司于2016年8月9日收到上述债权转让通知书。

2016年10月8日，陈某向唐山市路南区人民法院（以下简称路南法院）起诉，要求确认其与鼎晔公司签订的借款合同、债权转让合同及鼎晔公司与文丰轮毂公司及文丰机械公司签订的合同合法有效，并要求二公司偿还欠款。因案涉债权被查封，路南法院于2017年11月16日作出（2017）冀0202民初2560号民事裁定，中止诉讼。

后，陈某向路北法院提起案外人执行异议，该院受理后，于2017年11月6日作出（2017）冀0203执异97号执行裁定，驳回陈某的异议。陈某不服，于2017年12月20日向路北法院提起案外人执行异议之诉。该院于2018年5月10日作出（2017）冀0203民初4558号民事判决，判决：（1）对第三人鼎晔公司在文丰轮毂公司、文丰机械公司的债权不予执行；（2）驳回原告陈某的其他诉讼请求。该院（2017）冀0203执异97号执行裁定于本判决生效时自动失效。

孟某某不服上述民事判决，向唐山中院提起上诉。唐山中院于2018年9月3日作出（2018）冀02民终7306号民事判决，认为孟某某的上诉请求不能成立，一审判决认定事实清楚，适用法律正确，判决驳回上诉，维持原判。

该判决认为，因（2016）冀0203民初705号民事调解书已经发生法律效力，该法律文书所确定的履行义务人系贾某某，而并非鼎晔公司。鼎晔公司于孟某某申请执行贾某某借贷纠纷一案中属于案外人。本案进入执行程序后，执行机构并未作出相关法律文书追加、变更鼎晔公司为本案的被执行人，亦未依法通知鼎晔公司涉案债权被查封事宜，故鼎晔公司在不知涉案债权已被查封的情况下，对涉案债权进行转让并不存在过错。执行机构在未依法追加、变更鼎晔公司为本案的被执行人的情况下，不应直接执行鼎晔公司在文丰轮毂公司和文丰机械公司的债权。

赔偿请求人孟某某认为唐山中院执行程序存在瑕疵，导致其查封的债权未能执行，给其造成财产损失，遂向唐山中院提出申请国家赔偿申请。唐山中院以该院执行行为并非法律规定的执行错误和孟某某主张的损失并非必然的、直接的、实际的损害为由驳回了孟某某的赔偿请求。

孟某某不服该赔偿决定，申请河北省高级人民法院作出赔偿决定，河北省高级人民法院经审理认为唐山中院驳回孟某某赔偿请求的结果并无不当，但重新整理了裁判理由。

二、撰写心得

近年来，国家赔偿案件呈现出多样化趋势，除了传统的刑事司法程序中产生的侵犯人身自由权和生命健康权的赔偿案件外，民事执行程序中产生的国家赔偿案件逐年增多。该类案件是国家赔偿案件审理中的难点，法官既要精通国家赔偿专业法律知识，也要熟练掌握相关民事法律规定和执行规范，才能对纠纷作出正确评价和判断。撰写此类案件的裁判文书也应立足国家赔偿责任的构成要件，将相关执行规范和其他案件因素进行有机的统筹和加工，使裁判文书起到释法明理、定分止争的作用，并通过向社会公开裁判文书，起到依法保障私权和规制司法行为的宣示和引领作用。撰写本案赔偿决定书时，笔者有四方面的考虑和体会。

（一）针对本案的具体情况，合理安排文书布局

本案孟某某与唐山中院的赔偿纠纷在案件事实方面不存在争议，双方的争议体现在法律适用问题上。鉴于此，笔者在撰写赔偿决定书时，对本院查明的事实部分没有再次展开铺排，采取了确认唐山中院认定的案件事实的做法，避免不必要的重复，压缩了文书的篇幅，并着力体现解决主要矛盾的针对性。

在整体布局上，也是根据本案仅在法律适用和赔偿责任是否形成存在争议的实际情况，没有对案件争议问题分解为具体的争议焦点，而是从侵权责任构成要件入手进行整体分析说理，符合本案的特点。

（二）对案涉相关法律关系进行梳理、分析

本案涉及多项民事法律关系，经历了多个民事诉讼程序，上述因素对形成本案的判断是否有影响，需要对本案涉及的相关实体法律关系和所经历的程序进行有机的梳理、整合，再根据形成赔偿责任的法律要件进行分析、甄别。

在撰写该决定书时，笔者研读了执行程序中追加被执行人的相关规定和

执行异议及执行异议之诉的相关程序规定，查找了有关债权转移、夫妻债务承担及《公司法》相关规定。在对上述规定进行较为深入的研究和思考后，笔者将上述思考纳入国家赔偿法律关系进行重新整合分析，对本案形成了判断，并确定了赔偿决定书说理的切入点。

（三）准确确定本案论点

《最高人民法院关于审理民事、行政诉讼中司法赔偿案件适用法律若干问题的解释》第1条规定：人民法院对判决执行错误，侵犯相对人合法权益并造成损害的，可以申请赔偿。

该解释第3条第5项和第5条第5项规定，执行程序中违法对案外人财产进行保全的行为应当评价为执行错误行为。

以上为主办人找到的解决本案纠纷的司法解释的规定。上述司法解释规定的第1条为执行程序中构成国家赔偿责任的要件和后果的总体规定；第3条和第5条则属于对上述构成要件中的执行错误的具体规定。

本案执行法院和案外人提起执行异议之诉的终审法院均为唐山中院，该院对执行异议之诉案件作出的终审判决支持了案外人的诉讼主张，认为该院在执行程序中保全了案外人财产，判决对本案查封标的不予执行。根据上述规定，唐山中院查封案外人财产的行为应认定属于执行错误。

唐山中院在对孟某某申请其国家赔偿案件中，认为其在本案执行中查封案外人到期债权的行为不属于相关法律规定的执行错误，与其作出的执行异议之诉案件的终审判决之间存在不能自洽的矛盾，与上述司法解释的规定也不相符。笔者在思考本案理由部分时，没有采用唐山中院的论点，而是尊重客观状况，认定唐山中院的执行行为属于违反法律规定的错误执行行为，另外寻找解决本案纠纷的合适的论点。

根据上述《最高人民法院关于审理民事、行政诉讼中司法赔偿案件适用法律若干问题的解释》第1条规定，构成国家赔偿责任除了应具备执行错误要件外，还应具备赔偿请求人合法权益受到司法行为侵害和违法行为与损害结果之间具有因果关系的要件。

笔者选择了孟某某主张受到损害是否属于法律保护的合法权益作为裁判的论点。

本案因唐山中院在执行程序中未依照法定程序追加案外人为被执行人，即查封了案外人之对外债权，使得孟某某获得了以查封债权实现权利之受偿期待利益。与此同时，也使得案外人的利益受到损害。在案外人通过提起执行异议之诉获得救济，使受损利益得到恢复的同时，也使得孟某某的受偿期待落空。该期待落空虽然不体现为具体财产的减少和损害，却也属于广义的利益损失范畴。

但孟某某获得的执行期待利益来源于错误执行行为，案外人提起的执行异议之诉的生效判决作出后，相关法律关系恢复到错误执行行为实施之前的状态，孟某某的执行期待也因此落空。孟某某作为错误执行行为的受益者，理应承受该后果。其不愿承担该后果而提出国家赔偿请求，试图将丧失的利益通过国家赔偿弥补，不具有合法性和正当性，不应得到支持。

故虽然事实上因执行法院的错误执行行为被纠正，孟某某获得的以查封债权受偿的期待落空，但因该期待利益来源不合法而不应成为国家赔偿制度保护的对象。分析到此，本案的裁判结论自然形成。

在将本案的论点确定为孟某某所主张的损害非属合法权益受损，并完成该论点的论证后，无论执行法院执行行为与孟某某主张的损害结果之间是否存在因果关系，对本案的裁判结论都不会产生实质影响。故在因果关系问题上，进一步论证已经没有必要，所以本文书未就此问题进一步展开论述。

（四）体会

本案作出正确的裁判结果并没有明显的困难，困难在于如何在案件事实和裁判结果之间通过法律分析搭建起稳固的桥梁，实现逻辑上的自洽。在这个过程中，熟练掌握相关法律规定非常重要，能够将相关法律规范进行有机的加工整理，运用到赔偿责任体系中，形成跨域思维更为重要。

众所周知，我国国家赔偿法律体系尚不健全，而司法实践中的新类型案件多有发生，对新类型国家赔偿案件作出正确的裁判，需要赔偿法官在精通《国家赔偿法》及司法解释的基础上，还具有民事、刑事实体法律规范及程序法律规范的专业知识储备及深度跨域思考能力，同时还需要法官站在中立立场上体察人性、洞察民心，关心、了解国家和社会的总体发展状况，统筹各种因素，通过做好每一个国家赔偿案件裁判工作，实现符合时代要求的保护人权和倒逼司法机关依法履职之间的良好平衡，使国家赔偿案件的裁判真正实现政治效果、法律效果和社会效果的有机统一，经得起时代和历史的检验。

（任丽波，河北省高级人民法院法官）

三、专家评析

一篇格式规范、结构分明、层次严谨、事项齐备、逻辑严密、文字通顺、语言准确的裁判文书符合质量上乘文书的基本要求，但作为一篇优秀的裁判文书，具备上述特点尚显不够。本篇裁判文书能够在众多选送的优秀裁判文书中脱颖而出，除了具备上乘文书的基本特征之外，其亮点在于充分的论证说理。

（一）说理具有针对性

本案争议的双方在案件事实方面不存在争议，故文书的理由部分全部围绕赔偿责任是否构成展开法律论证，符合该案的具体情况和特点。说理内容也不是千篇一律的泛泛而说，而是根据本案的争议问题，有针对性地展开论证，体现了说理的个性化特征。

（二）说理内容层次清晰，体现了较好的逻辑思维能力

理由是裁判文书的灵魂所在，通常情况下，优秀的裁判文书都具有高水准的理由阐述，裁判理由是连接案件事实和裁判结果之间的桥梁和纽带，桥梁和纽带牢固，裁判结果就稳固。

我国法律体系属于成文法模式，受此影响，裁判文书的说理一般应采用演绎推理的"三段论"模式，即找出适合解决本案纠纷的法律规定为大前提，本案事实为小前提，通过论证对小前提与大前提之间的契合关系进行充分证明，并自然导出结论。但说理也不是线性的、简单的"三段论"体现，需要将法律规定、案件事实、当事人的观点、法律要件、法律原则等因素进行有机融合，统帅案件各类因素，通过逻辑推理，导出案件结论。

本篇裁判文书较好地适用了演绎推理模式，以赔偿责任构成要件为主线贯穿全篇内容，首先根据国家赔偿相关法律和司法解释的规定列出了国家赔偿责任形成的大前提，再根据上述规定分析出赔偿责任构成必须同时具备的三方面的构成要件，之后对本案情形是否符合赔偿责任的全部构成要件逐一分析论证。

本案最终裁判结果是执行法院对孟某某的损失不承担赔偿责任，但执行法院在执行中存在错误也属于客观存在的情形，作者在说理中没有回避该情形，而是明确认定执行法院的执行行为错误。在此基础上，进一步分析赔偿请求人所受到的损害因来源于错误的执行行为，故不属于合法权益受到损害。则本案的情形不能满足赔偿责任构成需要具备的赔偿请求人合法权益受到损害的必备要件，本案的赔偿责任也就不能形成。文书作者对该案涉及的法律问题分析到位，思路清晰，论点准确。

(三) 作者具有较好的法学功底和文字掌握能力

本案涉及的法律关系众多,经历了多次诉讼,法官在众多的案件因素中准确找到了影响本案裁判结果的实质要素,并通过专业分析确定相关案件因素对裁判结果的影响。这个过程体现了法官较好的法学理论修养和去伪存真、去粗取精、直入主题的辨识能力。

本篇裁判文书结构严谨,布局合理,说理透彻,语言规范,专业语言运用娴熟,体现了法官较好的法律文学修养和驾驭专业语言的能力。

(点评人:甄树清,河北省高级人民法院副院长)

(2019)冀委赔 31 号裁判文书原文

28. 丹东益阳投资有限公司申请丹东市中级人民法院国家赔偿案*

【关键词】

国家赔偿　错误执行　执行终结　终结本次执行程序

【裁判要旨】

对于人民法院确有错误执行行为，确已造成损害，被执行人毫无清偿能力、也不可能再有清偿能力的案件，即使执行程序尚未终结，也可以进行国家赔偿。

一、简要案情

1997年11月7日，交通银行丹东分行与丹东轮胎厂签订借款合同，约定后者从前者借款422万元，月利率7.92‰。2004年6月7日，该笔债权转让给中国信达资产管理公司沈阳办事处，后经转手由丹东益阳投资有限公司（以下简称益阳公司）购得。2007年5月10日，益阳公司提起诉讼，要求丹东轮胎厂还款。2007年5月23日，丹东市中级人民法院（以下简称丹东中院）根据益阳公司财产保全申请，作出（2007）丹民三初字第32-1号民事裁定：冻结丹东轮胎厂银行存款1050万元或查封其相应价值的财产。次日，丹东中院向丹东市国土资源局发出协助执行通知书，要求协助事项为：查封丹东轮胎厂位于丹东市振兴区振七街134号土地6宗，并注明了各宗地的土地证号和面积。2007年6月29日，丹东中院作出（2007）丹民三初字第32号民事判决书，判决丹东轮胎厂于判决发生法律效力后10日内偿还益阳公司欠款422万元及利息620万元（利息暂计至2006年12月20日）。判决生效后，丹东轮胎厂没有自动履行，益阳公司向丹东中院申请强制执行。

2007年11月19日，丹东市人民政府第51次市长办公会议议定"关于丹东轮胎厂变现资产安置职工和偿还债务有关事宜"，"责成市国资委会同市国

---

* （2018）最高法委赔提3号。

土资源局、市财政局等有关部门按照会议确定的原则对丹东轮胎厂所在地块土地挂牌工作形成切实可行的实施方案，确保该地块顺利出让"。2007年11月21日，丹东市国土资源局在《丹东日报》刊登丹东轮胎厂总厂土地挂牌出让公告。同年12月28日，丹东市产权交易中心发布丹东轮胎厂锅炉房、托儿所土地挂牌出让公告。2008年1月30日，丹东中院作出（2007）丹立执字第53-1号、53-2号民事裁定：解除对丹东轮胎厂位于丹东市振兴区振七街134号3宗土地的查封。随后，前述6宗土地被一并出让给太平湾电厂，出让款4680万元被丹东轮胎厂用于偿还职工内债、职工集资、普通债务等，但没有给付给益阳公司。

2009年起，益阳公司多次向丹东中院递交国家赔偿申请。丹东中院于2013年8月13日立案受理，但一直未作出决定。益阳公司遂于2015年7月16日向辽宁省高级人民法院（以下简称辽宁高院）赔偿委员会申请赔偿。在辽宁高院赔偿委员会审理过程中，丹东中院针对益阳公司申请执行案于2016年3月1日作出（2016）辽06执15号执行裁定，认为丹东轮胎厂现暂无其他财产可供执行，作出（2007）丹民三初字第32号民事判决裁定终结本次执行程序。辽宁高院赔偿委员会认为：《最高人民法院关于适用〈中华人民共和国国家赔偿法〉若干问题的解释（一）》第8条规定："赔偿请求人认为人民法院有修正的国家赔偿法第三十八条规定情形的，应当在民事、行政诉讼程序或者执行程序终结后提出赔偿请求……"益阳公司向丹东中院申请强制执行（2007）丹民三初字第32号民事判决的案件，执行程序尚未终结，益阳公司认为丹东中院错误执行给其造成损害，应当在执行程序终结后提出赔偿请求。2016年4月27日，辽宁高院赔偿委员会依照《最高人民法院关于人民法院赔偿委员会审理国家赔偿案件程序的规定》第3条第1款的规定，作出（2015）辽法委赔字第29号决定，驳回赔偿请求人益阳公司的国家赔偿申请。

益阳公司不服，向最高人民法院赔偿委员会提出申诉。最高人民法院赔偿委员会于2018年3月22日作出（2017）最高法委赔监236号决定，本案由最高人民法院赔偿委员会直接审理。最高人民法院赔偿委员会依法组成由最高人民法院副院长陶凯元担任审判长，审判员祝二军、黄金龙、高珂、梁清参加的合议庭审理本案，法官助理徐超协助办案，书记员韩雪担任记录。2018年6月29日，合议庭对本案进行了公开质证，并当庭作出决定：（1）撤销辽宁省高级人民法院赔偿委员会（2015）辽法委赔字第29号决定；（2）辽宁省丹东市中级人民法院于本决定生效后5日内，支付丹东益阳投资有限公司国家赔偿款300万元；（3）准许丹东益阳投资有限公司放弃其他国家赔偿请求。

二、撰写心得

最高人民法院赔偿办在申诉审查阶段发现该案，认为该案属于典型的错误执行造成重大损失又得不到国家赔偿的案件，决定本案由最高人民法院赔偿委员会提审，经公开质证，圆满审结，取得了良好的政治效果、法律效果和社会效果。

本案是最高人民法院赔偿委员会提审的首例错误执行赔偿案，基本案情虽然不太复杂，但是具有重大的指导意义。近些年来，各级人民法院赔偿委员会受理的国家赔偿案件中有一半左右是错误执行赔偿，其中大部分赔偿申请因执行程序尚未终结而被驳回。之所以出现这种情况，一方面与司法解释规定得不够精细有关，有关司法解释规定，错误执行赔偿一般应在民事执行程序终结以后才能提出，列举的可以申请赔偿的情形也不全面。另一方面与司法实务部门理解有所偏颇，适用不够精准有关。实践中，一些民事案件的执行程序尚未终结，有的还以"终结本次执行程序"的形式出现，但事实上法院存在执行错误，被执行人又长期没有清偿能力，也几乎不可能再有清偿能力。这些案件既不能执行完结，又难以进入国家赔偿程序，不仅给人民群众留下"执行难""赔偿难"的负面印象，影响了司法公正高效权威的形象，而且给人民群众造成了"二次伤害"，必须坚决予以纠正。最高人民法院赔偿委员会审结本案，为处理此类纠纷树立了标杆，具有积极明确的典型示范意义，即对于人民法院确有错误执行行为，确已造成损害，被执行人毫无清偿能力，也不可能再有清偿能力的案件，即使执行程序尚未终结，也可以进行国家赔偿。

本案经过公开开庭质证以后，法院认为：本案基本事实很清楚，证据也够确实、充分，对此，申诉双方并无实质争议。双方争议焦点主要在于三个法律适用问题：第一，丹东中院的解封行为在性质上属于保全行为还是执行行为？第二，丹东中院的解封行为是否构成错误执行，相应的具体法律依据是什么？第三，丹东中院是否应当承担国家赔偿责任？

关于第一个焦点问题。益阳公司认为，丹东中院的解封行为不是该院的执行行为，而是该院在案件之外独立实施的一次违法保全行为。对此，丹东中院认为属于执行行为。最高人民法院赔偿委员会认为，丹东中院在审理益阳公司诉丹东轮胎厂债权转让合同纠纷一案过程中,依法采取了财产保全措施,查封了丹东轮胎厂的有关土地。在民事判决生效进入执行程序后,根据《最高人民法院关于人民法院民事执行中查封、扣押、冻结财产的规定》第4条①的规定,诉讼中的保全查封措施已经自动转为执行中的查封措施。因此,丹东中院的解封行为属于执行行为。

关于第二个焦点问题。益阳公司称,丹东中院的解封行为未经益阳公司同意且最终造成益阳公司巨额债权落空,存在违法情形。丹东中院辩称,其解封行为是在市政府要求下进行的,且符合最高人民法院的有关政策精神。对此,最高人民法院赔偿委员会认为,丹东中院为配合政府部门出让涉案土地,可以解除对涉案土地的查封,但必须有效控制土地出让款,并依法定顺位分配该笔款项,以确保生效判决的执行。但丹东中院在实施解封行为后,并未有效控制土地出让款并依法予以分配,致使益阳公司的债权未受任何清偿,该行为不符合最高人民法院关于依法妥善审理金融不良资产案件的司法政策精神,侵害了益阳公司的合法权益,属于错误执行行为。

至于错误执行的具体法律依据,因丹东中院解封行为发生在2008年,故应适用当时有效的司法解释,即最高人民法院2000年发布的《关于民事、行政诉讼中司法赔偿若干问题的解释》(已废止)。由于丹东中院的行为发生在民事判决生效后的执行阶段,属于擅自解封致使民事判决得不到执行的错误行为,故应当适用该解释第4条第7项规定的违反法律规定的其他执行错误情形。

关于第三个焦点问题。益阳公司认为,被执行人丹东轮胎厂并非暂无财产可供执行,而是已经彻底丧失清偿能力,执行程序不应长期保持"终结本次执行"状态,而应实质终结,故本案应被法院受理并作出由丹东中院赔偿益阳公司落空债权本金、利息及相关诉讼费用的决定。丹东中院辩称,案涉执行程序尚未终结,被执行人丹东轮胎厂尚有财产可供执行,益阳公司的申请不符合国家赔偿受案条件。对此,最高人民法院赔偿委员会认为,执行程序终结不是国家赔偿程序启动的绝对标准。一般来讲,执行程序只有终结以后,才能确定错误执行行为给当事人造成的损失数额,才能避免执行程序和赔偿程序之间的并存交叉,也才能对赔偿案件在穷尽其他救济措施后进行终

---

① 《最高人民法院关于人民法院民事执行中查封、扣押、冻结财产的规定》于2020年修正时,已将该条删除。

局性的审查处理。但是,这种理解不应当绝对化和形式化,应当从实质意义上进行理解。在人民法院执行行为长期无任何进展,也不可能再有进展,被执行人实际上已经彻底丧失清偿能力,申请执行人等已因错误执行行为遭受无法挽回的损失的情况下,应当允许其提出国家赔偿申请。否则,有错误执行行为的法院只要不作出执行程序终结的结论,国家赔偿程序就不能启动,这样理解与《国家赔偿法》以及司法解释制定的初衷是背道而驰的。本案中,丹东中院的执行行为已经长达11年没有任何进展,其错误执行行为亦已被证实给益阳公司造成了无法通过其他渠道挽回的实际损失,故应依法承担国家赔偿责任。辽宁高院赔偿委员会以执行程序尚未终结为由决定驳回益阳公司的赔偿申请,属于适用法律错误,应予纠正。

至于具体损害情况和赔偿金额,经最高人民法院赔偿委员会组织申诉人和被申诉人进行协商,双方就丹东中院(2007)丹民三初字第32号民事判决的执行行为自愿达成如下协议:(1)丹东中院于本决定书生效后5日内,支付益阳公司国家赔偿款300万元;(2)益阳公司自愿放弃其他国家赔偿请求;(3)益阳公司自愿放弃对该民事判决的执行,由丹东中院裁定该民事案件执行终结。

综合全案情况,最高人民法院赔偿委员会认为,本案丹东中院错误执行的事实清楚,证据确实、充分;辽宁高院赔偿委员会决定驳回益阳公司的申请错误,应予纠正;益阳公司与丹东中院达成的赔偿协议,系双方真实意思表示,且不违反法律规定,应予确认。依照《国家赔偿法》第30条第1款、第2款和《最高人民法院关于国家赔偿监督程序若干问题的规定》第11条第4项、第18条、第21条第3项的规定,遂作出最终决定。

(祝二军,最高人民法院法官)

三、专家评析

此案是最高人民法院提审改判的一起错误执行赔偿案件,根据《最高人民法院关于审理民事、行政诉讼中司法赔偿案件适用法律若干问题的解释》第19条第1款规定,申请错误执行赔偿原则上应当在执行程序终结后提出。然而,审判实践中存在一些执行程序尚未终结,赔偿请求人的损害已实际发生且得不到救济的情况,如果像原决定那样简单以执行程序尚未终结为由驳回赔偿请求人的赔偿申请,显然不利于对当事人合法权利的保护,也违背《国家赔偿法》的立法初衷。最高人民法院对本案进行审理后认为,对生效民事判决的执行程序虽然尚未终结,但执行法院在执行过程中违法对已经采取财产保全措施的土地使用权予以解除查封,且被执行人确无履行债务能力,申请执行人因人民法院的错误执行行为遭受了实际损害,因此,在本案审理中,最高人民法院没有简单依据司法解释规定驳回赔偿请求人的赔偿申请,而是坚持实事求是、有错必纠,对本案依法提审并作出赔偿决定,及时保护了赔偿请求人的合法权益,具有重要的指导意义。

本决定书针对赔偿请求人的赔偿请求和理由,准确归纳案件争议焦点,并能够紧紧围绕焦点问题展开叙述,认定事实清楚,适用法律准确,文书结构清晰,层次分明,逻辑严密,说理充分,是一篇高质量的国家赔偿裁判文书。

(点评人:王振宇,最高人民法院赔偿委员会办公室副主任)

(2018)最高法委赔提 3 号裁判文书原文

29. 刘某申请绥芬河海关国家赔偿案*

【关键词】

刑事违法扣押现金　利息收益损失

【裁判要旨】

刑事侦查活动中扣押的现金，终止侦查后按照法律规定需要返还犯罪嫌疑人的，可以参照《最高人民法院、最高人民检察院关于办理刑事赔偿案件适用法律若干问题的解释》第 20 条第 1 款的规定，在返还被扣押现金的同时赔偿现金被扣押期间的利息。

一、简要案情

中华人民共和国哈尔滨海关缉私局（以下简称哈尔滨海关）根据线索发现，刘某在俄罗斯收购琥珀和猛犸象牙，准备向国内走私。2014 年 2 月 20 日，刘某通过关某委托他人将琥珀和猛犸象牙偷运进境。2014 年 2 月 21 日，刘某与关某在绥芬河接货时，被中华人民共和国绥芬河海关缉私分局（以下简称绥芬河海关）当场抓获，当场查获琥珀和猛犸象牙。绥芬河海关于 2014 年 2 月 21 日以刘某涉嫌走私琥珀、猛犸象牙立案侦查。刘某在 2014 年 2 月 21 日讯问笔录中供述琥珀和猛犸象牙不是正常报关进口。绥芬河海关于 2014 年 2 月 22 日 2 时对刘某刑事拘留，于 2014 年 2 月 22 日 2 时 30 分对刘某进行了拘留后的第一次讯问，并于当日 5 时将刘某送至绥芬河市公安局看守所羁押。《拘留通知书（副本）》上记载"因家属在黑河居住，所以在 2014 年 2 月 22 日 10 时 45 分电话通知家属朱某"，被拘留人家属处写明"关某代朱某签，2014 年 2 月 24 日"。证人关某证实：2014 年 2 月 22 日上午，绥芬河海关电话通知朱某（刘某妻子）刘某因走私犯罪被海关拘留，让朱某来取《拘留通知书》，朱某同意关某将拘留通知书捎回去。关某于 2014 年 2 月 24 日替朱某签收了《拘留通知书》，并在返回黑河后交给了朱某。绥芬河海关于 2014 年 2

---

* （2017）黑 01 委赔 4 号。

月 24 日因刘某涉嫌团伙作案决定延长对刘某的拘留期限至 2014 年 3 月 23 日。绥芬河海关于 2014 年 3 月 20 日向牡丹江市人民检察院提请批准逮捕刘某。牡丹江市人民检察院于 2014 年 3 月 25 日以事实不清、证据不足为由，作出《不批准逮捕决定书》，决定不批准逮捕刘某。绥芬河海关于 2014 年 3 月 26 日将刘某释放，并于同日决定对刘某取保候审。绥芬河海关于 2015 年 3 月 25 日作出《解除取保候审决定书》，对刘某解除取保候审。刘某于 2015 年 5 月 25 日签收了《解除取保候审决定书》。绥芬河海关于 2015 年 4 月 9 日以"2.21 涉嫌走私琥珀、猛犸象牙案"偷逃税款不足 10 万元，未达到《刑法》第 153 条第 1 款规定的"偷逃应缴税额较大"为由，撤销该案件。

绥芬河海关对刘某涉嫌走私琥珀、猛犸象牙立案侦查期间，于 2014 年 2 月 22 日扣押了刘某灰白色猛犸象牙毛料 219 千克，块状、黄红色琥珀毛料 60 千克；黑色苹果 5 型号有保护套手机 1 台；黑色三星 9388 型号翻盖手机 1 台及人民币 4 万元。同时扣押了完整、螺旋状、棕红色疑似猛犸象牙两根（24 千克），持有人未填写相关信息。因洪某主张扣押的两根象牙是其在境内合法购买，并提供了发票，绥芬河海关于 2014 年 7 月 10 日将该两根猛犸象牙发还给洪某。绥芬河海关撤销案件后，于 2015 年 9 月 14 日对刘某 "2.21 涉嫌走私琥珀、猛犸象牙案"进行行政立案调查，于 2015 年 9 月 15 日作出扣留决定书，对涉嫌走私的琥珀原石 60 千克，猛犸象牙毛料 219 千克予以扣留，扣留期限为 1 年。绥芬河海关于 2016 年 3 月 30 日公告：该关于 2014 年 2 月 21 日在绥芬河市顺丰快递、赵某车库查获琥珀原石 60 千克，猛犸象牙上门齿 219 千克，请有关当事人于 2016 年 6 月 29 日之前到该关办理手续，逾期将对此货物依法予以收缴。绥芬河海关于 2016 年 6 月 30 日公告该关对上述物品予以收缴。绥芬河海关于 2016 年 3 月 25 日制作发还清单，刘某于 2016 年 5 月 10 日将手机及人民币 4 万元取回。

绥芬河市看守所 2014 年 2 月 22 日《健康检查笔录》记载，刘某自述有糜烂性胃炎的病史，初步诊断为健康；《监所健康检查记录》记载，刘某自述无现病史（外伤史），体检结论为正常。

绥芬河海关于 2016 年 9 月 14 作出绥关缉刑赔字（2016）1 号刑事赔偿决定：对刘某提出的赔偿请求不予赔偿。

刘某不服，向哈尔滨海关申请复议。哈尔滨海关于 2016 年 12 月 14 日作出哈缉赔复决字（2016）1 号刑事赔偿复议决定：维持绥芬河海关"绥关缉刑赔字（2016）1 号"作出的不予赔偿决定。

本案的争议焦点为：（1）绥芬河海关对刘某的刑事拘留是否违法；（2）绥芬河海关应否赔偿扣押刘某4万元现金的利息损失；（3）绥芬河海关应否赔偿刘某的治疗费用；（4）绥芬河海关应否赔偿扣押刘某货物的经济损失；（5）绥芬河海关在刑事案件撤案后，将该案转为行政立案，并对猛犸象牙和琥珀收缴是否合法；（6）绥芬河海关应否赔偿刘某精神损害抚慰金。

二、撰写心得

为了准确查明案件事实、正确适用法律，作出正确裁判，笔者主要从五个方面入手做好相关工作。

（一）召开庭前会议，做好庭前准备

本案双方当事人提交的证据数量较多，其中赔偿请求人提交了8组20多份证据，赔偿义务机关提交了17组60多份证据。为此，在本案正式开庭前，笔者组织召开了庭前会议。在庭前会议中，首先由赔偿请求人宣读赔偿申请书，明确赔偿请求事项及金额，再由赔偿义务机关和复议机关进行答辩。然后由赔偿请求人和赔偿义务机关、复议机关分别提交证据，说明证据名称和欲证明的问题，并组织各方进行了证据交换。通过召开庭前会议，法官对于双方的争议焦点和证据情况做到了然于胸，以便于在正式开庭审理时，能够准确把握庭审方向，有力掌控庭审节奏，有效地组织当事人进行举证、质证。

（二）质证程序力争做到优质、高效

在做好庭前准备工作的基础上，在国家赔偿质证程序（庭审程序）中，笔者准确提炼案件的争议焦点，组织各方当事人就庭前会议中提交的证据，充分发表质证意见。并就阅卷、举证质证环节及庭审中有疑问的问题进行详细的调查和询问，以清楚地查明案件事实。并在辩论环节，有效引导当事人围绕争议焦点展开辩论，充分发表辩论意见。

（三）认真审阅卷宗材料、证据以及庭审笔录

刑事司法赔偿案件，法官应详细阅读刑事卷宗材料，详细了解案情，查明赔偿请求人涉嫌的罪名、被限制人身自由的相关情况，以及涉案财物被扣押的情况，以便对上述行为的合法性进行审查等。法官应认真审阅当事人提交的证据材料，结合各方的质证意见，准确认定及采信证据，准确查明案件事实。

（四）查阅法律、司法解释，搜索参考案例

刑事司法赔偿案件，不仅涉及国家赔偿方面的法律及司法解释，还涉及刑法、刑事诉讼法方面的法律和司法解释。对于涉及违法刑事拘留、刑事违法扣押等案由的刑事司法赔偿案件，法官需要参照《刑法》《刑事诉讼法》等法律和司法解释规定的条件、程序、时限等，来审查相关刑事强制措施的合法性，再结合《国家赔偿法》作出准确的裁判。另外，最高人民法院、各高级人民法院在中国裁判文书网上公布的裁判文书和指导性案例，也是法官审理案件，作出裁判的重要参考，要对这些案例进行详细研究和慎重参考。

（五）依照《人民法院国家赔偿案件文书样式》制作裁判文书，确保所制作的裁判文书符合裁判文书的格式体例及撰写规范

1. 准确适用文书种类。在撰写裁判文书时，首先要准确适用文书种类。比如，准许撤回国家赔偿申请、程序性驳回、指令下级法院受理案件时要用《决定书》，对案件进行实体性审理并作出决定时要用《国家赔偿决定书》，文书种类不能用错。

2. 准确写明案由。案由应参照最高人民法院《关于国家赔偿案件案由的规定》内容填写，比如违反《刑事诉讼法》的规定对公民采取拘留措施的，或者依照《刑事诉讼法》规定的条件和程序对公民采取拘留措施，但是拘留时间超过《刑事诉讼法》规定的时限，其后决定撤销案件、不起诉或者判决宣告无罪终止追究刑事责任的赔偿案件，其案由为违法刑事拘留赔偿；二审改判无罪的赔偿案件，其案由为二审无罪赔偿等。裁判文书的案由必须适用准确，不能错误适用。

3. 简要写明赔偿义务机关和复议机关的处理情况。文书中要重点写明赔偿义务机关和复议机关作出的国家赔偿决定书中认定的事实、证据、裁判理由和决定结果。此部分撰写要突出重点、详略得当。

4. 准确提炼赔偿请求人的赔偿请求事项、理由和赔偿义务机关的答辩意见。许多赔偿请求人提交的赔偿申请书多达几十页，赔偿请求事项和事实理由写得非常混乱，没有逻辑和重点，这就需要法官在庭前会议或质证程序中，要求赔偿请求人明确请求赔偿具体的项目及金额，并在制作裁判文书时，准确、精练地提炼赔偿请求和事实理由，既要择要、概括，又不能遗漏请求事项及主要理由。

5. 写明双方当事人的举证、质证情况及赔偿委员会的认证情况。对于赔偿请求人、赔偿义务机关提交的证据,文书要逐一写明证据名称及所要证明的问题,再将对方当事人的质证意见逐一写明。法官在写作过程中,也要注意归纳、整理,对于质证意见相同的证据,可以集中写明,然后再写明赔偿委员会对各方当事人提交的证据的认证情况。法官对各方提交的证据的认证,要结合对方的质证意见及相关法律规定,做到认证准确、论证充分。

6. 写明人民法院赔偿委员会查明的事实和证据。审理中法院查明的案件事实,文书原则上应按照时间顺序,客观、全面、真实地反映案件发生的原因、经过、情节、后果等,叙述时应主次分明、详略得当。如果赔偿委员会认定的事实和证据与赔偿义务机关、复议机关认定的事实一致或有重合,文书可以简略表述,不同之处则应重点论述。

7. 写明作出国家赔偿决定的具体理由。文书应围绕争议焦点层次分明地对裁判理由展开论述。文书通常是针对赔偿义务机关行使职权行为是否违法、是否造成损害后果、违法行为与损害结果之间是否具有因果关系、如何选择赔偿方式、如何适用赔偿标准等进行阐述,做到说理充分、论证严密、结论正确。

8. 准确适用法律,作出正确裁判。文书应当根据《最高人民法院关于裁判文书引用法律、法规等规范性文件的规定》援引法律、法规、司法解释等,做到援引法律条文的内容和条款清晰、准确,裁判结果正确。

9. 裁判文书应语言精练,语序顺畅,用词准确,避免出现错别字或歧义。

(姜艳,黑龙江省哈尔滨市中级人民法院法官)

三、专家评析

《最高人民法院、最高人民检察院关于办理刑事赔偿案件适用法律若干问题的解释》第 20 条规定:"返还执行的罚款或者罚金、追缴或者没收的金钱,解除冻结的汇款的,应当支付银行同期存款利息,利率参照赔偿义务机关作出赔偿决定时中国人民银行公布的人民币整存整取定期存款一年期基准利率确定,不计算复利……计息期间自侵权行为发生时起算,至作出生效赔偿决定时止;但在生效赔偿决定作出前侵权行为停止的,计算至侵权行为停止时止……"本案中,绥芬河海关于 2014 年 2 月 22 日扣押了刘某 4 万元人民币,于 2015 年 4 月 9 日撤销案件,于 2016 年 3 月 25 日制作发还清单。刘某于 2016 年 5 月 10 日将 4 万元取回。因刘某供述 41 000 元是"石头"(指琥珀)

的过货费,故绥芬河海关扣押刘某 4 万元符合《刑事诉讼法》第 139 条①关于"在侦查活动中发现的可用以证明犯罪嫌疑人有罪或者无罪的各种财物、文件,应当查封、扣押"的规定。但绥芬河海关在撤销案件后未及时将 4 万元现金返还给刘某,违反了《公安机关办理刑事案件程序规定》第 184 条②"……公安机关决定撤销案件或者对犯罪嫌疑人终止侦查时,……对查封、扣押的财物及其孳息、文件,或者冻结的财产,除按照法律和有关规定另行处理的以外,应当解除查封、扣押、冻结"的规定。刑事违法扣押的现金虽未包含在《最高人民法院、最高人民检察院关于办理刑事赔偿案件适用法律若干问题的解释》第 20 条第 1 款规定的"执行的罚款或者罚金、追缴或者没收的金钱,解除冻结的汇款"范围之内,但赔偿义务机关同意请求人的此项诉求,且扣押现金赔偿利息损失在实践中具有一定的现实意义,因此,该国家赔偿决定书同意赔偿义务机关按照同期银行存款利息赔偿赔偿请求人利息损失,案件处理结果得当,能够真正保护赔偿请求人的合法权益,社会效果良好。

针对赔偿请求人的其他诉求,本国家赔偿决定书通过对赔偿义务机关行使职权行为是否违法、是否造成损害后果、违法行为与损害结果之间是否具有因果关系、赔偿项目是否有法律依据、证据是否确实充分等方面进行全面阐述,驳回赔偿请求人的其他诉求,做到了说理充分、论证严密、结论正确。

(2017)黑 01 委赔 4 号国家赔偿决定书能够紧紧围绕赔偿请求人提出的赔偿请求和赔偿义务机关及复议机关的答辩意见,准确地提炼案件争议焦点。文书准确记载了双方当事人对对方提交的证据进行的充分质证,证据认定准确、合法。本国家赔偿决定书所记载的案件事实清楚、证据确实充分。文书的论理部分对案件的争议焦点逐一进行论述,论理充分有力,分析透彻、有

---

① 对应《刑事诉讼法》(2018 年修正)第 141 条。
② 该条已被《公安机关办理刑事案件程序规定》(2020 年修正)第 187 条修改。《公安机关办理刑事案件程序规定》(2020 年修正)第 187 条规定:"需要撤销案件或者对犯罪嫌疑人终止侦查的,办案部门应当制作撤销案件或者终止侦查报告书,报县级以上公安机关负责人批准。公安机关决定撤销案件或者对犯罪嫌疑人终止侦查时,原犯罪嫌疑人在押的,应当立即释放,发给释放证明书。原犯罪嫌疑人被逮捕的,应当通知原批准逮捕的人民检察院。对原犯罪嫌疑人采取其他强制措施的,应当立即解除强制措施;需要行政处理的,依法予以处理或者移交有关部门。对查封、扣押的财物及其孳息、文件,或者冻结的财产,除按照法律和有关规定另行处理的以外,应当解除查封、扣押、冻结,并及时返还或者通知当事人。"

说服力。本案适用法律正确，法律条文引用准确，文书结构完整，叙述层次分明，文书语言流畅、简洁，标点符号运用规范。

（点评人：崔洪志，黑龙江省高级人民法院审判委员会委员、二级高级法官）

（2017）黑 01 委赔 4 号裁判文书原文

30. 胶州市泰和饮食有限公司申请青岛市中级人民法院国家赔偿案[*]

【关键词】

文书送达　评估拍卖　超标的执行　腾空房屋

【裁判要旨】

1. 评估报告的主要功能是确定拍卖保留价，拍卖能更直接地反映市场需求，拍卖物品的价值由市场需求决定。人民法院在评估报告有效期内委托拍卖执行的房产，拍卖机构短暂超出评估报告有效期拍卖，且拍卖价格超出评估价格，没有造成拍卖损失。被执行人以超出评估报告有效期主张拍卖无效的，不应获得支持。

2. 人民法院委托拍卖的房产存在银行抵押贷款，执行中有关银行向人民法院申请在房产处置中优先受偿，人民法院可以将该抵押贷款金额计入执行总金额，不构成超标的执行。

3. 人民法院强制腾空被执行人已拍卖的房屋，被执行人拒绝接收室内存放的财物，人民法院将其搬迁至异地保存并通知被执行人领取，因被执行人拒绝接收而造成的损失，由被执行人承担。

一、简要案情

2003年11月20日，我国香港特别行政区惠信投资有限公司向胶州市人民法院（以下简称胶州法院）申请对胶州市泰和饮食有限公司（以下简称泰和公司）强制执行，执行标的为887 900元。

胶州法院于2004年3月24日作出（2003）胶执字第3062-1号民事裁定，将泰和公司所有的4套网点房查封。2004年4月28日，胶州法院委托青岛青青岛置业顾问有限公司对上述4套网点房进行评估。该公司于同年5月10日作出鲁青青岛（房评）字（2004）胶字第0028号评估报告，记载被评

---

[*]（2017）鲁委赔9号。

估房地产总价值为 152.30 万元，该评估报告记载的应用有效期为 2004 年 5 月 10 日至 2005 年 5 月 9 日。2004 年 5 月 12 日，胶州法院向泰和公司送达该评估报告，送达回证记载"该公司办公室人员拒签"。

2005 年 2 月 7 日，青岛市中级人民法院（以下简称青岛中院）裁定提级执行；2005 年 3 月 23 日作出（2005）青提执字第 2 号通知，要求泰和公司自动履行判决义务，逾期不履行将拍卖查封房产。2005 年 3 月 24 日，送达该通知的回证记载"被执行人法定代表人高某某拒绝签字，我们将通知书采取留置送达"，在场人赵某某签字。

2005 年 4 月 19 日，青岛中院执行局委托该院司法鉴定中心对上述 4 套网点房进行拍卖。经 2005 年 5 月 28 日摇号确定，青岛拍卖行负责拍卖。同年 6 月 15 日，青岛拍卖行在《青岛晚报》发布了拍卖公告。同年 6 月 30 日，经拍卖，1#、2#、3#三套网点房成交，成交价为 87 万元，4#网点房流拍。青岛拍卖行建议降低保留价 20%，以 64 万元再次拍卖。青岛中院经研究决定降价 10%，以 72 万元作为新的拍卖底价拍卖。同年 7 月 16 日，青岛拍卖行在《青岛晚报》发布拍卖公告，于同年 8 月 1 日举行了第二次拍卖，4#网点房以 72 万元成交。

拍卖的房产原为他人租赁经营，泰和公司并未实际使用。拍卖结束后，泰和公司拒不交接房屋。2005 年 8 月 1 日，泰和公司组织数 10 名员工到青岛市政府聚集，打出写有"还我房屋，还我土地"的横幅。执行过程中，青岛中院多次向青岛市委政法委报告被执行人抗拒执行情况，建议依法追究有关人员的责任。

2006 年 2 月 13 日，青岛中院书面通知泰和公司 3 日内主动腾出房屋，逾期将强制移交房产，并在泰和公司张贴公告。2006 年 9 月 1 日，青岛中院采取强制执行措施，将拍卖房屋移交买受人；雇佣车辆和人员，将泰和公司存放在拍卖房产内的盒子、布匹、雨伞等物品提存至胶州市海尔大道 69 号开发区环海保税仓库 5 号库，并对提存财产制作了清单。收货人王某某在财产清单上签字。2006 年 10 月 14 日，青岛中院作出（2005）青提执字第 2–1 号通知，告知泰和公司上述物品存放地，通知其 10 日内主动到存放地点领取，逾期将依法处理。2006 年 10 月 18 日的送达回证记载"看门人收下，拒绝签字"。

2013 年 6 月 13 日，胶州市开发区环海保税物流有限公司书面通知胶州法院，称："贵院查封货物旧鞋子衣物等已出现霉变、腐烂、虫蛀现象，请在半个月内清理运走,否则将作为垃圾自行处理。"青岛中院接到胶州法院通知后,于 2013 年 6 月 19 日书面通知泰和公司在 7 日内将存放在仓库内的货物及时清理运走,过期则视为自动放弃,并将通知张贴于泰和公司门前。

另查明,2004 年 6 月 1 日,胶州市中云农村信用社向胶州法院提出异议,主张泰和公司于 2002 年 2 月 4 日将涉案房产抵押给该信用社,抵押保证金额为本金 45 万元及利息。2005 年 3 月 28 日,胶州市中云农村信用社再次向青岛中院提出异议,以涉案房产已经在该信用社设定了抵押为由,请求解除查封。2005 年 4 月 6 日,青岛中院作出(2005)青提执字第 2-2 号通知,告知其执行异议不成立,但可主张对房产拍卖后所得价款优先受偿。2005 年 4 月 7 日,胶州市中云农村信用社要求在涉案房产资产处置过程中优先受偿。但在涉案房产被拍卖后,案款尚未发还之前,胶州市中云农村信用社自行从泰和公司的账户中将该款项截留。

还查明,2005 年 11 月 3 日,青岛中院收取了泰和公司 52 万元,用以办商 4#网点房买受人退回房屋,但协商工作未做成。青岛中院主张及时告知泰和公司领回该款,但其拒绝领取,致使该款在较长一段时间内无法退回。泰和公司主张青岛中院没有通知其领回该款。

再查明,2006 年 10 月 11 日,青岛中院向申请执行人我国香港特别行政区惠信投资有限公司发放执行案款 1 055 796.41 元,迟延履行利息计算至第二次拍卖成交之日。2015 年 2 月 13 日,泰和公司从青岛中院领回案款 90 万元,同年 4 月 29 日领回 64 271.69 元。2015 年 5 月 5 日的执行笔录记载,青岛中院以救助泰和公司困难职工的名义发放 205 552 元,包括 52 万元的利息和发给房屋买受人的 82 421.9 元。同日泰和公司出具保证书:不上访、不信访,按照法律程序办事(领取救助金案已了结)。

赔偿请求人泰和公司以青岛中院存在执行错误为由申请国家赔偿,主要理由包括执行中法律文书送达违法,评估拍卖程序违法,超标的额执行,腾空拍卖房屋造成物品损失等。青岛中院认为,不存在赔偿请求人主张的执行错误及违法情形,不应给予国家赔偿。

二、撰写心得

(一)选对文书样式是前提

国家赔偿案件裁判文书样式选用容易出错,其他诉讼案件裁判文书一般是判决书、裁定书和调解书,而国家赔偿案件文书种类则完全不同。首先,国家赔偿案件不存在判决书、裁定书和调解书（本文所称国家赔偿案件仅指司法赔偿案件，不包括行政赔偿案件，行政赔偿案件存在判决书、裁定书和调解书），只有国家赔偿决定书和决定书。其次，作出实体赔偿或者不予赔偿决定的文书选用国家赔偿决定书，对程序性事项作出处理选用决定书，有的法官在程序性驳回案件中用国家赔偿决定书，或者在实体处理案件中用决定书，都是不对的。再次，经协商达成和解的，选用国家赔偿决定书，不能用决定书，也没有国家赔偿调解书可选用。最后，国家赔偿决定区分自赔义务机关的决定和赔偿委员会的决定，自赔义务机关是对赔偿请求人提出赔偿申请的先行答复机关，不是案件审理机关；人民法院赔偿委员会是对赔偿请求人、赔偿义务机关的国家赔偿争议进行审理和裁决的机关，体现的是裁判权。因此，赔偿义务机关作出决定不能写成人民法院赔偿委员会决定，人民法院赔偿委员会作出决定不要写成人民法院决定。

（二）做好案件审理是基础

裁判文书是诉讼和审判活动的最终载体，从案件起诉，双方举证质证，到法院证据认证，评估鉴定，查明事实，适用法律，分析评判，作出裁决等，每个程序和环节都要在裁判文书中有所体现。因此，诉讼和审判是裁判文书的内容来源，而裁判文书只是载体和结果。写好裁判文书不是靠华丽的辞藻，而是需要务实精神，脚踏实地地审理案件，把握好每一个办案环节，打好基础。撰写文书只需要把做好的工作系统、完好地呈现出来即可。本案在审理过程中，重点做好以下三点：首先，耐心细致地查明事实。国家赔偿案件事实往往发生在很多年前，调取关联案件卷宗，仔细阅卷很关键。本案所涉及的执行案件开始于2003年，持续到2015年，承办人调取了基层法院和中级人民法院的执行卷宗，结合赔偿请求人提出的问题，做了大量梳理工作，确保案件事实清楚准确。其次，公开听证、质证。国家赔偿案件可以书面审理，但听证、质证审理优于书面审理，能够听证、质证的一定要听证、质证。通过公开听证、质证，可以保障赔偿请求人和义务机关的知情权、参与权和表达权，案件审理更加公开透明，可以提高公信力。再次，对赔偿请求人提交的新证据和评估请求，应该按照规定办理，具体理由在裁判文书中作出交代。

（三）客观真实是基本原则

裁判文书是审理和裁判活动的客观表现，裁判文书写作要客观真实，不能人为杜撰，不能存在半点虚假。要忠于客观事实，忠于证据，忠于法律，忠于审判过程。赔偿申请理由和答辩意见篇幅过长或者条理不清晰的，文书应当进行归纳概括，不能照搬原文，必要的归纳概括能够突出重点，有利于归纳争议焦点。但一定要忠于原文原意，不能改变文意。在证据分析认证方面，客观真实原则体现在对证据的分析评判要客观准确，不符合证据要求的依法排除，存在争议的事实要客观表述，并阐明争议理由。本案中，赔偿请求人提交了2006年8月份的"盘存表"，用以证明青岛中院腾空拍卖房屋时的货物数量和财产价值。赔偿义务机关质证认为，货物盘存表是复印件，对其真实性存在异议，当时房子已经被拍卖，企业效益也不好，据执行人员反映房子里面本来就没有多少东西，是符合常理的。由于货物盘存表系复印件，又无其他证据佐证，对赔偿请求人主张的财产价值不应确认。在裁判说理部分，裁判观点和理由反映的是，经过审判人员评议，按照规则最终形成的裁判意见。

（四）裁判说理是核心

裁判文书最为关键部分在于说理，没有说理或者说理不明，即使裁判结果正确，还是不能算作优秀文书。说理清晰透彻，容易使人信服，裁判结果易于接受。首先，文书说理第一位的是法理，也就是相关争议问题的解决要有法律依据，为什么支持一方主张，不支持另一方，法律规定要找准，没有法律依据就没有权威，不会令人信服。其次，文书说理还要讲情理，也就是结合案情表明事理。情理的涵义并不能简单理解为人情和天理。情具有四个义项，分别是感情、性情、人情世故，以及案情；理是指广义上的事理，除了事物之理，还包括人伦之理。因此，情理的涵义应为案情和事理，同时包含事实和法律两个维度。再次，文书说理要有围绕焦点问题，抓住重点，有的放矢。先程序后实体，先主要后次要，层次分明，环环相扣。最后，文书说理应该通俗易懂，意思表达清楚直接，不能隐晦难懂。

（五）文书校对检查是必需

好的文章是改出来的，裁判文书也不例外。精心修改的文书，质量会大幅提高，感谢那些为裁判文书修改、校对付出辛勤汗水、默默奉献的同事们。现在法院案件数量逐年增加，法官办案压力大，即使如此，依然不能放弃对文书的校对和修改，避免出现文字、标点、语句方面的差错。

（刘加鹏，山东省高级人民法院法官）

三、专家评析

国家赔偿工作及国家赔偿审判近年来取得快速发展，逐渐被人们所关注和熟悉。国家赔偿方面的制度设计、法律程序、办案理念、文书样式等，与其他诉讼显著不同，专业性非常强。此篇国家赔偿决定书质量较高，案件审理和裁判体现了办案机关和办案人员的国家赔偿业务能力和水平。

（一）文书样式准确，格式规范

这个案件是人民法院赔偿委员会审理和裁判的因错误执行引起的国家赔偿案件，法院经过审理从实体上作出决定驳回了赔偿请求人的申请，因此应该选用人民法院赔偿委员会国家赔偿决定书。在文书格式方面，要素齐全，结构合理，书写规范。文书开始部分对于当事人基本信息、案件由来、自赔机关处理经过简要介绍，对申请赔偿的理由和答辩意见进行归纳概括，尤其是赔偿义务机关的答辩意见与其自赔决定相同，没有重复罗列，安排合理。文书的重点是查明事实和分析评判，两部分篇幅较长，重点发力。

（二）案件事实清楚，审理程序正当

这个案件中的执行开始于2003年，先后有两个法院采取执行措施，内容很多，办案人并非简单堆砌，而是将与申请国家赔偿有关的事实查清，按照关联度组合排列，为案件裁判打下了坚实的基础。由于案件审理采取了公开质证的方式，取得了较好的效果。质证中，赔偿请求人提交了新证据，并申请重新评估。文书中对新证据和重新评估请求予以回应，较好地维护了赔偿请求人的程序性权利。因新证据是复印件，法院不予采信理由正当；因执行程序中已经存在合法有效的评估报告，法院不予重新评估，合理合法。

（三）裁判说理客观、准确，不回避问题

文书说理部分围绕法律文书送达、评估机构选定、评估报告有效期、超标的执行、强制搬迁是否违法并造成损失等争议焦点问题进行，层次清晰，观点鲜明，引用法律条文准确，分析说理客观合理。略有不足的是在"本院认为"开始部分，没有列出案件争议焦点问题，文书可以采取"总—分"的结构。文书中法律问题的分析评判是客观的，对于赔偿请求人不履行生效判决，拒绝接受法院送达的文书等予以否定性评价；对于执行法院在选定拍卖机构和送达法律文书方面存在的瑕疵予以指出，并明确其尚未构成《国家赔偿法》规定的执行错误。法规在国家赔偿案件中做到了客观、中立、公正。

（四）相关法律问题具有一定典型意义

法律文书送达、评估机构选定、评估报告有效期、执行标的额、腾空房屋等，是执行中的常见问题，比较典型。国家赔偿实行法定赔偿原则，在法律无规定，执行中的瑕疵不构成违法，未造成损失或者无因果关系的情况下，当事人依法不能获得国家赔偿。由于赔偿请求人提出的申请达不到国家赔偿的法定条件，法院决定不予赔偿，裁判结果正确。本案对前述问题的裁判说理、相关法律的理解和适用，对类似案件具有很好的参考和指导意义。

（点评人：张成武，山东省高级人民法院副院长、审判委员会委员、一级高级法官、赔偿委员会主任委员）

（2017）鲁委赔 9 号裁判文书原文

31. 方某申请萍乡市检察院国家赔偿案[*]

【关键词】

扣押款项　违法所得　移送处理

【裁判要旨】

检察机关在侦办刑事案件过程中查封、扣押的款物，如在起诉书中未作认定，未向人民法院移送相关案件材料，生效刑事判决亦未就该款物作出认定的情况下，除及时返还受害人或者经查明属于犯罪嫌疑人、被不起诉人以及被告人合法财产的款物应当及时返还外，对需要没收的违法所得应当在诉讼程序终结之后提出检察意见，并移送对犯罪嫌疑人、被不起诉人以及被告人违反法律法规的行为具有管理处罚权限的机关或者其他单位进行处理，不能自行作出认定和处理。

一、简要案情

2001年8月，萍乡市物资局（萍乡市物资集团公司）与方某签订了企业租赁经营合同，方某取得萍乡市民用爆炸器材有限公司（以下简称萍乡市民爆公司）2001年至2005年的个人租赁经营权。2007年9月，方某因涉嫌贪污被刑事拘留，在侦查过程中，萍乡市湘东区人民检察院搜查、扣押方某的现金5万元，2007年9月方某1（系方某的妹妹、萍乡市民爆公司的会计）向萍乡市湘东区人民检察院账户汇入其为方某保管的198万元，2007年11月方某让黄某某将210万元还至萍乡市人民检察院办案人员个人账户暂收，2007年11月萍乡市昌荣物资贸易有限责任公司将其向方某借的50万元还至萍乡市人民检察院账户，上述金额总计463万元。检察机关从上述463万元中为方某、方某1支付了他们在看守所的费用共计10 522元。在刑事案件侦办过程中，萍乡市人民检察院以方某在租赁经营期间用虚假票据从萍乡市民爆公司财务上套取1300万元据为己有，并将上述款项部分用于购买涉案汽

---

[*]（2013）赣法委赔字第3号。

车、土地为由,于2007年11月扣押了一辆登记于萍乡市民爆公司名下的奥迪A6汽车。萍乡市人民检察院于2008年9月3日作出萍检追缴字(2008)08号追缴决定,决定对已扣押方某的非法所得款4 619 478元予以追缴,上缴国库,收款人为江西省萍乡市财政局萍乡市人民检察院专户,收款项目为罚没收入。又于2008年10月27日作出萍检追缴字(2008)12号追缴决定,决定对方某以非法所得款501万元用于投资购买的登记于方通公司名下的开发区土地1宗及其所产生的收益予以追缴,上缴国库。萍乡市人民检察院在刑事案件侦办过程中扣押、追缴上述涉案的4 619 478元、汽车及土地,在刑事起诉书中未予认定,也未向人民法院移送有关上述款物的案件材料。

2008年12月25日,萍乡市中级人民法院作出生效刑事判决,以方某犯贪污罪、行贿罪、偷税罪及隐匿会计凭证、会计账簿罪,数罪并罚判处有期徒刑六年,并处没收财产700 000元,罚金1 200 000元。该刑事判决未涉及涉案的4 619 478元、汽车及土地。2009年1月8日,萍乡市人民检察院作出萍检函〔2009〕1号移交函,将其追缴的一宗38.578亩的地块移交萍乡经济开发区管委会。2009年1月14日,萍乡市人民检察院将其扣押的一辆奥迪A6汽车返还给萍乡市民爆公司。2009年4月29日,萍乡市人民检察院向萍乡市国土资源局经济开发区分局作出说明,说明其追缴的土地系方某用非法所得款501万元以方通公司名义投资购买,并对该土地的位置、面积和证号进行了说明。2009年12月12日,萍乡市人民政府作出萍府字〔2009〕86号《关于注销萍乡市方通房地产开发有限公司非法所得土地国有土地使用证的决定》,决定注销方通公司编号为安开土局国用〔2003〕字第2498号的国有土地使用证,该宗土地由萍乡经济开发区管委会进行收储,并尽快完善手续,组织出让。2010年4月29日,萍乡市人民政府审批同意将方通公司证号为安开土局国用〔2003〕字第2498号国有土地使用权收回,并由萍乡经济技术开发区土地收购储备中心储备。

江西省高级人民法院赔偿委员会认为争议焦点有二,首先,关于方某就涉案的4 619 478元是否有取得国家赔偿权利的问题。根据2006年最高人民检察院《人民检察院扣押、冻结款物工作规定》(已废止)第25条第1款、第26条第3款、第27条第1款和第3款以及第28条第1款的规定,人民检察院对起诉书中未认定的款物,除及时返还受害人或者经查明属于犯罪嫌疑人、被不起诉人以及被告人合法财产的款物应当及时返还外,对需要没收的违法所得应当在诉讼程序终结之后提出检察意见,并移送对犯罪嫌疑人、被不起诉人以及被告人违反法律法规的行为具有管理处罚权限的机关或者其他单位进行处理，而不能自行作出认定和处理。本案中，萍乡市人民检察院在侦办刑事案件过程中，对其认为方某通过串通投标获得租赁经营权的违法所得款4 619 478元，在起诉书中未作认定，未向人民法院移送相关案件材料，生效刑事判决亦未涉及该笔款项的情况下，依照最高人民检察院《人民检察院扣押、冻结款物工作规定》的上述规定，萍乡市人民检察院应当在诉讼程序终结后，向主管国有企业租赁承包领域招投标活动的机关提出检察建议，并将上述涉案款项移送该主管机关进行处理。萍乡市人民检察院直接认定涉案款项系违法所得且上缴至其在财政的专户，系违法行使了应该由主管国有企业租赁承包领域招投标活动的机关行使的职权。萍乡市人民检察院认为其将涉案款项上缴至其在财政的专户就是移送主管机关进行处理，于法无据。萍乡市人民检察院在生效刑事判决没有处理该4 619 478元涉案款的情况下，未依法返还该笔涉案款，属于侵害财产权的违法行为。萍乡市人民检察院以方某涉案的4 619 478元系违法所得为由予以追缴，应对涉案扣押款项属于违法所得承担举证责任。萍乡市人民检察院违法追缴方某4 619 478元，侵犯了方某的财产权，方某就该笔涉案款有取得国家赔偿的权利。

其次，关于方某就涉案汽车和土地是否有取得国家赔偿权利的问题。根据《国家赔偿法》第20条关于"赔偿请求人的确定依照本法第六条的规定"的规定以及第6条第1款关于"受害的公民、法人和其他组织有权要求赔偿"的规定，刑事赔偿请求人应当是其合法权益受到刑事司法行为实际损害的公民、法人和其他组织，否则不具备赔偿请求人主体资格。本案中，涉案汽车和土地分别登记在萍乡市民爆公司和方通公司名下，也就是说涉案汽车的所有权人和涉案土地的国有土地使用权人分别为萍乡市民爆公司和方通公司，方某并非涉案汽车和土地的财产权人。因此，方某就涉案汽车及土地申请国家赔偿不具备赔偿请求人的主体资格，没有获得国家赔偿的权利，方某就涉案的该两部分财产提出国家赔偿申请于法无据，依法应予驳回。

二、撰写心得

裁判文书是人民法院为行使宪法赋予的审判权，在审理案件的过程中，就案件的实体、程序问题，依法制作的具有法律效力的法律文书，是司法审判工作的最终成果。在国家赔偿审判工作以及本篇裁判文书撰写过程中，有四点认识。

（一）务求文书样式规范

格式规范并不是"机械"，无规矩不成方圆，如果每篇裁判文书都不按照统一规定的格式制作，就无从体现裁判文书的严肃性和法律的权威性，当事人也无法从格式混乱的文书中清晰地理解裁判的要义，规范文书样式对于规范国家赔偿案件的处理，保护公民、法人和其他组织的合法权益，树立司法工作形象，具有重要意义。本篇裁判文书以《人民法院国家赔偿案件文书样式》为规范，第一部分是当事人的身份信息，分别列明赔偿请求人、赔偿义务机关、复议机关，这是当事人适格在文书中的体现，本案中还涉及部分涉案财产提出国家赔偿的赔偿请求人的资格问题，在这一部分尤其是需要核实的。第二部分是对赔偿义务机关的处理情况、复议机关的复议情况、赔偿请求人申请事项及理由等情况进行概括，全面落实和展现程序正义。第三部分是人民法院赔偿委员会认定的证据和查明的事实，按照时间发展顺序和逻辑关系层次分别予以载明。第四部分是江西省高级人民法院赔偿委员会认为部分，说理是否充分有力直接影响当事人对裁判结果的理解，该部分力求充分展示法官智慧与逻辑、思维过程。第五部分是决定部分，是当事人利益最直接的体现，务必清晰准确。

（二）务求严谨细致准确

严谨是制作裁判文书的灵魂。本案案件事实时间久远，有些证据材料不完整、不规范。相关的法律规定有的已经作出修改，有的继续有效。我们在裁判文书中援引、列举的证据材料务必要对证据形式要件进行严格审查，时刻与原始文本进行对照核对，保持原汁原味，语言表达做到前后一致，不产生歧义，案件事实的认定主要运用证据规则分析证据的证明力，阐明有关证据能够证明何种事实，充分运用直接证据和间接证据组合证明待证事实。对于法律条文和司法解释的引用，进行反复核对，对于已经修改的条款，注明当时实施的时间。对于涉及的赔偿金额，反复计算核对，做到分文不差。

（三）务求说理充分有力

在裁判文书说理部分分为关于方某就涉案的款项是否有取得国家赔偿权利以及关于方某就涉案汽车和土地是否有取得国家赔偿权利两个部分的问题分别予以阐述。对于第一个问题，首先引用所适用的法律条款作为大前提，阐明该类案件中人民检察院对于起诉书中未认定的涉案款物不能自行作出认定和处理，如认为属于需要没收的违法所得，应当移送具有管理、处罚权限的机关或者其他单位进行处理的裁判观点。之后在逻辑上进一步推进，围绕案件中具体事实检察机关将涉案款项上缴财政账户是否属于移送有权机关处理，以及认定违法所得举证责任等争议焦点展开论述，对焦点问题作出明确表态。接着认定案件具体事实属于大前提限定的具体表现，以此作出推理结论。对于另查明的事实，在说理部分予以单独阐述，对于生效民事判决确认萍乡市物资集团与方某签订的企业租赁经营合同确认为无效合同，但并不必然导致涉案款物即方某租赁经营萍乡市民爆公司的经营收益属于违法所得进行论述。最后得出结论方某就该涉案款项有取得国家赔偿的权利，萍乡市检察院应返还其违法追缴款项及支付相应的利息。对于第二个问题，同样引用法律条款阐述刑事赔偿请求人应当是其合法权益受到刑事司法行为实际损害的公民、法人和其他组织，否则不具备赔偿请求人主体资格。根据涉案汽车和土地分别登记在不同公司法人名下，并非登记在申请人个人名下的具体事实，得出方某就涉案汽车及土地申请国家赔偿不具备赔偿请求人的主体资格，没有取得国家赔偿的权利的推论。文书力求做到有逻辑性、有方法论、有针对性，逻辑严密，层层推进，繁简得当。

（四）充分体现集体智慧

本案审理经过合议庭、法官会议、赔偿委员会及审判委员会等多次集体讨论研究。制定裁判文书是由法官助理、承办人、审判长经过多次讨论、修改定稿，是集体智慧的结晶。对于涉及的相关刑事判决问题以及民事判决涉及的合同无效问题，合议庭专门咨询了相关刑事和民事审判领域的同事，努力做到裁判说理有据。对涉及法律适用中的疑难问题，合议庭还向上级法院进行了请示。

（章华，江西省高级人民法院法官）

三、专家评析

本案所涉客观事实较为零碎、发生年代较长，法律关系复杂多元，政策性较强，事实认定、法律适用及文书撰写均难度较大。本份国家赔偿决定书层次分明，内容严谨，裁判结果正确，并在确保文书基本要素完整，主体结构规范的基础上，结合案情特征、法律适用、社会效果等因素，对刑事违法扣押、追缴类案件如何说理作了有益探索。无论是从裁判文书的论理性角度，还是从裁判文书的可读性角度，本国家赔偿决定书均属于优秀的裁判文书。

本文书事理明晰，对案件事实部分叙述客观公正、重点突出。法院全面审查案件相关事实，重点围绕检察机关在办理刑事案件过程中对涉案款物的职权权限以及公司股东个人能否就公司财产以股东个人的名义申请国家赔偿进行审查。文书既紧紧围绕当事人的诉辩意见，又突破了以往此类案件"就事论事"的写法，不仅将案件涉及的程序问题阐释清楚，更加注意对赔偿请求人权益保护问题，而且使当事人以外的读者通过此份文书能够了解纠纷的来龙去脉，理解法官作出裁判时对纠纷背后法益的衡平取舍。

本文书法理透彻，案件说理部分释法到位，依据充分。在检察机关就其在刑事案件办理过程中对涉案款物处理的权限和程序以及赔偿请求人对其赔偿请求人资格存在较大争议的情况下，围绕争议焦点，引法讲理，分段逐一进行分析论证，详细说明支持的理由与不支持的理由，水到渠成地得出裁判主文，并将法律条文中蕴含的情理挖掘出来，对同类案件统一裁判标准和尺度发挥了积极作用，具有一定的示范意义。

本文书文字顺达、语言流畅、文字简练、逻辑严谨。总体上，文书结构完整，叙述层次分明，说理论证充分，分析思路严密，运用标点符号、法条引文及法律用语准确规范，既确保了法律文书法言法语的严肃性，又兼顾了法律文书的通俗易懂的可读性。

（点评人：江怀玉，江西省高级人民法院二级高级法官）

（2013）赣法委赔字第 3 号裁判文书原文

第三编 执行类

第一章 执行复议

32. 中国信达资产管理股份有限公司深圳市分公司和深圳市知擎科技有限公司合同纠纷执行复议案[*]

【关键词】

仲裁裁决　执行立案　受理条件　驳回申请　司法审查

【裁判要旨】

人民法院可以依照法律规定对仲裁裁决进行司法审查,但应当注意对仲裁裁决的司法审查与立案审查之间存在根本区别。执行案件的立案审查判断仲裁裁决是否符合执行案件受理条件,有无驳回执行申请的法定情形,一般不对仲裁裁决本身的合法性进行评判,除非属于先予仲裁的特定情形。而执行案件的司法审理判断仲裁裁决有无违反法定程序等不予执行的法定情形,是对仲裁裁决本身的合法性进行判断。人民法院在强制执行仲裁裁决案件中,不得以立案审查替代司法审查,不得以驳回仲裁裁决的执行申请替代不予执行仲裁裁决。

一、简要案情

申请执行人中国信达资产管理股份有限公司深圳市分公司(以下简称深

---

[*] (2019) 粤执复 912 号。

圳信达）与被执行人深圳市知擎科技有限公司（以下简称知擎公司）合同纠纷一案，深圳市仲裁委员会作出（2018）深仲裁字第1773号裁决认为，深圳信达向知擎公司主张的涉案债权，系深圳信达购买银行不良资产而形成的合法债权。知擎公司作为债务人的关联人，与深圳信达签订《〈以股抵债及还款协议〉之补充合同》《补充合同》，自愿以其持有的深圳市考拉超课科技股份有限公司（以下简称考拉公司）的400万股股份向深圳信达抵债，是双方真实意思表示，不违反法律、行政法规的强制性规定，合法有效，对双方具有法律约束力。目前，知擎公司持有考拉公司506.1万股股份，具备履约能力。因此，对深圳信达要求知擎公司立即将其持有的考拉公司400万股股份转让过户至深圳信达新三板账户的仲裁请求，深圳市仲裁委员会予以支持。遂裁决：知擎公司应在该裁决送达之日起15日内将其持有的考拉公司400万股股份转让过户至深圳信达的新三板账户。2018年12月26日，信达公司向深圳市中级人民法院申请强制执行上述仲裁裁决。执行法院于2019年1月2日立案受理，查明上述400万股股份为新三板无限售流通股，并无冻结或质押。

2019年8月23日，执行法院作出（2019）粤03执44号之一执行裁定认为，申请执行人对案外人享有债权，被执行人基于申请执行人与案外人之间的债权债务关系而自愿以其持有股份份额以双方约定的价格抵偿案外人的债务，因该股份为上市公司的无限售流通股，其转让应按证券转让的相关规定及业务规则进行，由双方当事人自行向证券登记结算机关申请办理过户变更登记手续。申请执行人申请强制转让上述股份至其名下，不符合证券交易规则，无法律依据。遂依照《民事诉讼法》第154条第1款第11项①规定，裁定驳回深圳信达的执行申请。

深圳信达不服向广东省高级人民法院申请复议，请求撤销上述执行裁定并指令执行法院立案执行。其主要理由是：（1）仲裁裁决已经生效，双方之间各种债权债务关系已经查清，执行法院不应在执行过程中再次自行审查以股抵偿行为，并据此认为应当按照证券转让的相关规定自行办理过户登记，不应通过执行程序代替审判，否则仲裁机构形同虚设，违背审执分离原则。（2）双方当事人在申请执行前曾自行办理股权登记过户，但证券登记结算机构告知根据裁决书办理过户登记属于司法扣划业务范围，故无法自行凭裁决书办理股权过户登记。考拉公司也不是上市公司，属于非上市公众公司，不

---

① 对应《民事诉讼法》（2021年修正）第157条第1款第1项。

能完全套用上市公司的规则。

广东省高级人民法院审查后,于2019年12月24日作出(2019)粤执复912号执行裁定,撤销执行法院(2019)粤03执44号之一执行裁定。

二、撰写心得

深圳信达持生效仲裁裁决请求对被执行人持有的非上市公众公司持有的涉案股权予以强制执行过户,执行法院认为应当事人应自行办理过户而裁定驳回执行申请。本案事实比较简单,但涉及的有关问题在司法实践中存在争议值得深入研究,至少包括五个问题。

(一)驳回执行申请能否申请执行复议

《最高人民法院关于人民法院执行工作若干问题的规定(试行)》第18条第2款[①]规定,不符合执行案件受理条件的,应当裁定不予受理。但是当前法律和司法解释对以下两个问题缺乏明确的规定:一是立案执行之后发现不符合受理条件的如何处理。民事诉讼中,立案后发现不符起诉受理条件的,可依《最高人民法院关于适用〈中华人民共和国民事诉讼法〉的解释》第208条第3款[②]的规定裁定驳回起诉。但是,执行立案后发现不符合受理条件的,能否驳回执行申请存在争议。《最高人民法院关于人民法院办理仲裁裁决执行案件若干问题的规定》第3条、第4条虽然规定了仲裁裁决内容不明确无法执行的,可裁定驳回执行申请。但是,其他法律文书作为执行依据时内容不明确的,或者并非裁判内容不明确的不符合受理条件情形的,法院能否裁定驳回执行申请,仍然缺乏明确的法律依据。二是对不予受理执行申请、驳回执行申请的裁定不服的如何可救济也存在争议。民事诉讼中,对不予受理和驳回起诉的裁定不服的,依照我国《民事诉讼法》第154条[③]的规定可以提起上诉。但对于上述两类执行裁定不服,能否救济、如何救济也有不同认识。2017年5月广东省高级人民法院执行局发布的《关于执行程序法律适用若干问题的参考意见》针对上述问题的争议统一了认识,主要参照了《民事诉讼

---

① 对应《最高人民法院关于人民法院执行工作若干问题的规定(试行)》(2020年修正)第16条第2款。

② 该款已被《最高人民法院关于适用〈中华人民共和国民事诉讼法〉的解释》(2022年修正)第208条第3款修改。《最高人民法院关于适用〈中华人民共和国民事诉讼法〉的解释》(2022年修正)第208条第3款规定:"立案后发现不符合起诉条件或者属于民事诉讼法第一百二十七条规定情形的,裁定驳回起诉。"

③ 对应《民事诉讼法》(2021年修正)第151条第1款第1项。

法》第 154 条①规定，赋予申请执行人法律救济的途径。

（二）非上市公众公司的股权过户登记有何特殊性

执行法院裁定认为，申请执行人申请强制转让涉案股份至其名下，不符合证券交易规则，但尚未明确究竟违反了什么证券交易规则。为此，承办人专门电话联系执行法院案件承办人进行了解，其反映是与证券登记机构有关人员口头沟通，但没有明确的法规依据。承办人同时检索查阅《证券法》《国务院关于全国中小企业股份转让系统有关问题的决定》《非上市公众公司监督管理办法》《全国中小企业股份转让系统有限责任公司管理暂行办法》等有关法律法规，亦未发现本案执行违反证券交易规则。

（三）本案是否符合执行案件受理条件

以仲裁裁决为执行依据申请立案执行，是否符合受理条件，主要应依照以下有关司法解释进行立案审查。一是《最高人民法院关于人民法院执行工作若干问题的规定（试行）》第 18 条②规定："人民法院受理执行案件应当符合下列条件：（1）申请或移送执行的法律文书已经生效；（2）申请执行人是生效法律文书确定的权利人或其继承人、权利承受人；（3）申请执行人在法定期限内提出申请；（4）申请执行的法律文书有给付内容，且执行标的和被执行人明确；（5）义务人在生效法律文书确定的期限内未履行义务；（6）属于受申请执行的人民法院管辖。人民法院对符合上述条件的申请，应当在七日内予以立案；不符合上述条件之一的，应当在七日内裁定不予受理。"二是《最高人民法院关于适用〈中华人民共和国民事诉讼法〉的解释》第 463 条第 1 款③规定："当事人申请人民法院执行的生效法律文书应当具备下列条件：（一）权利义务主体明确；（二）给付内容明确。"三是《最高人民法院关于人民法院办理仲裁裁决执行案件若干问题的规定》第 3 条、第 4 条规定了仲裁裁决内容不明确无法执行的，可裁定驳回执行申请。四是《最高人民法院

---

① 对应《民事诉讼法》（2021 年修正）第 151 条第 1 款第 1 项。
② 该条已被《最高人民法院关于人民法院执行工作若干问题的规定（试行）》（2020 年修正）第 16 条修改。《最高人民法院关于人民法院执行工作若干问题的规定（试行）》（2020 年修正）第 16 条规定："人民法院受理执行案件应当符合下列条件：（1）申请或移送执行的法律文书已经生效；（2）申请执行人是生效法律文书确定的权利人或其继承人、权利承受人；（3）申请执行的法律文书有给付内容，且执行标的和被执行人明确；（4）义务人在生效法律文书确定的期限内未履行义务；（5）属于受申请执行的人民法院管辖。人民法院对符合上述条件的申请，应当在七日内予以立案；不符合上述条件之一的，应当在七日内裁定不予受理。"
③ 对应《最高人民法院关于适用〈中华人民共和国民事诉讼法〉的解释》（2022 年修正）第 461 条第 1 款。

关于仲裁机构"先予仲裁"裁决或者调解书立案、执行等法律适用问题的批复》规定:"网络借贷合同当事人申请执行仲裁机构在纠纷发生前作出的仲裁裁决或者调解书的,人民法院应当裁定不予受理;已经受理的,裁定驳回执行申请。"依上述司法解释规定,本案深圳信达依仲裁裁决申请强制执行交付涉案股票,并无不予受理或驳回执行申请的法定情形。

（四）司法否决仲裁裁决的强制力应循何种法定途径

首先,仲裁裁决的强制力不能轻易、草率否决。仲裁是与诉讼并行的民事争议纠纷解决方式,仲裁机构作出的仲裁裁决,与人民法院所作的判决、裁定,均具有强制性,都以国家强制力为后盾保障履行,属于人民法院强制执行依据的法律文书。其次,要注意区分仲裁裁决的立案审查和司法审查的程序存在明显不同。立案审查是判断仲裁裁决是否符合执行案件受理条件,有无驳回执行申请的法定情形,一般不对仲裁裁决本身的合法性进行评判,除非属于先予仲裁的特定情形。而司法审查主要依据《民事诉讼法》第237条第2款和第3款①,判断仲裁裁决有无违反法定程序等不予执行的法定情形,是对仲裁裁决本身的合法性进行判断。执行法院在本案中以执行案件的立案审查替代不予执行的司法审查,审查程序不当。

（五）如何处理强制执行与财产登记机构的行政审查关系

本案中执行法院驳回深圳信达的执行申请,主要担心一旦继续推进执行,证券登记机构依照行政尊重司法的规则,对于涉案股份变更登记是否符合证券交易规则不予审查,最终可能造成当事人借助强制执行程序规避证券交易规则。因此,法院对此问题也作了进一步研究,认为司法执行中可主动征询登记机关的行政审查意见,即当事人协议以涉案股票抵偿金钱债务,是否符合《证券法》《非上市公众公司监督管理办法》《全国中小企业股份转让系统有限责任公司管理暂行办法》等有关涉及非上市公众公司的证券监管法律法规,执行法院可在接到协助执行的证券登记结算机构反馈意见或在主动征询证券监管部门意见的基础上,进一步判断仲裁裁决有无违背社会公共利益。

（蒋先华,广东省高级人民法院法官）

三、专家评析

司法对仲裁裁决的审查主要包括撤销仲裁裁决和不予执行仲裁裁决两个

---

① 对应《民事诉讼法》（2021年修正）第244条第2款、第3款。

程序。2012年我国《民事诉讼法》修正前，撤销仲裁裁决侧重于程序审查，即审查裁决的证据是否伪造，有无隐瞒关键证据；而不予执行仲裁裁决侧重于实体审查，即审查仲裁裁决认定的事实和适用的法律有无错误。而在2012年《民事诉讼法》修正后，不予执行仲裁裁决的司法审查从实体转向了程序审查。从国际范围看，司法与仲裁关系发展的一般趋势是，司法对仲裁的监督与控制逐步弱化，而支持与协助则不断强化，支持仲裁已成为各国普遍遵行的立法指导思想和司法政策。这次《民事诉讼法》对不予执行仲裁裁决情形的修正，进一步体现了司法执行对仲裁裁决支持与协助。

近年来，由于仲裁裁决存在明显和突出的问题，司法对仲裁裁决监督与控制在司法解释的层面上有一定的强化趋势。如最高人民法院先后出台了《最高人民法院关于仲裁机构"先予仲裁"裁决或者调解书立案、执行等法律适用问题的批复》《最高人民法院关于人民法院办理仲裁裁决执行案件若干问题的规定》，显示最高审判机关对仲裁裁决加强司法审查的意见态度。

与此同时，有的地方法院因为担心为仲裁裁决问题"背锅""背书"，超越法定情形创设理由，通过裁定不予受理或驳回执行申请，从而将仲裁裁决拒绝于法院执行程序之外。这一做法既损害了当事人的合法权益，也违反了我国仲裁相关的法律制度。本篇执行复议裁定，针对上述问题，结合案件实际情况，有理有据提出三个观点：

一是仲裁机构仲裁裁决与人民法院所作的裁判，同样具有强制执行的法律效力。二者都以国家强制力为后盾保障履行，属于人民法院强制执行依据的法律文书。当事人申请执行仲裁裁决符合受理条件的，人民法院应当依法立案执行，不得不予立案或拒绝执行。

二是不予立案执行应有明确具体的规定，并在裁判文书中予以援引作为法律依据。本案执行法院作出驳回深圳信达执行申请的执行裁定，援引的法律依据仅《民事诉讼法》第154条第1款第11项①的规定，而该规定为人民法院裁定适用范围的法律条款，即仅载明了驳回执行申请可以作出裁定，但并未援引具有驳回执行申请法定情形的法律依据，即并未援引载明以何法律规定可以驳回执行申请的实质性规则。

三是对仲裁裁决的立案审查和司法审查进行充分的论证分析。立案审查和司法审查在审查方法、法律依据、功能定位、救济程序上存在的差异，充

---

① 对应《民事诉讼法》（2021年修正）第157条第1款第11项。

分体现了2012年我国《民事诉讼法》修正后司法对仲裁"强化支持、有限监督"的立法意图。同时,对执行法院继续执行本案、是否启动以及如何启动仲裁裁决的司法审查程序作出具体的指引。

本篇执行裁定书,对于仲裁裁决案件的立案及执行具有很强的指导意义。同时,对于研究仲裁裁决与司法审查、强制执行之间的相互关系,也是具有典型意义的借鉴和参考样本。

(点评人:林宏坚,广东省高级人民法院执行局副局长、二级高级法官)

(2019)粤执复912号裁判文书原文

33. 招商银行股份有限公司南京分行和常州市润丰新材料科技有限公司、江苏双欣环保材料有限公司等金融借款合同纠纷执行复议案[*]

【关键词】

司法拍卖　承租人优先购买权　撤销拍卖　执行异议

【裁判要旨】

1. 司法拍卖中承租人享有优先购买权的基础在于合法的租赁关系。其审查标准应当同时包含3个要件：租赁合同真实；租赁合同签订于被执行房产设定抵押或被法院查封前；案外人已依据租赁合同占有租赁房屋。

2. 承租已设定抵押、房地产已被查封或者为违法建筑的，承租人不享有优先购买权，不适用"买卖不破租赁原则"，人民法院有权依法涤除租赁后整体拍卖。

3. 撤销司法拍卖应仅限于法定情形。在买受人为善意正当竞买，执行法院拍卖不存在严重违反拍卖程序且损害当事人或者竞买人利益的情形下，承租人以享有优先购买权为由主张撤销拍卖的，不予支持。

一、简要案情

关于招商银行股份有限公司小企业信贷中心（以下简称招行信贷中心）与常州市润丰新材料科技有限公司（以下简称润丰公司）、江苏双欣环保材料有限公司（以下简称双欣公司）、付某某、翁某某金融借款合同纠纷案，常州市中级人民法院（以下简称常州中院）于2015年4月10日作出（2014）常商初字第271号民事判决：（1）润丰公司应向招行信贷中心归还借款本金9 322 186.73元及利息199 203.63元（利息暂计算至2014年7月24日，自

[*] （2017）苏执复29号。

2014年7月25日起至实际付清之日止的利息、罚息、复息按借款合同约定继续计算支付）；（2）如润丰公司不履行上述第1项债务，招行信贷中心有权就坐落于常州市潞城镇政新村委颜家村××号的房屋和土地进行折价或者拍卖、变卖后所得价款在1000万元的最高余额内优先受偿；（3）双欣公司、付某某、翁某某对润丰公司上述第1项债务承担连带清偿责任，并在承担保证责任后，有权向债务人润丰公司追偿；（4）润丰公司、双欣公司、付某某、翁某某向招行信贷中心支付本案律师代理费353 442元，案件受理费、财产保全费合计85 924元，由润丰公司、双欣公司、付某某、翁某某迳付招行信贷中心。判决后，因各被告未履行义务，2015年10月13日招行信贷中心向常州中院申请执行。2015年10月30日常州中院立案执行。

2016年6月16日，申请执行人与被执行人润丰公司签署谈话笔录，表示共同委托常州鲲鹏土地及房地产评估咨询有限公司（以下简称鲲鹏公司）对本案于2013年5月13日办理了抵押登记的抵押物（潞城镇政新村委颜家村××号的厂房、土地）进行评估后由法院上网拍卖。2016年7月12日，鲲鹏公司出具了土地估价报告，确认润丰公司位于常州市潞城镇政新村委颜家村××号即本案抵押的土地使用权价值为6 380 000元；同日，鲲鹏公司出具的房地产估价报告，确认润丰公司位于常州市潞城镇政新村委颜家村××号的房屋［包含抵押的有证房屋、无证房屋（食堂、车间、浴室、仓库、办公、门卫、厕所）以及构筑物（围墙、铁棚、水泥场地）］价值为15 636 000元；上述房屋总面积为16 529.56平方米，无证房3的面积为2224.8平方米，无证房1的面积为4702.5平方米，有证房3幢的面积为2098.44平方米，4幢的面积为4380.91平方米。

2016年8月3日，常州中院向润丰公司法定代表人付某某送达了评估报告。2016年9月13日，常州中院在淘宝网司法拍卖网络平台上发布拍卖公告，载明拍卖标的物为常州市潞城镇政新村委颜家村××号房地产，注明"由于该拍品存在长期租赁，买受人自行处理附着在拍品上的租赁关系，法院不负责交付"，并在《拍卖（变卖）标的调查表》上列明有租赁。2016年10月26日，第三人常州市富腾机械有限公司（以下简称富腾公司）参加第3次拍卖，以14 090 200元成交，并已支付了全部成交价款。

2016年11月6日，异议人赵某某、严某某、柯某分别向常州中院提出执行异议。异议人赵某某称，其于2013年5月1日承租了润丰公司的部分无证厂房3和土地，租期至2028年4月30日。异议人严某某称：其于2014年2

月21日承租了润丰公司的部分无证厂房1和土地,租期至2024年2月29日。异议人柯某称:其承租了润丰公司的部分有证厂房3幢、4幢和土地,租期自2014年7月17日至2030年7月16日。因常州中院在拍卖前均未依法通知其于拍卖日到场,侵害了三异议人享有的优先购买权,其请求撤销对被执行人润丰公司名下土地使用权及房屋的拍卖并重新拍卖,依法保障其优先购买权。

鉴于招行信贷中心于2016年9月20日注销,本案债权由招商银行股份有限公司南京分行(以下简称招行南京分行)承继。申请执行人招行南京分行答辩称:赵某某、严某某、柯某无充分证据证明其租赁真实关系存在,也无充分证据证明其支付了全部租金;且严某某、柯某系在抵押之后租赁,其租赁不能对抗抵押权。

润丰公司答辩称:异议人的租赁都是真实的,同意异议人的意见。

第三人富腾公司称:异议人的租赁均不真实;请求常州中院出具成交裁定书,以便办理权属登记。

常州中院(2016)苏04执异52号执行裁定认为:(1)各异议人均只是承租了被执行人润丰公司的部分房屋,不享有承租人优先购买权。常州中院并未单独拍卖其承租的房屋,而是整体拍卖。无论异议人对部分房屋还是整体房屋主张优先权,根据〔2004〕民一他字第29号《最高人民法院关于承租部分房屋的承租人在出租人整体出卖房屋时是否享有优先购买权的复函》的意见都不宜认定其享有优先购买权。(2)本案拍卖合法有效。第三人富腾公司买受了润丰公司的房地产,理应得到保护。该院裁定:驳回异议人赵某某、严某某、柯某提出的执行异议。赵某某、严某某、柯某不服该裁定,向江苏省高级人民法院申请复议,认为该裁定认定事实不清、适用法律错误,请求撤销常州中院(2016)苏04执异52号执行裁定书。其理由是:第一,该裁定事实认定不清。明知涉案拍卖标的物上存在多个承租人,各自对租赁房屋享有优先购买权,未征求承租人意见,即擅自将涉案房屋土地整体拍卖,变相剥夺了复议申请人的法定权利。第二,适用法律错误。常州中院引用《最高人民法院关于承租部分房屋的承租人在出租人整体出卖房屋时是否享有优先购买权的复函》不当。整体拍卖直接导致了拍卖标的物价值贬损过半,拍卖结果或许早已内定。第三,常州中院在执行拍卖程序中均存在不当之处,没有现场勘验和作必要调查,导致其利益受损。

对于赵某某、严某某、柯某的复议申请,本案争议焦点是:(1)常州中院对被执行人润丰公司的房地产决定整体拍卖是否恰当;(2)常州中院决定拍卖前，赵某某、严某某、柯某是否是已知的法定优先购买权人；（3）常州中院执行人员拍卖前有无对拍卖财产的权属、占有使用情况进行必要调查，并在拍卖前5日以书面或其他能够确认的收悉的适当方式通知当事人和已知的优先购买权人；（4）赵某某、严某某、柯某以其享有承租人优先购买权为由，请求撤销本次拍卖并分项重新拍卖、变卖的复议申请是否应予以支持。

二、撰写心得

（一）执行法律文书样式在制度性改革方面，需遵循三个原则

1. 以用定形，文书可多元化。根据执行工作特点，契合执行权的不同权能，有针对性地区分执行实施类文书和执行审查类文书同时，文书格式、说理详略应有所区别。不同于诉讼裁判文书，执行法律文书技术性、操作性更强，本着实用主义的原则，应区别不同权能类执行法律文书的使用价值进行改进。执行实施类裁定书、决定书注重采取何种论述执行行为以及执行行为的合法性即可，不需要过多说理论述为什么要采取该执行行为。而执行审查权具有裁判的功能，不仅要列举争议各方、争议的过程，而且要论证说理得出结论的合法性，因此，执行审查类文书的篇幅体例、说理论证应不同于执行实施类文书。不同案件，不同的洞察，可以有不同的文书表达。

2. 满足受众需要，适度突破传统。随着执行风险理念的确立和执行制度深化改革，执行程序的参与者乃至社会公众和各界，均希望看到执行过程公开、执行行为透明、执行公正高效。现在的执行文书，较过去有很大进步，但仍有一部分文书格式较僵化，缺乏事实叙述以及执行过程的展示，执行行为作出和执行监督救济亦缺乏说理性。故执行法律文书应突出执行行为合法性、公开性、规范化的展示。

3. 以事实为盘，以法律为轴。执行裁定书是法官、法院与公众沟通的主要桥梁。法院通过裁定书向社会公众公示执行活动的合法性、规范化，当事人及社会公众主要也是通过裁判文书来感受评价法院执行行为，这种评价的基础来源于对执行过程的了解、主要事实的确定以及对法律的了解。但有些执行文书较少展示执行过程，缺乏必要事实的查明，较少甚至不引用法条，漏引、错引法条，有的即使引用，也极为简单，可能会给人一种事实似隐似现，与法律若即若离的感觉，使当事人及社会公众对强制执行行为的合法性、正当性缺乏认同。因此，执行法律文书应展示执行过程，加强必要事实查明，重视法条引用，适度论述说理。

（二）根据上述原则，从操作层面分析执行文书样式，借鉴七巧板原理，可以将执行裁定书不同部分进行板块拆分，根据繁简分流不同情况，进行不同排列组合

1. 将执行案件的基本情况列为必要共同板块。任何一种执行文书都应当表述执行依据、执行标的和立案执行的时间，应让人知晓执行案件的基本情况。因此，该板块应由执行依据＋执行标的＋立案执行时间构成。

2. 必要执行过程的展示。以财产处置类文书为例，文书应表述处置过程。如对财产的评估、拍卖或变卖，应表述清楚财产评估状况，财产拍卖或变卖状况，以及拍卖或变卖价款的给付情况，展现财产处置的整个历程，记载每一阶段的基本执行情况。

3. 执行审查类文书应展现争执过程。执行审查类文书往往需对执行行为或执行事项进行裁判。这就需要展现争议原因、争议的提起、争议事项的确定以及争议解决的认知判断过程。

4. 处罚性文书同样要展示违法事实。一些罚款、拘留决定书仅有罚款及拘留的结论性意见，无处以罚款、拘留的违法事实及违法情节的表述，人们无法评价处罚的正当性、合法性。

5. "本院认为"部分板块应准确、全面、具体引用法条，适度论述说理。

6. 执行文书主文部分板块，应准确、清晰具有确定性。

7. 应有权利救济途径板块。执行裁定书、决定书应告知当事人、利害关系人或案外人依法应享有的相应的救济权利和救济途径。

（三）写好裁判文书的体会

1. 写好裁判文书的核心。裁判文书的目的是让当事人看得明白，接受裁判结果，并服判息诉。因此，为有效增强裁判文书说服力，笔者的体会是必须要抓住写好裁判文书的核心：找对人、查清事、说明理。

所谓"找对人"，是指准确设定裁判文书的第一受众，即败诉方当事人，而不是律师或其他法律界内外人士。要想表达清晰、说服力强，裁判文书必须主要针对一类读者。这是因为，有说服力的文章总是来源于作者的移情作用——想读者所想，满足读者所需。

我们知道，法官有责任告诉败诉方为什么会败诉。因此，将败诉方当事人列为裁判文书的第一受众，直接决定了裁判文书的基本标准是语言清晰、理由充分，并为广大受众所接受。

所谓"查清事"，是指根据证明责任制度，正确认定案件事实。事实之

争,实质上是证据之争。通过分析和判断证据来认定事实,是法官进行事实探知的重要途径。司法裁判要以事实为根据,以法律为准绳,正确认定事实是适用法律的前提和基础。对法律适用具有决定意义的是法律要件事实,而不是一般事实。我们要准确区分哪些是对案件处理有关的主要事实,不能泛泛地写无关紧要的一般事实。主要事实和一般事实的准确识别是法官的一项基本司法技能,一般可借助于对方当事人针对性答辩的内容来确定。本案中,法院应围绕利害关系人是否享有合法的租赁权、是否享有优先购买权、执行法院拍卖前后以及拍卖时执行行为的正当性、执行法院的执行瑕疵行为是否足以撤销拍卖等进行事实审查。进而言之,对租赁权的审查标准还应当同时包含以下三个要件:租赁合同真实;租赁合同签订于被执行房屋设定抵押或被法院查封前;案外人已依据租赁合同占有租赁房屋。

所谓"说明理",是指法官须为裁判提供充分理由(并非完美无缺的理由)。提供具有充分理由的裁判是法官天职。法官应当用文字写下作出裁判的思考过程。对疑难复杂案件的分析、判断和认知,不能是形式逻辑的简单运用,而应根据法律目的、法律价值和原则,充分运用法律方法和技术进行分析、判断,使待决案件得到理性、公正处理。但理由的充分程度不取决于篇幅长短。言简意赅是我们增强文书说服力所需提倡的。严密的推理和论证目的是保证裁判结论具有公正性的基础。

2. 重点强化说理,增强裁判说服力。裁判文书要实现其应有功能,一方面取决于程序是否公正,另一方面也取决于实体裁决是否正义,而实体裁决的正义性,主要体现于裁判文书是否具有理性,即裁判文书是否以一种合理、可证的方式解读法律,解释纠纷,准确反映人们对公正、秩序、自由、效益的整体追求,实现法律的终极目的。文书首先要明示案件性质及相关法律责任的分析。要点明案件的性质及解决争议所适用的法律,案件事实与该法律规定的假设是否相符合,要把法条与法理结合起来,改变执行裁判文书将法律依据集中表述的做法,注意论据与论点之间的内在联系,使说理过程更具有层次性和逻辑性。其次要注重对法律适用的解释。法官的责任是当法律运用到个别场合时,根据他对法律的诚挚理解来解释法律。通过对法律的解释,使抽象的条文变得具体,从而有效揭示法律内涵与案件事实间的必然联系,增强裁判文书说理性。

3. 提高裁判文书写作能力的技巧。通过多年的司法文书的写作,笔者感知提高裁判文书写作能力的技巧有以下几点:(1)动笔之前先思考和计划。

法官应努力使裁判文书在符合法定格式的同时，符合阅读习惯，布局应有美感，争点明确，逻辑清楚。清晰的写作来源于清晰的思考，动笔实际是写作的最后一步。（2）裁判文书要有段落并写好段落的中心句。文书中的每一段落由主题句（中心句）和扩展句（解释）展开。（3）裁判文书要尽早和精确地提出争议点。（4）裁判文书要使用一种能够驾驭争论点的结构，通常应按照简介→证据→分析→结论的顺序展开。（5）裁判文书要处理好小标题与争议焦点的关系，力求语法结构、文字长短基本一致。（6）裁判文书要运用临近原则（使事实和法律紧紧围绕相关争议点展开）。（7）裁判文书要在细节之前先给出关键点和背景，以助于读者更好地记住有用的信息。（8）裁判文书要兼顾败诉方的情况，使当事人感觉到法官充分了解并考虑了双方的意见。（9）裁判文书要说清"为什么"，有助于向公众提供透明合理的裁判，提高司法公信力；有助于败诉方当事人进行有意义的复议或诉讼；有助于防止错误裁判。（10）裁判文书要编排好理由。编辑可以使枯燥的理由变得生动。

（沈燕，江苏省高级人民法院法官）

三、专家评析

第一，本案集中体现了执行异议复议案件中人民法院司法拍卖后常见的诸多承租人以其已长期租赁有证或无证房产享有优先购买权为由主张撤销拍卖的问题。本文书涉及承租人是否享有合法租赁权，合法有效租赁权的审查标准，执行法院拍卖前后以及拍卖时执行行为的正当性，执行法院的执行瑕疵行为是否足以撤销拍卖等诸多难点热点问题的认定。在法律和司法解释没有明确规定的情况下，该案裁判具有一定的指导意义。

第二，本裁判文书穿梭于实体法与程序法之间，纲举目张，层层剖析，步步为营，说理充分。本文书在查清事实基础上准确归纳争议焦点，通过娴熟运用民商实体法与执行程序法进行充分分析和论证，厘清了上述诸多争议焦点和难题，法律效果好。

第三，该裁判文书彰显了极佳的利益平衡和裁判技能。本案除涉及对法院执行行为的正当性和合理性的依法审查和规范之外，还涉及众多主体的利益纷争，私权间矛盾重重，冲突激烈，既有申请执行人与被执行人、承租人的纷争，又有被执行人与承租人之间所谓长期租赁的附和勾连，还有竞买人与承租人的冲突。据此，在公法行使和私权救济之间，诸多私权之间冲突针锋相对情况下，如何恰当地利益平衡非常考量法官的智慧和裁判技能。本案裁判后，各利害关系人均服判息诉，各方主体利益纷争顺利化解，法院执行行为也得到进一步规范，社会效果好。

第四，本裁判文书也充分展现了执行裁判中必要及时的法律释明工作及审查过程，形成程序正当，记载事实清楚，说理充分，格式规范，是一份值得推荐的优秀执行裁判文书。

（点评人：单锋，法学博士，南京大学法学院教授，住宅政策与不动产研究中心副主任，江苏省人大常委会特约研究员）

（2017）苏执复 29 号裁判文书原文

第二章　执行监督

34. 石家庄市财政局和田某某民间借贷纠纷执行监督案[*]

【关键词】

　　垫付款　重复异议　债权执行

【裁判要旨】

　　被执行人在进行土地一级开发过程中先行支出的拆迁补偿款等费用，法定条件成就时，政府应向被执行人支付。执行法院对政府可能向被执行人支付款项的执行，系对被执行人享有债权的执行。政府对执行法院冻结和处分行为分别提出的异议，不适用《最高人民法院关于人民法院办理执行异议和复议案件若干问题的规定》（以下简称《异议复议规定》）第15条第2款的规定。

一、简要案情

　　田某某与石家庄汇丰房地产开发有限公司（以下简称汇丰公司）等民间借贷纠纷一案，执行依据确定汇丰公司等偿还田某某借款本金4000万元等。执行中，执行法院于2016年9月向石家庄市财政局发出协助执行通知书及裁定，冻结汇丰公司在石家庄市国土资源局某项目中的前期费用及安置成本款5000万元。石家庄市财政局对此提出异议，主要理由是汇丰公司缴纳的涉案资金属于汇丰公司应承担和支出的费用，将依照行政程序转化为国有资金或依法支出，未经石家庄市人民政府批准，石家庄市财政局无权协助冻结此安置补偿金。执行法院经审查，主要认为涉案资金尚未转化为国有资金，法院冻结是控制性措施，目的是防止将来可能发生的退款情形，而该措施对石家

---

[*]　（2019）最高法执监252号。

庄市财政局并无其他妨碍。据此，依据《民事诉讼法》第 227 条①规定，裁定驳回石家庄市财政局的异议，并告知其不服可以提出异议之诉。之后，石家庄市财政局没有向执行法院提起异议之诉。2017 年 8 月，执行法院作出裁定，提取涉案资金。石家庄市财政局对此提出异议，主要认为涉案资金尚未缴纳等，该异议被执行法院裁定驳回后，其向河北省高级人民法院（以下简称河北高院）提出复议，主要认为涉案资金系汇丰公司前期开发项目所支出的成本，并非汇丰公司向石家庄市财政局缴纳的款项，石家庄市财政局并未收到该笔资金。河北高院主要认为，石家庄市财政局在两次异议中有关是否收到涉案资金的表述矛盾，对未收到资金的主张不予采信；石家庄市财政局在第一次异议被驳回后，没有及时提出案外人异议之诉，应承担主动放弃提起诉讼的不利法律后果；石家庄市财政局在第一次异议被驳回后，再次就执行标的提出异议，属于《异议复议规定》第 15 条第 2 款规定的重复提出异议，应裁定不予受理或者驳回。据此，河北高院裁定驳回石家庄市财政局的复议。石家庄市财政局对此不服提出申诉，请求撤销异议和复议裁定，撤销提取涉案资金行为和扣划资金行为，主要理由是执行法院冻结石家庄市财政局账户并提取、扣划账户资金的执行行为违法，依法应予纠正；石家庄市财政局的异议既包括纠正违法执行行为的异议又包括次债务人的债务异议，执行法院、河北高院对这两种异议均未予以回应，反而错误地将其当作案外人异议处理，属于认定事实不清、适用法律错误；本案不构成重复异议，依法不应适用《异议复议规定》第 15 条第 2 款的规定；执行法院第一次异议审查裁定错误适用案外人异议审查程序，石家庄市财政局未提起执行异议之诉，不能构成执行法院提取涉案资金的正当理由；执行法院扣划石家庄市财政局的财政专属账户资金违法。另查明，涉案资金具体包括成本核算费、评估费、迁安置补偿费和回迁楼建安成本费等。根据案件情况，本案争议焦点为：（1）执行法院执行涉案资金 5000 万元的性质；（2）石家庄市财政局针对提取行为提出的异议是否构成"重复异议"；（3）提取行为是否违法；（4）针对扣划行为的申诉如何处理。

二、撰写心得

本文书是一个执行监督案件的裁定书。本案前期经过两次异议和一次复

---

① 对应《民事诉讼法》（2021 年修正）第 234 条。

议，当事人各方参与程度较高，发表意见充分，内容较多，部分意见重复。为避免裁定文本过于冗长，本裁定书在确保不影响案件结果的情况下，对前期程序中当事人各方意见进行了简化处理，既比较完整地体现了案件过程和各方当事人的参与情况，又比较充分地体现了各方当事人的核心意见，繁简得当，详略适中。

（一）本案执行涉案资金的性质是第一个核心争议

首先，要理清涉案资金的形成过程。本裁定书在申诉阶段的另查明事实部分增加明确了涉案资金是由成本核算费、评估费、迁安置补偿费和回迁楼建安成本费等组成，并结合各方当事人在异议、复议阶段的陈述和土地一级开发的通常做法以及本案争议项目的特殊开发方式，还原出了涉案资金的形成过程：被执行人汇丰公司先行向被拆迁人、评估公司等支出相关费用，确实没有直接向石家庄市财政局缴纳，但其最终承担主体是政府，汇丰公司系代替政府先行垫付，石家庄市财政局应该在符合法定条件的情况下，向汇丰公司支付其先行垫付的这部分款项。其次，根据涉案资金的形成过程，这部分资金不是汇丰公司向石家庄市财政局缴纳的款项，不属于汇丰公司仍然享有所有权的具体财产。裁定书将其定性为汇丰公司向石家庄市财政局享有的附条件的债权，法院对涉案资金的执行，实质上是执行被执行人可能对第三人享有的债权。执行法院在第一次冻结时，将涉案资金认定为汇丰公司的收入，后来在异议审查中又认定为系向石家庄市财政局缴纳并仍归被执行人所有的款项，这些认定，都与事实不符，依法应予以纠正。最后，执行涉案资金的性质，直接关系到石家庄市财政局在执行中的地位和权益。如果将涉案资金定性为系被执行人向石家庄市财政局缴纳并仍归被执行人所有，相当于明确了涉案资金的权利人为被执行人，石家庄市财政局在法院对涉案资金的执行程序中，可能处于协助执行人地位，其对涉案资金所主张的权利、对执行涉案资金的相关抗辩，依法将通过执行程序予以审查处理。如果将涉案资金定性为被执行人对第三人享有的债权，石家庄市财政局的法律地位是该债权的债务人，其对涉案资金所主张的权利，涉及实体争议，应该通过实体诉讼程序解决。相比较而言，将涉案资金定性为债权的认定，遵循了审执分离的基本原则，有利于平衡保障各方当事人的合法权益。

（二）本案第一次异议与后续的异议、复议联系紧密、关系错综复杂，如何正确认识和妥善处理两次异议关系，系本案的第二个核心争议

河北高院驳回石家庄市财政局复议申请的3个理由，都与第一次异议相

关。从形式上看，第一次异议时，石家庄市财政局提出了有关法律适用方面的问题，也对涉案资金权属提出了异议，根据《异议复议规定》第8条第2款"案外人既基于实体权利对执行标的提出排除执行异议又作为利害关系人提出与实体权利无关的执行行为异议的，人民法院应当分别依照民事诉讼法第二百二十七条和第二百二十五条规定进行审查"的规定，执行法院应该分别依照《民事诉讼法》第227条①和第225条②规定进行审查。执行法院仅依据《民事诉讼法》第227条③进行的审查，对于石家庄市财政局有关涉案资金权属的异议而言，是符合司法解释规定的。因此，从形式上看，在石家庄市财政局没有依法提起异议之诉的情况下，第一次异议裁定有关涉案资金权属的认定产生法律效力。在石家庄市财政局再次就涉案资金是否存在等内容提出异议的情况下，河北高院据此认定石家庄市财政局应当承担不积极行使提起诉讼权利的不利后果，认定其第二次异议属于重复异议，并无不当。但如前所述，本案对涉案资金的执行系对被执行人对第三人可能享有的债权的执行，不是对被执行人享有权属的动产、不动产等具体财产的执行。石家庄市财政局两次提出异议，从形式上看可能有基于实体权利主张排除标的执行的内容，但实质上是对被执行人对石家庄市财政局享有到期债权予以否认。根据《最高人民法院关于人民法院执行工作若干问题的规定（试行）》原第63条④"第三人在履行通知指定的期间内提出异议的，人民法院不得对第三人强制执行，对提出的异议不进行审查"的规定，执行程序中，对第三人依法提出的有关债权不存在、尚未到期、条件尚未成就等异议，执行法院不予审查，需要申请执行人根据实体法有关代位权诉讼的规定，提起诉讼，通过审判程序解决。而且，本案中，关于石家庄市财政局向被执行人汇丰公司支付涉案资金的条件是否成就，各方争议很大，涉及行政诉讼与民事诉讼交叉问题，非常复杂，不宜通过执行程序径行审查解决，更不宜根据重复异议等规定，不进行实质审查而径行驳回石家庄市财政局的异议复议请求。为此，裁定书在对执行标的财产和执行行为的性质进行深入分析的基础上，透过现象看本质，准确把握了两次异议的法律性质，并提出了相关处理意见，逻辑清晰，论理充分，法律适用正确。

---

① 对应《民事诉讼法》（2021年修正）第234条。
② 对应《民事诉讼法》（2021年修正）第232条。
③ 对应《民事诉讼法》（2021年修正）第234条。
④ 对应《最高人民法院关于人民法院执行工作若干问题的规定（试行）》（2020年修正）第47条。

综上，本文书在形式上，符合文书制作规范要求，语言精练，详略适当，在内容上，相关论述前后呼应，逻辑清晰，论证扎实，论理充分，有关案件的审查标准和处理意见对于类案的处理具有一定的实践指导价值，可供大家参考借鉴。

（邵长茂，最高人民法院法官）

三、专家评析

本案的核心在于对城中村前期费用及安置成本（以下简称前安成本）5000万元的性质认定。在现今土地开发中，许多原本应由政府支付的前安成本都由土地开发公司进行了"预交"。但在执行程序中，该"预交"的性质认定模糊，引发不少执行问题。最高人民法院通过本案执行监督，将"预交"明确界定为"垫付"，视为第三人先行代政府履行债务，具有示范意义。

（一）前安成本5000万元的性质应当是债权

本案的首要争议焦点为执行前安成本5000万元的性质。保定市中级人民法院先在（2016）冀06执145号之十执行裁定和协助执行通知书中认定前安成本5000万元为被执行人汇丰公司的"收入"，后又在（2017）冀06执异60号执行裁定中改为"仍归其所有，认定为其收入不妥"，即将之视为汇丰公司的"直接责任财产"。实际上，这些认识都不符合相关实体法与执行法的理论与规范。根据传统存款占有即所有理论，案涉前安成本自汇丰公司转账到达石家庄市财政局账户时，该笔款项的所有权就已归入石家庄市财政局（严格地说应为国家所有），故不得再视为汇丰公司的收入抑或直接责任财产。依据各方当事人在异议、复议阶段的陈述和国家及河北省政府相关规定，以及法院认定的事实可知，前安成本的支付主体应为政府（具体为财政部门），受付主体主要为被拆迁的居民，汇丰公司原本不是前安成本相关法律关系中的主体。但是，既然汇丰公司已按石家庄市政府有关政策"预交"前安成本5000万元，便以第三人身份介入了此法律关系，具体为第三人代政府先行"垫付"前安成本。由此，该"预交"行为抽象出的实体法理论模型即为第三人先行代债务人履行债务。此时，作为具体债务人的石家庄市财政局与受付人之间的债权债务关系消灭，而与第三人汇丰公司产生新的债权债务关系，即汇丰公司因"预交"5000万元前安成本而享有了对石家庄市财政局的债权。裁定书对此论述有理有据、清晰且准确。

（二）对前安成本 5000 万元的执行应当适用对债权的执行程序

在该前安成本 5000 万元被认定为被执行人汇丰公司享有的债权后，保定市中级人民法院将前安成本作为被执行人的"收入"并根据对"收入"执行程序采取执行措施，系适用法律错误。当次债务人石家庄市财政局提出履行异议时，根据《最高人民法院关于人民法院执行工作若干问题的规定》规定，次债务人的异议能够产生绝对排除强制执行之效力，法院应当裁定停止执行。即当石家庄市财政局对债权提出异议时，保定市中级人民法院就应裁定停止对该债权的执行，以让石家庄市财政局与汇丰公司在审判程序中去解决该实体争议。因而，最高人民法院在执行监督裁定中撤销保定市中级人民法院（2016）冀06执145号之十执行裁定和协助执行通知书，系对原执行程序的纠正。

本裁定深入剖析各项法律关系，最终通过适用正确的法律规范对"预交"前安成本的性质进行了清晰且正确的认定，有利于统一认识，对其他类案具有示范指引意义。同时，本裁定书形式亦保持了很高水准，值得推荐。

（点评人：唐力，西南政法大学教授、博士生导师；毋爱斌，西南政法大学副教授、硕士生导师）

（2019）最高法执监252号裁判文书原文

35. 中海发展（广州）有限公司和黄某某民间借贷纠纷执行监督案*

【关键词】

　　执行财产　查封效力　预售房产　购房款　协助扣划

【裁判要旨】

　　被执行人根据房屋买卖合同向房地产开发企业支付的购房款，并非该房产的从物、天然孳息或替代物、赔偿款，查封房产的效力不及于购房款。被执行人已支付的购房款，适用动产"占有即所有"的规则，不能在执行程序中确认为被执行人的财产。房屋买卖合同解除，法院可以依据申请执行人的申请，执行被执行人因支付购房款而形成的对房地产开发企业的债权，适用执行被执行人对第三人享有到期债权的相关规定，当房地产开发企业对应当返还被执行人的购房款有异议时，不得对异议部分强制执行。

一、简要案情

　　生效民事判决判处姚某某等应向黄某某偿还借款500万元利息等，该案诉讼中法院保全查封了姚某某名下涉案房产。涉案房产系被执行人姚某某与中海发展（广州）有限公司（以下简称中海公司）2014年签订《商品房预售合同》购买，合同金额为14 052 898元。2016年7月8日，因姚某某多次逾期偿还银行贷款，招商银行股份有限公司广州分行向中海公司发出《催收函》，要求中海公司承担连带担保责任。2016年7月20日，中海公司书面通知姚某某，如不立即清除所欠贷款本息，中海公司将解除《商品房预售合同》。2016年8月1日，中海公司代姚某某向招商银行股份有限公司广州分行支付9 437 029.8元。2016年10月9日，中海公司向广州市天河区人民法院提起诉讼，要求被执行人姚某某承担支付房屋占用费、腾空返还涉案房产等

---

* （2017）粤执监91号。

法律责任。在黄某某申请的本案执行中，中海公司就查封涉案房产向执行的深圳市罗湖区人民法院提出执行标的异议。执行法院经审查认为异议成立，裁定中止对涉案房产的执行。2016年11月14日，执行法院作出（2016）粤0303执11号执行裁定书、协助执行通知书（以下简称11号裁定和协执），要求中海公司协助将被执行人姚某某关于涉案房产的购房款750万元付至执行法院账户。

中海公司提出执行异议，请求撤销11号裁定和协执。其主要理由是：如果执行法院认为被执行人姚某某对异议人享有到期债权，只能冻结不可扣划，提出异议后不应强制执行。被执行人姚某某对异议人不享有债权或到期债权，异议人不负有任何协助执行的义务。相反，姚某某实际上是异议人的债务人，异议人并已启动诉讼程序进行追索。

执行法院审查后作出（2016）粤0303执异156号执行裁定，驳回中海公司的异议请求。中海公司不服申请复议，深圳市中级人民法院作出（2017）粤03执复28号执行裁定，驳回复议申请，维持异议裁定。中海公司不服复议裁定并进行申诉，广东省高级人民法院于2017年11月9日作出（2017）粤执监91号执行裁定，撤销复议裁定、异议裁定及11号裁定及协执。

二、撰写心得

本案案件事实比较清晰，各方当事人并无争议。争议的焦点在于法律适用，核心的问题是执行法院裁定扣划被执行人姚某某在中海公司的购房款有无违法不当之处。笔者拟写裁定书时，紧紧围绕上述核心问题进行事实认定和说理论证。

对于上述核心问题，执行法院认为，被执行人支付的购房款在购房合同解除后形成对中海公司的债权，可以依法执行。复议法院认为，购房合同已经解除，则查封效力应及于涉案房产的购房款；中海公司代被执行人姚某某偿还涉案房屋房贷后，可向姚某某追偿，但经相关法律程序确认前，中海公司不能直接从涉案房产购房款中受偿。结合申诉人申诉理由、两审法院审查意见，笔者就上述核心问题需从不同角度论证四个问题。

（一）查封涉案房产的效力是否及于涉案房产的购房款

《最高人民法院关于人民法院民事执行中查封、扣押、冻结财产的规定》

第 22 条①规定，查封、扣押的效力及于查封、扣押物的从物和天然孳息；第 24 条②规定，查封、扣押、冻结的财产灭失或者损毁的，查封、扣押、冻结的效力及于该财产的替代物、赔偿款。被执行人姚某某支付给中海公司的购房款，既非涉案房产的从物或天然孳息，亦非涉案房产的替代物或者赔偿款。复议裁定以中海公司解除购房合同为由，确认查封涉案房产效力及于购房款，缺乏法律依据。同时，中海公司与被执行人姚某某的房屋买卖合同诉讼以及涉案房产的执行异议诉讼现均在审理之中，复议裁定确认查封效力及于购房款亦缺乏事实依据。并且，即使查封涉案房产效力能够及于购房款，因执行法院在案外人异议中已裁定中止执行涉案房产，裁定扣划涉案房产所及的购房款亦无依据。

（二）被执行人姚某某对中海公司是否享有债权，是否具备强制执行的法定条件

《最高人民法院关于人民法院执行工作若干问题的规定（试行）》第 61 条第 1 款③规定，被执行人不能清偿债务，但对本案以外的第三人享有到期债权的，人民法院可以依申请执行人或被执行人的申请，向第三人发出履行到期债务的通知。《最高人民法院关于适用〈中华人民共和国民事诉讼法〉的解释》第 501 条④规定，人民法院执行被执行人对他人的到期债权，可以作出冻结债权的裁定，并通知该他人向申请执行人履行；该他人对到期债权有异议，申请执行人请求对异议部分强制的，人民法院不予支持；对生效法律文书确定的到期债权，该他人予以否认的，人民法院不予支持。依照上述司法解释，人民法院可以依法强制执行被执行人的到期债权。但因被执行人与次债务人之间债的法律关系涉及实体问题，根据债的相对性原则，在申请执行人与被执行人金钱债务的执行案件中，不能直接审查判断被执行人与次债务人之间

---

① 对应《最高人民法院关于人民法院民事执行中查封、扣押、冻结财产的规定》（2020 年修正）第 20 条。
② 对应《最高人民法院关于人民法院民事执行中查封、扣押、冻结财产的规定》（2020 年修正）第 22 条。
③ 对应《最高人民法院关于人民法院执行工作若干问题的规定（试行）》（2020 年修正）第 45 条第 1 款。
④ 该条已被《最高人民法院关于适用〈中华人民共和国民事诉讼法〉的解释》（2022 年修正）第 499 条修改。《最高人民法院关于适用〈中华人民共和国民事诉讼法〉的解释》（2022 年修正）第 499 条规定："人民法院执行被执行人对他人的到期债权，可以作出冻结债权的裁定，并通知该他人向申请执行人履行。该他人对到期债权有异议，申请执行人请求对异议部分强制执行的，人民法院不予支持。利害关系人对到期债权有异议的，人民法院应当按照民事诉讼法第二百三十四条规定处理。对生效法律文书确定的到期债权，该他人予以否认的，人民法院不予支持。"

有无债务、债务是否到期、债务金额等实体问题，故司法解释对到期债权的强制执行进行严格限制：一是申请执行人申请执行到期债权，执行法院应当先行裁定冻结债权，并通知次债务人向申请执行人履行债务；二是次债务人一旦提出异议的，人民法院一律不对次债务人强制执行，除非到期债权已经生效法律文书确定。具体到本案，申请执行人提出被执行人姚某某对中海公司享有到期债权，执行法院依法应当裁定冻结债权并通知中海公司履行债务，但是执行法院直接裁定扣划购房款并通知中海公司协助执行，明显不符合上述司法解释规定的程序。中海公司对到期债权提出异议后，执行法院和复议法院对被执行人姚某某与中海公司基于买卖合同法律关系形成的债权债务进行审查，并确认被执行人对中海公司享有到期债权的具体金额，据此驳回中海公司的执行行为异议，亦不符合到期债权强制执行的法定情形。

（三）被执行人姚某某已向中海公司支付的购房款，能否在执行程序中确认为被执行人的财产

《民事诉讼法》第 242 条第 1 款①规定，人民法院有权扣押、冻结、划拨被执行人的财产。故在执行中强制执行的财产范围，限定于被执行人财产。《物权法》第 23 条②规定，动产物权的设立和转让，自交付时发生效力。因金钱货币的动产属性，交付后即发生物权变动效力；金钱货币作为一般等价物，亦应当适用"占有即所有"的基本规则。本案被执行人姚某某已向中海公司支付购房款，系依购房合同履行金钱债务，故购房款在交付后即发生物权变动效力，被执行人对购房款不再享有占有、使用、收益、处分的权利，中海公司收取占有购房款后即属其所有。被执行人姚某某与中海公司之间形成买卖合同法律关系，即使因合同无效、解除或其他中海公司应当返还购房款的法定情形，被执行人亦仅享有债权请求权，而不享有物权请求权。执行法院裁定扣划被执行人姚某某已经支付给中海公司的购房款，明显缺乏法律上的执行法律依据。

（四）如果另案诉讼确定中海公司负有返还被执行人购房款的民事责任，如何维护申请执行人合法权益

本案申请执行人可根据中海公司与被执行人姚某某的房屋买卖合同诉讼结果、涉案房产的执行异议诉讼结果，向执行法院提出相应的执行请求。

通过对上述 4 个问题的分析论证，本案焦点问题即扣划被执行人姚某某

---

① 对应《民事诉讼法》（2021 年修正）第 249 条第 1 款。
② 对应《民法典》第 224 条。

已支付给中海公司的购房款有无违法不当问题,已经不言而喻,纠正复议、异议裁定及相应的执行行为则为执行监督裁定应有之裁项。

(蒋先华,广东省高级人民法院法官)

三、专家评析

执行监督程序是当事人行使执行救济权利、人民法院纠正执行错误的重要法律制度。但是,与较为完善的审判监督程序相比较,执行监督程序仅有2020年修正的《最高人民法院关于人民法院执行工作若干问题的规定(试行)》中第8条规定作为法律依据。执行监督案件的办理规程,包括裁判文书的写作,均缺乏深入的研究和明确的规定。2016年最高人民法院发布的《民事诉讼文书样式》,对于执行监督裁定书提供的样式中只有驳回当事人申诉和指令下级法院重新审查处理两种,并没有纠正审查裁定和执行行为的样式。因此,应当按照上述样式规范,依照裁判文书写作的一般规则,参照执行复议裁定和民事再审裁判文书写作的一般方法,拟写执行监督程序的执行裁定书。

本篇执行监督裁定书所涉案件既有执行实施案件,也有执行审查案件;既涉及执行程序法适用,也涉及对实体法的理解。本篇文书具有以下三个突出特点:一是归纳案件事实脉络清晰。从案件的诉讼、执行到执行异议和复议,文字简洁明了,事实叙述清晰。二是提炼案件焦点到位。结合本案的申诉请求和原审执行异议、复议裁定的审查重点,准确地归纳本案的焦点问题执行扣划购房款的合法性问题,抓住了执行监督案件的审查核心。三是析法说理论证充分透彻。裁定书从执行查封的效力、被执行人是否享有债权并具备强制执行条件、购房款能否确认为被执行人的财产等3个不同角度,层层递进论述焦点问题,所作结论具有很强的说服力。本案的处理,对于其他执行案件厘清执行权和审判权,以及执行中对债权和物权的判断以及法院采取相应的执行措施,具有很强的指引借鉴意义。

(点评人:林宏坚,广东省高级人民法院执行局副局长、二级高级法官)

(2017)粤执监91号裁判文书原文

36. 鸿达兴业集团有限公司和江苏琼花集团有限公司、鸿达兴业股份有限公司股权转让纠纷执行监督案[*]

【关键词】

解释　股票　交付　权益

【裁判要旨】

1. 人民法院在执行中，不可避免需对生效裁判的主文内容进行一定的解释，并不能一概认为属于"以执代审"，但在解释的过程中对存在重大争议的问题应当注意听取原审判部门的意见。

2. 对生效裁判的主文内容进行合理解释，应遵循判决本意。在仅对主文文义进行解释不足以澄清争议问题的情况下，还应考虑诉讼过程中的诉辩情况及裁判的具体理由。

3. 本案涉及上市公司股票的交付，判决主文应理解为从确定时点起，相应价值的股票及该股票所产生的全部权益的交付，而非仅交付以该时点收市价计算的确定数额的股票。

一、简要案情

江苏琼花集团有限公司（以下简称琼花集团）与鸿达兴业集团有限公司（以下简称鸿达集团）、第三人鸿达兴业股份有限公司（以下简称鸿达股份公司）股权转让纠纷一案，广东省广州市中级人民法院（以下简称广州中院）作出（2015）穗中法民二初字第66号民事判决：（1）在判决生效之日起10个交易日内，鸿达集团向琼花集团支付市值1亿元的鸿达股份公司自由流通股股票（具体股票数量以该股票实际支付前1日收市价计算，最高不超过10 319 917股）；（2）驳回琼花集团的其他诉讼请求。琼花集团不服，上诉至广东省高级人民法院（以下简称广东高院）。广东高院作出（2016）粤民终924号民事判决：第一，撤销广州中院（2015）穗中法民二初字第66号民事

---

[*] （2017）最高法执监452号。

判决；第二，确认琼花集团在2014年12月19日享有按2014年12月18日收市价计算市值1亿元的鸿达股份公司自由流通股股票；第三，在判决生效之日起10个交易日内，鸿达集团向琼花集团交付以2014年12月18日收市价计算的市值1亿元的鸿达股份公司自由流通股股票。

2017年6月13日，琼花集团向江苏省扬州市中级人民法院（以下简称扬州中院）申请执行，要求鸿达集团交付26 012 552股鸿达股份公司股票并支付现金分红6 800 530.56元。扬州中院查明：鸿达股份公司在2014年12月18日自由流通股股票收市价为9.69元/股，该公司于2015年6月实施2014年度权益分派，每10股派现金股利2.04 161元；2016年7月实施2015年度权益分派，每10股送红股5.068 721股、转赠10.137 443股、派现金股利2.027 488元；2017年5月实施2016年度权益分派，每10股派现金股利1元。该院认为，依据生效判决，琼花集团在2014年12月19日享有按9.68元/股计算市值1亿元的鸿达股份公司自由流通股股票，即10 319 917股。从2014年12月19日起，10 319 917股案涉股权的全部收益应归属于琼花集团所有。经2015至2017年三次权益分派后，现共为26 012 552股股票和现金股利6 800 530.56元。据此，扬州中院作出（2017）苏10执168号之一执行裁定：（1）冻结鸿达集团持有的鸿达股份公司股票26 012 552股；（2）冻结鸿达集团银行存款6 800 530.56元。

鸿达集团对此提出书面异议。关于应交付的股票数额问题，鸿达集团认为，强制执行的依据只能是生效判决的主文，二审判决指向的对象只有10 319 917股股票，没有相关股票的权益归属确认或给付的内容。判决主文没有的判项，不能由执行法院通过查明的方式作出与二审判决不一致的结论，鸿达集团应向琼花集团交付10 319 917股股票。琼花集团则称，其上诉日期为2016年3月7日，2016年7月19日股本变动，因此2016年7月18日的10 319 917股在次日自动调整为26 012 552股。二审判决已经撤销了一审判决关于支付市值1亿元股票的判决，确认琼花集团在2014年12月19日享有按2014年12月18日市价计算市值1亿元的鸿达股份公司自由流通股股票。按照鸿达集团的逻辑，一审胜诉1亿元市值股票，二审胜诉只能执行7000多万元市值的股票。

扬州中院（2017）苏10执异45号裁定认为，生效裁判文书的主文是人民法院的执行内容，当事人的诉状、上诉状、答辩状等均不得作为执行依据。本案双方当事人对判决主文理解出现分歧，应当从判决主文整体理解。生效判决主文第 1 项内容为撤销一审判决，即"……鸿达集团向琼花公司支付市值 1 亿元的鸿达股份公司自由流通股股票，具体股票数量以该等股票实际支付前一日收市价计算，最高不超过 10 319 917 股"，鸿达集团理解的"应向琼花集团交付 10 319 917 股股票"的观点明显与主文第 1 项相悖。股票是股权的凭证，生效判决主文第 2 项确认琼花集团在 2014 年 12 月 19 日这个时间节点享有鸿达股份公司市值 1 亿元的自由流通股股票，则该时间节点案涉股权的全部权益应当归属于琼花集团。此后，鸿达股份公司以送红股、派发现金红利、转赠股方式实施权益分派。送红股是以证券形式支付股息，转赠股是用公司的资本公积金按权益折成股份转赠股东，送红股、转赠股后，整个股东权益的总值不发生变化。因而，鸿达集团应向琼花集团交付案涉股权在权益分派后的 26 012 552 股股票和现金红利 6 800 530.56 元。

江苏高院（2017）苏执复 110 号执行裁定的意见与扬州中院上述意见基本一致。

最高人民法院查明，二审判决理由部分指出：鸿达集团最迟应于 2014 年 12 月 19 日前向琼花集团支付"补偿股份"，依约应将按照该股份实际支付前 1 日，即 2014 年 12 月 18 日收市价计算市值 1 亿元的补偿股份支付给琼花集团。从 2014 年 12 月 19 日起，按 2014 年 12 月 18 日收市价计算的市值 1 亿元的股权的全部权益应归属于琼花集团所有。一审判决对协议约定的支付时间以及支付股票数量认定有误，二审法院依法予以纠正。

最高人民法院就判决主文的理解分歧问题致函广东高院，请该院就（2016）粤民终 924 号民事判决判项作出书面解释。广东高院回复：该案判决是考虑到了 2014 年 12 月 19 日之后该股票可能发生股权拆分等变动，为避免执行中产生歧义，判决主文因此确认琼花集团在 2014 年 12 月 19 日享有按 2014 年 12 月 18 日收市价计算市值 1 亿元的股票，并判令鸿达集团交付以 2014 年 12 月 18 日收市价计算的市值 1 亿元的股票。

最高人民法院认为，第一，从裁判主文内容看。本案二审判决主文确定的实体内容为两项，两项内容应当联系起来考虑，不应当忽视判决第 2 项中关于"确认""享有"以及"2014 年 12 月 19 日"这个关键时间节点所代表的含义。结合两项判决主文的表述，其内容可以理解为，从 2014 年 12 月 19 日这一时点起，按 2014 年 12 月 18 日收市价计算市值 1 亿元的股票就已经归属于琼花集团，由此，相应股票的全部权益已由权利人琼花集团享有，鸿达集团应向琼花集团交付的"股票"，应当包含 2014 年 12 月 19 日之后该股票所产生的全部权益。在对此含义有争议的情况下,应当结合诉讼过程和裁判理由审查确定。

第二,从本案的诉讼过程和二审改判的理由看。二审判决主文中确认琼花集团享有及鸿达集团应当交付的"以 2014 年 12 月 18 日收市价计算市值 1 亿元的鸿达股份公司自由流通股股票",其实质含义是,鸿达集团应交付按照 2014 年 12 月 18 日收市价计算的市值相当于 1 亿元的鸿达股份公司股份及该日后相关的全部权益,而并未限定其仅交付 10 319 917 股股票。鸿达集团主张无论何时实际交付,其需要交付的都只是依据 2014 年 12 月 18 日收市价 9.69 元/股计算的 10 319 917 股股票,而不包含其他股票权益,实质上相当于按照一审判决执行,由此鸿达股份公司进行权益分派之后,琼花集团得到的同等数量股票所对应的价值减少,相应的股利仍然归属于鸿达集团,显然违背二审判决改判的本意。

人民法院在执行中,不可避免需对生效裁判的主文内容进行一定的解释,并不能一概认为属于"以执代审"。但在解释的过程中对存在重大争议的问题应当注意听取原审判部门的意见。扬州中院在当事人就判决主文产生重大理解分歧后,未取得原审判部门的意见,程序处理上欠妥,但执行内容符合生效判决的内容,未超出生效判决确定的范围。扬州中院及江苏高院驳回鸿达集团的异议和复议请求,并无不当。

二、撰写心得

本案争议的问题:一是扬州中院执行 26 012 552 股股票和现金股利 6 800 530.56 元,是否超出生效法律文书确定的范围;二是扬州中院是否在生效判决确定的履行期间届满前受理执行本案。第二个争点相对简单,主要争议点是第一个,即对生效判决主文的解释问题。这一点规范意义较强。

(一)执行机构能否对判决主文作出解释,解释的范围和限度如何把握等,是实践中存在较大争议的问题

执行的给付内容应当在判决中予以明确,这是审判和执行关系原理的基本要求。执行机构对于已经进入执行程序的案件,如果发现执行依据内容不明确,当事人之间有争议的,究竟应如何处理,现行法律和司法解释没有明确规定。理想的途径是通过原审法院补充裁定或判决解决,即由执行机构提请原裁判机构解释或补充裁定或补充判决。但目前法律和司法解释并未规定这一程序,我国在法律层面尚没有审判庭补充裁判制度,实务中执行法院也

并不倾向于通过再审或另行诉讼解决。在诉讼制度不完善的情况下，为了节省司法资源，减少当事人讼累，执行机构实际上常常只能承担补充裁判的职能，实践中主要靠执行部门在执行过程中自行解决或者作为牵头部门解决执行依据内容不明确的问题。起初，该问题作为偶然事件，由执行机构在执行中予以解释填补，后来很多这样的偶然事件，逐渐就形成了一种惯例。但这样的做法经常受到两种指责，一是执行法院不作为，二是执行法院"以执待审"。本案裁定对当事人关于执行部门"以执代审"的质疑作出了回应，指出"人民法院在执行中，不可避免需对生效裁判的主文内容进行一定的解释，并不能一概认为属于以执代审"。当然，由于法律对于审判和执行权限缺乏精准划分，所以裁定中只是在满足个案需要的前提下，作了否定性概括评论。具体工作中，对于当事人指责的"以执代审"的问题，法院既要积极作为，不能因为害怕当事人指责就畏首畏尾，毫无作为；又要把握限度，不能作过分的解释。这一解释过程，需要遵循一定的原则，需要对相关"证据"进行梳理、分析认定。相关"证据"就是判决主文、裁判理由、诉讼中一二审争议的过程分析、审判法院的说明等，根据个案具体情况增减其范围。本案裁定遵循和实践了上述解释的原则。

（二）对生效裁判的主文内容进行合理解释，关键是解释的过程要符合法理

第一，该解释应遵循判决判项的文义。但执行机构在仅对主文文义进行解释不足以澄清争议问题的情况下，还应考虑结合诉讼过程中的诉辩情况、裁判的具体理由进行解释。本案生效判决主文中确实没有非常直接地就红利、送股、增股是否属于应给付的范围，作出明确具体的要求。由此，鸿达集团主张二审判决指向的对象只有 10 319 917 股这一特定数额的股票，没有相关股票的权益归属确认或给付的内容，执行法院不能通过查明的方式作出结论，不能将二审判决"本院认为"中"从 2014 年 12 月 19 日起，10 319 917 股案涉股权的全部权益应当归属于琼花集团所有"的内容直接作为执行依据，解读出鸿达集团应向琼花集团交付 26 012 552 股股票及现金红利 6 800 530.56 元的内容。对此，本案裁定理由部分进行了阐述。本案二审判决主文确定的实体内容为两项：一是第二项确认琼花集团在 2014 年 12 月 19 日享有按 2014 年 12 月 18 日收市价计算市值 1 亿元的鸿达股份公司自由流通股股票；二是第三项鸿达集团向琼花集团交付以 2014 年 12 月 18 日收市价计算的市值 1 亿元的鸿达股份公司自由流通股股票。上述两项内容应当联系起来考虑，不应当

人为割裂，忽视判决第二项中关于"确认""享有"以及"2014年12月19日"这个关键时间节点所代表的含义。结合两项判决主文的表述，其内容可以理解为，从2014年12月19日这一时点起，按2014年12月18日收市价计算市值1亿元的股票就已经归属于琼花集团，由此，相应股票的全部权益已由权利人琼花集团享有，鸿达集团应向琼花集团交付的"股票"，应当包含2014年12月19日之后该股票所产生的全部权益。此日后，不论是否实际交付，相应的股票收益应当属于所有人即琼花集团，并作为执行内容。否则鸿达集团将因为不及时履行判决而获得该日之后的红利、送股、增股利益。申诉人鸿达公司的错误在于将判决的两项主文内容割裂开来进行论理。此外，申诉人提到的"裁判理由不能作为执行依据"的说法，是过去最高人民法院在个案答复中的一句话。对此进行全面的理解，应当是指执行机构不能把裁判理由单独作为执行依据，但不妨碍执行机构根据裁判理由来解释判项内容。第二，如果没有诉讼过程和二审改判理由的支持，执行机构也不宜直接得出最终结论。本案裁定从申请执行人的一审诉讼请求、上诉理由、二审改判理由、双方有效约定等四个方面，综合双方意见，最终得出结论，如按照鸿达集团的理解，将导致"将琼花集团的股票溢价收益权利归违约方（鸿达集团）所享有"，这显然不符合本案诉讼过程中争议解决的思路。本裁定书综合几个方面的解释，可以得出一致的结论。本案借助判决的理由、诉讼过程等进行解释，仍在主文文义范围内，并未超出主文文义范围。因此，最后可以得出结论，本案扬州中院对执行标的的理解是正确的，符合诉讼请求的实质含义，符合二审改判的意图及主文的表述。

（三）执行机构在处理过程中，应按照加强审执协调配合的原则来解决问题

在执行机构可以作出解释的原则下，当争议问题解决的难度不大，争议点比较简单明显时，执行机构可以自行作出决定。当在解释的过程中对存在重大争议的问题时，应当注意听取原审判部门的意见。执行机构必要时应当将异议材料提交原裁判机构，由其提出书面解释意见。本案在当事人就判决主文产生重大理解分歧后，执行法院和复议法院没有专门就争议问题听取作出判决的广东高院的意见，程序处理上欠妥。对此，裁定中予以指出。最高人民法院监督程序审查过程中就判决主文的理解分歧问题征询了原审判部门意见，弥补了这一缺陷。广东高院回复明确指出：本案判决是考虑到了2014年12月19日之后该股票可能发生股权拆分等变动，为避免执行中产生歧义，

判决主文因此确认琼花集团在 2014 年 12 月 19 日享有按 2014 年 12 月 18 日收市价计算市值 1 亿元的股票，并判令鸿达集团交付以 2014 年 12 月 18 日收市价计算的市值 1 亿元的股票。审判部门的明确回复意见是本案裁定最终处理结论的重要依据。

本裁定作出后，2018 年 5 月 28 日《最高人民法院关于人民法院立案、审判与执行工作协调运行的意见》提出：执行机构发现本院作出的生效法律文书执行内容不明确的，应书面征询审判部门的意见。审判部门应在 15 日内作出书面答复或者裁定予以补正。审判部门未及时答复或者不予答复的，执行机构可层报院长督促审判部门答复。目前执行机关关于裁判内容的解释问题，主要是遵照该意见处理。

（四）事实叙述和文字表述方面

本裁定书力求做到文字精准，表述客观，语气诚恳，结构分明，层次分明，逻辑严谨。本案进行了充分的事实查明，具体写明裁判的具体内容和变化过程。对一审判决结论、上诉理由、上诉主张、二审判决理由等进行深入分析，形成客观公正的事实认定，为裁定结论奠定坚实基础。一般来说，执行案件裁定书对于裁判的具体过程和变化情况并非必须写明，只叙述生效判决最终判项内容即可。但因为本案涉及与判决内容相关问题的争点。所以在事实查明中，裁定文书将与争点相关的事实及程序过程列出，以与理由呼应。本裁定对当事人所提理由力求做到全面回应，这是承办人一直坚持的做法。

（黄金龙，最高人民法院法官）

三、专家评析

执行依据"给付内容明确"是启动执行程序的基本条件。2015 年制定的《最高人民法院关于适用〈中华人民共和国民事诉讼法〉的解释》对此有明确规定。但在执行实践中，常常会出现双方当事人对执行依据所载执行内容理解不一的情况，在审执分离原则要求下，执行机构对执行内容如何解释以及解释的边界何在，便成了执行理论和实践的重点和难点。最高人民法院通过对本案的执行监督，为解决该类型难点问题给出了一个系统化处理方案，具有示范和指引意义。

本案的主要争议点，即"扬州中院执行 26 012 552 股股票和现金股利 6 800 530.56 元，是否超出生效法律文书确定范围的问题"，实际上就是执行机构如何合法、合理地解释生效法律文书的问题。最高人民法院在执行监督审查中采取三步走策略。

首先,"从裁判主文内容看",即通过对裁判主文的文义解释明确执行依据。该案合议庭紧紧抓住裁定主文中"确认""享有"以及"2014年12月19日"这个关键时间节点,通过对关键词的文义解释清晰得出了"从2014年12月19日这一时点起,按2014年12月18日收市价计算市值1亿元的股票就已经归属于琼花集团,由此,相应股票的全部权益已由权利人琼花集团享有"的结论。

其次,"从本案的诉讼过程和二审改判理由看",即通过对整个诉讼过程的体系解释明确执行依据。若只通过文义解释还略显牵强的话,再通过体系解释从整个诉讼过程中去理解裁判主文不失为一个好补充。该案合议庭分别从申请执行人的一审诉讼请求、上诉理由、二审改判理由、双方有效约定等四个方面出发,综合双方意见,最终得出"将琼花集团的股票溢价收益权利判归违约方所享有,显失公平"这一与前述文义解释一致的结论,逻辑严密、说服力强。

最后,从原审法院的针对性回复看,即类似通过对原裁判本意解释明确执行依据。该案审查中,最高人民法院就判决主文的理解分歧问题曾致函广东省高级人民法院,请作出该裁判主文的审判部门作出书面解释,并最终成为支撑上述结论的又一有力论据。本案裁定文书中清晰载明,"在解释(裁判主文)的过程中对存在重大争议的问题应当注意听取原审判部门的意见",深刻地表达了这一目的解释的重要性。

正如本案裁定书中所言:"人民法院在执行中,不可避免需对生效裁判的主文内容进行一定的解释,并不能一概认为属于以执代审。"在当下的制度框架内,执行机构既应充分发挥法院职权,积极解释表述不清的执行依据;同时也应严格把握解释边界,防止"以执代审"、违背审执分离原则。该案在审查过程中正确认识到该问题并就此进行查明、问询,在程序实施层面保有正当性、在内容解释方面具备合理性,增强了裁判文书的公信力。

综上所述,该篇法律文书针对性强,认真回应当事人的质疑与主张,抓住了案件的争议焦点,围绕裁判结果进行"总结式""解释式""论证式"说理,表述客观、脉络清晰、论证严谨,有利于还原客观真实、切实化解纠纷、彰显司法公正、树立法律权威。最值得肯定的是,该案在如何解决执行依据不明问题上起到了示范作用,即综合通过对执行依据的文义解释、体系解释、本意解释等解释方法予以明确,有着较强的方法论意义上的价值,值得推荐。

还需说明的是，虽最高人民法院仅适用了前三种解释方法，但其实只要不违背审执分离原则的方法皆可得到适用。而且，除文义解释以外各方法之间不应有明显的先后顺序，而是应综合运用，以致达到最清晰地解释执行依据为目的。

（点评人：唐力，西南政法大学教授、博士生导师；毋爱斌，西南政法大学副教授、硕士生导师）

(2017) 最高法执监452号裁判文书原文

第三章 执行异议

37. 日照市融资担保股份有限公司和山东潍焦集团薛城能源有限公司股权转让纠纷执行异议案[*]

【关键词】

提供保证　解除查封　保证范围

【裁判要旨】

执行保证人为被执行人提供保证,承诺为被执行人被查封财产提供担保以解除查封,未明确表示在去除查封财产抵押价值后的剩余价值范围之内承担保证责任。被执行人无财产可供执行或者其财产不足以清偿债务时,可以要求执行保证人在保证责任范围内的财产承担保证责任,而不是要求执行保证人在去除查封财产抵押价值后的剩余价值范围之内承担保证责任。

一、简要案情

山东潍焦集团薛城能源有限公司与中圣天下能源技术发展有限公司、山东日照焦电有限公司股权转让纠纷一案,2013年12月6日,山东潍焦集团薛城能源有限公司向日照市中级人民法院提出诉前财产保全申请,请求冻结中圣天下能源技术发展有限公司、山东日照焦电有限公司的财产。2013年12月17日,日照市中级人民法院作出(2014)日保字第3号民事裁定,冻结中圣天下能源技术发展有限公司、山东日照焦电有限公司的银行存款人民币3200万元或查封、扣押其相应价值的其他财产。同日,日照市中级人民法院查封了山东日照焦电有限公司名下的3宗土地使用权。山东日照焦电有限公司以生产经营急需以上土地使用权抵押担保融资为由,请求解除对上述土地使用

---

[*] (2018)鲁11执异10号。

权的查封。2014年12月22日，日照市融资担保股份有限公司应山东日照焦电有限公司的申请，向日照市中级人民法院出具担保函，同意为日照市中级人民法院（2014）日保字第3号民事裁定所查封的3200万元保全财产限额提供解除查封担保。2014年12月23日，日照市中级人民法院作出（2014）日商初字第15-1号民事裁定，解除了对山东日照焦电有限公司名下土地使用权的查封。2015年1月28日，日照市中级人民法院作出（2014）日商初字第15号民事判决。山东潍焦集团薛城能源有限公司不服该判决，向山东省高级人民法院提出上诉。2015年11月30日，山东省高级人民法院作出（2015）鲁商终字第222号民事判决：中圣天下能源技术发展有限公司于判决生效后10日内给付山东潍焦集团薛城能源有限公司股权转让金本金2500余万元及利息，山东日照焦电有限公司对中圣天下能源技术发展有限公司不能清偿部分的1/2承担赔偿责任。

判决生效后，中圣天下能源技术发展有限公司、山东日照焦电有限公司未按照生效法律文书确定的内容履行义务。2016年3月22日，山东潍焦集团薛城能源有限公司向日照市中级人民法院申请强制执行。因日照市融资担保股份有限公司在审理案件期间自愿为山东日照焦电有限公司提供保证，日照市中级人民法院据此解除了对山东日照焦电有限公司名下财产的保全措施。2017年4月5日，日照市中级人民法院作出（2016）鲁11执121号之三执行裁定：日照市融资担保股份有限公司在保证责任范围内向山东潍焦集团薛城能源有限公司清偿山东日照焦电有限公司在本案中不能清偿部分的债务。日照市融资担保股份有限公司对该裁定不服，向日照市中级人民法院提出书面异议，认为在案涉查封土地使用权已经设置抵押的情况下，其只应当在抵押权人行使抵押权后土地使用权剩余价值范围之内承担3200万元以下的清偿责任，而不是无条件在3200万元范围内承担清偿责任。申请执行人山东潍焦集团薛城能源有限公司则认为，日照市融资担保股份有限公司应当无条件在3200万元范围内承担清偿责任，而非在抵押权人行使抵押权后土地使用权剩余价值范围之内承担3200万元以下的清偿责任。

二、撰写心得

裁判文书是人民法院司法活动的重要载体，是展示一个法官综合素质能力最好的司法名片。一篇优秀的裁判文书，笔者认为应具备四个要素。

（一）案例具有新颖性、典型性和代表性

案例选择得好，是一篇优秀裁判文书成功的基石。一起案件首先要看当事人争议的焦点问题是否新颖，即争议的焦点问题是否属于现行法律、法规有明确规定的。如果争议的焦点问题属于现行法律、法规明确规定的问题，直接援引相关法律条文就可以了，无需过多篇幅、过多赘述。若争议的焦点问题从现行法律、法规中找不到依据可援引，裁判时就需要法官运用平时的经验积累及证据规则、法理原则、立法精神等，综合分析说理，作出符合立法要义、日常法则的判断与认定。其次，要看当事人争议的焦点问题在理论界和实务界是否鲜有涉及。对于当事人争议的焦点问题，若理论界和实务界已经在广泛地讨论，且观点已经非常明朗，就属于老生常谈。越是在理论上和司法实践中无人触及、鲜有探讨的问题，可能愈有"写头"。最后，要看当事人争议的焦点问题是否具有典型性和代表性，案件的裁判结果对以后类似案件的处理是否具有规范指引作用。对于可能会对司法实践产生重要影响、社会层面关注度高的典型性案件及代表性案件，需要法官运用平时掌握的大量法律知识和日积月累的法理造诣，针对当事人争议的焦点问题，逐一进行有理有据地分析，充分展开说理论证，准确认定案件事实，正确援引法律条文，最终得出令人信服的裁判。一篇优秀裁判文书，不仅能让当事人胜败皆服，更要对以后的司法实践起到指引作用，能够很好地指导司法实践，更好地引导司法的价值取向，给社会带来正面效应。

（二）法律知识必须要精通

精通法律，这是一个优秀法官必须具备的基本功，也是确保裁判文书高质量的关键。首先，法官要从法律层面准确归纳案件争议焦点问题。这是靶向说理的前提条件，也是精准裁判的基础。当事人的诉辩主张，或是比较口语化，或是表达得语无伦次，或是逻辑不清晰。这就需要法官具备一定的法律知识，将当事人的诉辩主张，从法律层面予以归纳提炼，为下一步的裁判说理作好准备，否则容易出现说理部分与焦点问题衔接不畅甚至脱节的问题。其次，法官要运用掌握的法律知识充分展开说理。裁判理由说理部分是一篇裁判文书的灵魂，是最能体现法官水平的一个环节。法律知识掌握多与寡，裁判理由阐释充分与否，直接影响到案件的裁判质量，关系到当事人能否胜败皆服。对当事人向法院提交的证据，法官要运用证据规则作出对证据是否采信的取舍判断，结合采信的证据准确认定案件事实。针对当事人提出的请求及理由，法官要以案件事实为依据，运用精通而厚实的法律知识，综合分析立法意图，准确把握立法原则，展开充分透彻的法理分析，最终将分析结论落脚到法律依据上，从而正确适用法律。文书要让当事人清晰地明白，最终的裁判结论如何得来。法官如果对法律知识掌握一知半解、不全面，或是对法律条文理解有偏差，抑或是对立法精神把握不准确，都会将案件引入"歧途"，从而作出不公正的裁判，损害当事人的合法权益和司法公信力。最后，裁判要达到法理与情理的深度融合。法官精通法律知识，能够确保案件认定事实清楚、适用法律正确，不会因认定事实、适用法律错误而出现裁判质量问题。一份完美的裁判文书，不仅需要法律层面的刚性公正，还得需要公序良俗等情理层面的柔性渗透。法理与情理必须"刚柔并济"，寓情于法，让裁判文书既有法的力度，又有情的温度，努力让人民群众在每一个司法案件中感受到公平正义，在司法案件中感受到更多获得感、幸福感和安全感。

（三）理论调研能力必须要强

一篇优秀裁判文书，就是一篇好的论文。扎实的文字功底和较强的理论调研能力是一篇优秀裁判文书的必然要求。如果没有扎实的文字功底和较强的理论调研能力，法官往往很难撰写出优秀的裁判文书。一篇优秀裁判文书，文字表述必须准确、精练，言简意赅，逻辑必须严密，经得起琢磨与推敲。首先，一篇优秀裁判文书，需要有较高的文字归纳水平。无论是当事人的诉辩主张，还是案件事实的认定、裁判理由部分的说理，都需要用简练准确的语言文字浓缩归纳主要内容，避免拖泥带水、拖沓冗长。其次，一篇优秀裁判文书，需要有较强的逻辑性。无论是"查明事实"部分的结构布局，还是"本院认为"部分的说理论证，都需要具有较强的逻辑能力。尤其是裁判理由部分的说理论证，更需要具有严谨的逻辑链条，环环相扣，层层递进，得出的结论才能无懈可击。最后，一篇优秀裁判文书，需要文字简洁、语句通顺。句子并非越长越好，裁判文书亦非越繁越优秀，要用简洁的语言文字、流畅的语句进行表述，切忌繁琐、庞杂。

（四）裁判文书必须要多次打磨

一篇优秀裁判文书，不是一蹴而就、一气呵成的，必须要经过多次打磨。每一次打磨，都会有不一样的收获。每一次打磨，都会发现些许不尽如人意之处。如果时间允许，暂且将其束之高阁，几天后再拿来修改，会发现收获颇丰。几经打磨过后的裁判文书，文笔愈发流畅，分析愈发深入，说理愈发透彻，不给当事人留下任何不明的疑问和理解上的分歧。大到整篇裁判文书的质量，小到一个标点符号的运用，让当事人所有的不解和质疑，在裁判文书中都能找到有理有据的答案，尽可能做到叙事说理"无可挑剔"。

（王宗忆，山东省日照市中级人民法院法官）

三、专家评析

本案系一起利害关系人对申请执行人承担保证责任的执行异议案件，很好地解决了保证人在提供保证时保全财产已经存在抵押权的情况下，保证责任范围应如何界定的问题。该裁判文书认定事实清楚，适用法律正确，程序合法，裁判公正。对以后类似案件的司法处理具有指引作用，这是该篇裁判文书的最大亮点与价值所在。

（一）逻辑清晰，层次分明，说理透彻，裁判公正

本文书对于利害关系人的诉称和申请执行人的辩称内容，归纳简要准确，层次清晰。本文书能够紧紧围绕利害关系人的异议理由和申请执行人的答辩内容，准确归纳案件争议焦点，为裁判理由部分的撰写奠定基础。本文书对于案件事实的认定部分，按照时间、事件的发生先后顺序为主线，将整个案件的来龙去脉贯穿起来，叙事简明清晰，一目了然。事实认定客观公正，为正确裁判提供逻辑推理和合法依据。裁判理由部分是一篇裁判文书的核心与精髓。该部分内容，最能体现一个法官的司法底蕴、法律水平的高低、文字语言的驾驭能力、逻辑推理的严谨能力等综合素质水平。本裁判文书在裁判理由部分，牢牢抓住当事人的异议理由，紧紧围绕当事人争议的焦点问题，展开充分透彻的说理，逐项分析，驳斥有力。让当事人提出的每一项异议理由，不仅都能在裁判文书中找到答案，而且都能从裁判文书中找到答案是如何而来。法官以无可辩驳的事实理由和全面准确的法律依据，作出内心足以确信的正确裁判，从而使裁判文书成为真正体现司法公正和公信力的载体，成为法官一张亮丽的司法名片。

（二）格式规范，结构分明，用语准确，文笔流畅

整篇裁判文书严格按照最高人民法院执行文书的格式体例，要项齐全，行文严谨，文字通顺，措辞严密，语言准确无歧义。尤其是裁判理由部分，作为一篇裁判文书的"重头戏"，法官没有"浅尝辄止"，而是用严谨的措辞、准确的语言、不惜笔墨、浓墨重彩地进行阐述，结构清晰，驳斥有力。真正做到明事实、讲道理、以理服人、以法治人，体现了法官扎实的文字功底和较高的判案水平。

（三）对司法实践具有一定的规范指引意义

本案争议的焦点问题非常明确，即保证人在提供保证时对于保全财产已经存在抵押权的情况下，保证责任范围如何界定的问题。司法实践中对此涉及不多，该问题具有一定的新颖性和典型性。本篇裁判文书对于这个问题，给出了很好的答案，对以后类似案件的处理起到了标杆指引作用。同时，本案还提醒保证人在为他人提供保证时要尽到谨慎注意义务，三思而后行，避免承担不必要的法律责任。

本篇裁判文书总体上符合优秀裁判文书的要素，是一个不错的有指引意义的案例。

（点评人：袁兆春，教授、博士生导师，曲阜师范大学改革与发展委员会委员）

（2018）鲁 11 执异 10 号裁判文书原文

38. 云南中石油昆仑天然气利用有限公司、云南中油华气天然气有限公司、云南禄达财智实业股份有限公司、云南长光实业有限公司合同纠纷执行异议案*

【关键词】

财产保全　冻结第三人到期债权　对第三人到期债权的执行
冻结扣划查封物违法

【裁判要旨】

人民法院在财产保全中作出的查封、扣押、冻结裁定书和协助执行通知书送达时即发生法律效力。冻结作为一种控制性措施，其法律意义在于防止协助执行人私自向债务人履行债务，从而导致债权人的债权不能实现。不同于对第三人到期债权的执行，冻结措施一般不会损害协助执行人的实体权益，故法律并未赋予协助执行人在此种情况下所提口头异议即可产生阻止冻结效力之法律效果。在协助执行人未提出书面异议，以及保全裁定和协助执行通知书未经作出法院自行解除或者其上级法院决定解除之前，保全冻结措施的法律效力未消灭。此时，对该保全冻结物的扣划行为均违反法律规定，而应予撤销。

一、简要案情

2014年9月23日，重庆昌林建筑工程有限公司（以下简称昌林公司）诉至重庆市第一中级人民法院，要求云南中油华气天然气有限公司（以下简称云南华气公司）返还工程保证金1927万元及利息；云南禄达财智实业股份有限公司（以下简称禄运公司）在未出资的1800万元及利息范围内、华油天然气股份有限公司（以下简称华油公司）在未出资的2200万元及利息范围内对前述债务承担补充赔偿责任。

---

* （2017）渝执异128号。

昌林公司于2014年11月3日提出财产保全申请,要求法院对华油公司应向云南华气公司缴纳但仍未缴纳的出资款2200万元进行冻结并提供担保。重庆市第一中级人民法院作出(2014)渝一中法民初字第00979-2号民事裁定及(2014)渝一中法执保字第575-1号协助执行通知书并向华油公司送达,华油公司职工饶某在送达回证上签字。重庆市第一中级人民法院在送达前述民事裁定和协助执行通知书时,华油公司职工饶某提出口头异议,表示2200万元资金已给云南华气公司,只是资金没有转成资本。

2015年7月13日,重庆市第一中级人民法院作出(2014)渝一中法民初字第00979-3号民事裁定,以该案所涉交易涉嫌犯罪,且公安机关已对此立案侦查为由,驳回昌林公司的起诉。昌林公司不服,向重庆市高级人民法院提起上诉。重庆市高级人民法院经审理后作出(2015)渝高法民终字第00370号民事裁定,撤销重庆市第一中级人民法院前述民事裁定,指令重庆市第一中级人民法院对该案进行审理。

另,2014年1月7日,重庆海晶石油化工有限公司(以下简称海晶公司)因与云南中石油昆仑天然气利用有限公司(以下简称昆仑利用公司)等合同纠纷一案,向重庆市高级人民法院提起诉讼。案件审理过程中各方达成调解协议,内容为:至该协议签订时止,昆仑利用公司应偿付给海晶公司保证金及资金占用费、违约金总计4660万元;云南华气公司等其他被告承担连带清偿责任。重庆市高级人民法院于2014年3月3日作出(2014)渝高法民初字第00003号民事调解书确认前述调解协议。因昆仑利用公司等未履行民事调解书确定的付款义务,海晶公司申请强制执行。该案执行过程中,重庆市高级人民法院以(2015)渝高法执更字第23号执行裁定追加华油公司为被执行人。同时,该院作出(2014)渝高法民执字第00007-3号执行裁定:冻结、扣划华油公司银行存款2200万元,或查封、扣押、冻结其相应价值的财产,或扣划、提取其相应价值的收入。法院于次日将2200万元款项扣划至人民法院账户。之后重庆市高级人民法院将该2200万元支付给海晶公司。该执行案于2016年12月26日执行完毕结案。

重庆市第一中级人民法院继续审理前述昌林公司诉云南华气公司返还工程保证金及利息案,在该案重新审理过程中,华油公司提出其已经被扣划2200万元出资款,不应当再承担补充赔偿责任,并提交重庆市高级人民法院(2014)渝高法民执字第00007号及(2014)渝高法民执字第00007-3号执行裁定。昌林公司遂于 2016 年 3 月 22 日向重庆市高级人民法院提出执行异议。重庆市第一中级人民法院审理该案后作出一审判决，判令云南华气公司在判决生效之日起 15 日内支付昌林公司 1717.1178 万元及相应利息；禄达公司对云南华气公司前述债务不能清偿的部分在其未出资本息范围内（未出资本金 1800 万元）承担补充赔偿责任；该判决还以华油公司因出资不实于 2015 年 7 月 9 日在海晶公司与昆仑利用公司等合同纠纷一案被执行扣划 2200 万元为由，判令华油公司对云南华气公司前述债务不能清偿的部分在其未出资款项的利息范围内承担补充赔偿责任。昌林公司、云南华气公司均不服一审判决，上诉至重庆市高级人民法院。该院二审审理期间，昌林公司向重庆市高级人民法院申请要求对云南华气公司应收未收取华油公司的出资款 2200 万元进行续查封。2016 年 11 月 24 日，重庆市高级人民法院作出（2016）渝民终 426 号民事裁定及（2016）渝执保 63 号执行裁定准予昌林公司的财产续行保全申请，并对出资款 2200 万元进行续冻结。2017 年 1 月 23 日，重庆市高级人民法院就昌林公司诉云南华气公司返还工程保证金及利息案作出（2016）渝民终 426 号判决：驳回上诉，维持原判。

就关于重庆市高级人民法院扣划 2200 万元款项时华油公司是否告知执行法院该 2200 万元已经被重庆市第一中级人民法院在诉讼保全中予以冻结的问题，华油公司委托诉讼代理人在听证中以饶某当时已经退休了，签收民事裁定及协助执行通知书的人是饶某，华油公司不是很清楚这件事情为由未予正面回答。

二、撰写心得

裁判文书是完整反映当事人诉讼争议、人民法院案件审理过程和裁判结果的最终载体，体现着司法机关对个案的法律裁量、价值判断，代表国家强制力对涉诉当事人权利义务的终极决断，同时通过对当事人权利义务的最终分配和确认，引导社会公众在日常生活中约束和规范个体行为，进而促进社会生活秩序的良性发展。裁判文书意义之重要可见一斑。

一篇优秀的裁判文书构成要素很多，格式严谨规范、篇幅完整均衡、文字简洁流畅、遣词造句中性中立，不存在语法、笔误属于其基本要素，不在本文讨论之列。前面提到裁判文书是反映当事人诉讼争议、人民法院审理过程和裁判结果的载体，则裁判文书内容反映当事人诉讼争议、人民法院案件审理过程和裁判结果则是其应有之义。但如何清晰明了地展现案件事实，做到适用法律正确、说理透彻具有说服力，使当事人达到胜败皆明，则是一篇优秀裁判文书的精髓所在。笔者作为一名长期从事民商事审判工作的法官，对裁判文书的制作略有体会，现从两个方面进行分析分享。

（一）明确当事人争议，固定诉辩主张，完整展现案件基本事实

纠纷之所以诉到人民法院，不外乎是当事人之间产生争议，且各执一词争执不下，希望通过公权力进行决断。因此知晓当事人之间的争议，固定诉辩主张，是人民法院审理案件作出裁判的第一基本步骤。诉辩主张在裁判文书中要进行全面准确地表述，既要进行概括精炼，同时又要避免遗漏当事人的主要观点。

人民法院裁判案件以事实为依据，则查清案件基本事实并在裁判文书予以展现，是一篇优秀裁判文书第一部分的重要内容。案件基本事实是指用以确定当事人主体资格、案件性质、当事人的权利义务等对判决结果有实质影响的事实。案件基本事实可以采取按发生时间的先后顺序，或者无争议部分与有争议部分分列的方式予以呈现。无争议部分的案件事实客观、适度叙述即可；有争议部分的案件事实则需要通过对证据的审查判断进行事实构建。裁判文书写作新规定已经摒弃了以前那种罗列证据的做法，要求对当事人有争议的证据进行分析和认证。法官通过对证据真实性、合法性、关联性以及证据与证据之间相互关系的审查，判断证据能力和证明力及证明力大小，从而达到确定待证事实成立与否的目的。需要明确的是，通过对证据审查判断认定的案件事实不一定是生活事实，但属于法律事实，亦即法律上发生效果的事实。同时需要注意，对事实的陈述应当以证明主张为基础，证据所能证明的事实并不都是裁判文书需要认定的事实，对证据的采信实际上是对当事人证明主张的采信，要剔除与案件无关的事实，只有与案件有关的在法律规范适用上有意义的事实才是裁判文书中所要认定的事实。因此，法官对有争议部分案件事实的构建，本身亦是适用法律的过程，要做到证据分析认证有理有据，证据采信准确适当，逻辑结构清晰严谨，使人读后对当事人的诉讼争议和案件事实了然于胸。

（二）准确适用法律，确定法律关系性质，完整展现案件基本事实与法律规范结合推导出裁决结果的过程

有人认为适用法律的过程是形式逻辑中的"三段论"推理的过程，即大

前提、小前提和结论。具体来说，首先查明和确认案件事实，作为小前提；其次要选择和确定与上述案件事实相符合的法律规范，作为大前提；最后以法律规定的目的为标准，从两个前提中推导出法律裁决结果。

人民法院裁判案件以法律为准绳，则准确适用法律推导出正确的裁判结果，并在裁判文书展现说理过程则是一篇优秀裁判文书第二部分的重要内容。最高人民法院在《人民法院五年改革纲要》中将裁判文书改革作为其中一项重点工作，加强对质证中有争议证据的分析与认证，以及增强判决的说理性成为裁判文书改革的两个重要抓手。判决结果的形成缺乏认证断理，看不出判决结果的形成过程，缺乏说服力，是部分判决书存在的主要缺点。

准确适用法律，实际上是一个寻法的过程，要求裁判者有熟练驾驭法律的能力，对法律法规有相当熟练的掌握。在面对法律关系复杂或者多个法律关系并存的案件时，须从法律关系的概念及构成要件着手，适用法律规定。必要时运用法理，分析论证为什么是此法律关系而非彼法律关系，或者是否存在多个法律关系。裁判者在准确地判断法律关系性质之后，在该法律关系项下，以当事人的诉求为基础，紧紧围绕案件争议焦点及证明主张，进一步论述当事人各方行为的法律性质、法律行为的效力，对是非进行评判，对相应的法律后果及其应承担的法律责任进行详细说明，从而适用相关法律法规作出裁判结果。裁判文书的说理要紧扣案件事实，层次分明，条理清晰，前后呼应，不能将未进行认定的案件事实作为说理的基础，避免出现逻辑矛盾。以这次获奖文书为例，这篇执行裁定书针对案件双方当事人的争议焦点，根据查明的事实，从概念比较的角度，厘清了"冻结第三人到期债权"和"对第三人到期债权的执行"差别。虽然同为执行措施，但二者从形式到内容均不同，法律并未赋予第三人对冻结第三人债权提口头异议即可产生阻止冻结效力之法律效果，保全措施的法律效力自始存在，文书从而得出对该保全查封物的冻结、扣划违反法律规定而应予撤销的结论。上述观点，最后也得到最高人民法院的认可。

总之，一篇优秀的裁判文书既是法官职业生涯的路标与灯塔，亦是法官公正品性、职业责任、社会良知、勇敢担当的宣示。因此，充分、透彻的裁判文书说理体现了司法公开、公平、公正的意义和终极目标，有利于败诉方清楚了解败诉原因，有利于定分止争减少信访案件的发生。即便败诉方不一定愿意接受败诉的事实，亦能彰显司法对社会生活的规范和指引作用。

（陈怡，重庆市高级人民法院法官）

三、专家评析

　　本执行裁定书严格按照最高人民法院文书样式要求制作，文书格式符合规范，结构层级清晰合理，语言流畅用语规范。裁定书将复杂、繁琐案件事实条理化、逻辑化，并结合案件事实，围绕各方当事人的诉辩主张，既简明扼要又针对重点展开论述，抓住了问题的核心，同时全面兼顾。文书结构完整，安排合理，说理部分论证过程思路清晰，论证逻辑缜密严谨，论证理由充分，展现出法官良好的法律素养和丰富的社会阅历。

　　本执行裁定书所载明的案件系由最高人民法院裁定发回重新审查，纠纷是由案外人对人民法院的执行行为提出异议而引发。案件当事人人数众多，各方之间争议较大，审理程序历经反复，案件事实相对繁琐复杂，且涉及人民法院的执行行为是否违法的问题，较为疑难。

　　本执行裁定书在事实部分对争议各方的诉辩主张及理由进行归纳概括，全面细致且重点突出。对于繁琐复杂的案件事实，文书按照时间发生的先后顺序，采取两条线分别叙述，于连结点处再将两条线合二为一的叙事方式，层次分明，条理清晰。使人读后对整个案件事实及各方当事人争议的焦点问题一目了然，清晰明确。

　　在说理部分，文书紧紧把握案件争议的核心问题，即保全过程中对第三人到期债权的冻结，是一种控制性措施，其法律意义在于防止协助执行的第三人私自向债务人履行债务，从而导致债权人的债权不能实现的情况发生。与对第三人到期债权的执行相比较，虽二者同为人民法院采取的执行措施，但因对第三人到期债权的执行是涉及第三人权益的一种处置性行为，对当事人的权利影响甚大，口头异议即产生阻却执行行为的法律效果，且人民法院无需审查。两者从形式到内容存在本质的不同，故法律并未赋予冻结措施中第三人提口头异议即可产生阻止冻结效力之法律效果，本案中保全措施的法律效力自始存在。因此，本案对保全行为之下查封物的冻结、扣划违反法律规定而应予撤销。本执行裁定书的该部分说理，分析透彻，逻辑严谨，论证充分，其基于法律规定和学理的推导，有利于消除口头异议在冻结第三人到期债权中产生与对第三人到期债权的执行相同法律后果的认识误区，解决了当事人的困惑。同时本裁定书还针对当事人其他的争议内容，一一进行了回应，辨法析理，情理交融，考虑问题细致周全，说理论据比较充分，论证较为深入，结论具有说服力，对引导人民法院正确采取执行行为具有一定的指引性。

（点评人：赵虹，重庆市高级人民法院审判监督庭庭长、二级高级法官）

（2017）渝执异 128 号裁判文书原文